YOUNG · 青年维也纳
VIENNA

U0811001

YOUNG · 青年维也纳
VIENNA

菊纹大和绘

日本近现代天皇简史

A BRIEF HISTORY OF MODERN JAPANESE EMPERORS

萧西之水 著

青年维也纳丛书
主编 一霖

人民东方出版传媒
東方出版社

图书在版编目（CIP）数据

菊纹大和绘：日本近现代天皇简史 / 萧西之水 著 . — 北京：东方出版社，2020.6
ISBN 978-7-5207-1467-9

Ⅰ. ①菊…　Ⅱ. ①萧…　Ⅲ. ①天皇—历史—日本—近现代　Ⅳ. ① K313.4

中国版本图书馆 CIP 数据核字（2020）第 033499 号

菊纹大和绘：日本近现代天皇简史
(JUWEN DAHEHUI: RIBEN JINXIANDAI TIANHUANG JIANSHI)

作　　者：萧西之水
策　　划：陈　卓
责任编辑：李　森
特约编辑：一　霖　袁业飞
责任审校：谷轶波　赵鹏丽
出　　版：东方出版社
发　　行：人民东方出版传媒有限公司
地　　址：北京市朝阳区西坝河北里 51 号
邮　　编：100028
印　　刷：北京联兴盛业印刷股份有限公司
版　　次：2020 年 6 月第 1 版
印　　次：2020 年 6 月第 1 次印刷
开　　本：880 毫米 ×1230 毫米　1/32
印　　张：10.5
字　　数：230 千字
书　　号：ISBN 978-7-5207-1467-9
定　　价：79.00 元
发行电话：（010）85924663　85924644　85924641

版权所有，违者必究
如有印装质量问题，我社负责调换，请拨打电话：(010) 85924602　85924603

主编的话

2019年4月30日，在位30年113天的日本天皇明仁退位；5月1日，新天皇德仁继位，成为历史上第126代天皇。天皇的更替让天皇制以及天皇制下的日本又一次成为世人关注的焦点，萧西之水的这本新书可谓恰逢其时。

初识萧西君，笔者便为他神奇的日语水平所折服。没有上过一天日语专业培训班的他，仅凭自学就达到了令人赞叹的水平。现代日语自不必说，作为采访者或翻译，他能同日本前首相或日本一流历史学者谈笑风生；更为难得的是在古日语方面，他同样造诣精深。笔者与萧西君聊天时随意提及某个日语单词，他便能将这个词的含义从中世到现代的演变过程层层解析、娓娓道来。笔者在日留学有年，但自知日语修养恐怕终生都难望其项背。用萧西自己的话说，会日语是一种自然而然的过程，但这背后有多少勤修苦学和融会贯通之功，想必是不言而喻的。

在日本史研究领域，萧西君虽然年轻，但其实已经是一位“老作者”

了。十余年来他笔耕不辍，为各类媒体撰写了大量文章，新鲜、准确、及时，日本上下两千年的旧事新闻靡所不包。而他着力最深的，是日本中世以降的发展史。从重新审视日俄战争、太平洋战争的《第〇次世界大战》《狂飙与重挫》，到新见迭出的《日本战国武将记》《明治日本建构史》，他角度新颖、考证精详、注重细节的著述风格，一直备受好评。屈指算来，这部关于近代天皇的新著已是他的第十部作品。

“青年维也纳”与萧西君的合作由来已久，无论是讲座还是约稿，他下笔之高效、水平之稳健都令人难忘。这部即将面世的新书篇幅不大，但却是作者耕耘日本史十几年的厚积薄发之作。它凝结着作者五年间沉潜于国图日本资料研究室的漫长时光，更凝结着作者与日俱增的史学素养和阅世体验。

“青年维也纳”丛书主编 一霖

2020 年 3 月 27 日于日本大阪

序言 总有一些梦境需要被看清 / 高林

总有一天你会发现，即使读完了这本书，近代天皇或天皇制依然是一个跟我们的生活没什么直接关系的话题，但能够把这种话题写得引人入胜，正是一个作家的可贵之处。萧西之水就是这样一位作家。我对他的最初印象来自一个很简洁明了的问题——《明治宪法》究竟是模仿了《德意志帝国宪法》还是《普鲁士宪法》？这是个一句话就能回答的问题，我们却磨叽了一下午——主要是萧西氏给我讲了一下午。这个下午，他陈述了一系列颠覆性的事实，而我则一直在竭力抓住重点。最后，萧西氏爽朗地笑着说："没事，高哥，我回头给您写篇文章看看！"那一刻，我突然想到：所谓作家的才能，大概就是如果你没有兴趣，他就帮你创造兴趣；如果你有了一点儿兴趣，他就在一瞬间给你推开一扇可以看到整个世界的窗户。

所谓历史，就是古人的生活，而古人的生活对我们这些现代人来说，就是一个暧昧不明的梦境。每一个讲述过去的人，本质上都是在做两件事：第一，看清我们心中的梦境；第二，用魔术般的手法把这些梦境展现出来。

日本对很多中国人来说就是这样一个梦境。每个人多多少少都了解一点它的历史和文化，因为它真的离我们太近了。无论是读万卷书，还是行万里路，日本好像都是天然的起点。而且这个邻居在宣传自己方面还特别的不遗余力——无论是电影、电视，还是游戏、漫画。我们从各个渠道、各种角度，都能感受到这个国家。如果对这个大量使用汉字的国家产生了兴趣，尤其是对它的历史产生了兴趣，即使不懂日语，和文汉读依然可以了解个大概。

但我们心中这种似曾相识的感觉既可能是一块敲门砖，也可能是一只拦路虎。很多时候，正是这种“还不都差不多嘛”的感觉，阻碍了我们去看清一个本来身在此山中的问题。很多东西，已经看清了一半，甚至是三分之二，然后却深陷其中。这时如果有一个人能够把他了解的一切用一种更清晰、更准确的方式表达出来，反而有一种震惊甚至颠覆性的感受。

“为什么我想不到呢？”这是我最喜欢扪心自问的话，最简单的回答是：“我对这个东西没有深切的爱！”一个人如果为了生计去写作，是什么都可以写的。如果为了赚钱而写作，可以左手知网右手 Google，依靠“资料”想写什么就写什么。但这样写出来的东西是没有灵魂的，它们通常不会犯错，甚至能传达一些最新的见解，但这样的东西没有光彩。这样的文字不会像魔杖，无法在一瞬间点亮一个色彩斑斓的世界。

一个人，不靠写作谋生，却愿意花时间去看清大部分人所忽视的梦境，并充满魅力地表达出来。只有一个原因可以解释，那就是爱。当我们走过可怜的人生，每个人都会或多或少地爱着某个人、某些事。这些人或事中的绝大部分可以被轻易理解，这种理解让我们失去了表达的欲望。

我最爱说的就是“你懂的”，而当某些东西无法被理解时，绝大多数情况下我们选择绝口不提。一旦我们把它从我们的声音里驱逐出去，事实上就把它从自己的生活里抹掉了。但总有人和我们不一样，在别人转头离去的地方，他们继续前进。事实上，我们每个人都或多或少有过这样的感觉，在应该跟着所有人继续走下去的时候，却站住了，因为离不开，舍不掉。于是我们就需要表达，希望被人理解，理解我们为什么要爱，为什么要让自己的心灵迷失在令人费解的地方。这种欲望让人踏上“布道”之路，我们都希望被人理解。

“你看的这都是什么呀？”“你为什么要看这些呢？”这类问题最好地诠释了我们因何要不断地解释。为什么我们要从很多习以为常的东西入手去谈我们所爱的东西？因为大家都自以为早就看清了问题的全貌，其实却只是迷失在各种偏见里。这种与偏见的较量，是每一个对遥远事物充满热忱的人最终选择拿起笔来的根本原因。当你看到一个人可以既不为钱也不为学术而滔滔不绝地谈论历史的时候，你感受到的首先是一个孤独的灵魂，而每一个孤独的灵魂，或多或少都是有趣的。

这种孤独感刚好也是我们阅读的根本原因。如果不孤独，为什么要去阅读一本跟我们的生活毫无交集的关于天皇的书呢？为什么我们不去读一本菜谱，或者家用网络实用技巧这样的书呢？

现代社会中的每个个体都是孤独的，这种孤独促使我们去爱、去追求某种东西。找到自己的兴趣所在是一件很幸福的事情。如果你已经翻开了这本书，那就说明你对这个问题是感兴趣的。如果你已经坚持读到了这里，就建议你干脆翻到正文去看看作者想说的话吧，因为搞不好你真的会经历一次梦幻般的过程。当你站在书店里打开一本书，窗外或阳光很好，或狂风大作（这两件事在眼下这个季节并不矛盾），但隔着玻璃，你就透过纸页看到一座闪亮的山峰和一个色彩斑斓的世界。它来自一颗和你一样孤独的心灵，急切地想把他的梦境讲给你听，急切地希望和你互相理解，把你引入他迷恋的那个世界。

2020 年 3 月

目 录

前言　为什么关注近现代天皇？

宋朝雍熙元年（984），日本僧人奝然（938—1016）率领徒弟五六人渡海求法，受到宋太宗赵光义的接见，这也是唐末动乱、遣唐使废止后中日官方记载的初次交流。会见中，奝然不厌其烦地把从神代到当时的64位“大王”名称一个个介绍给宋太宗。听罢，宋太宗感叹日本虽是“岛夷”，却“世祚遐久”，反而是有“古之道”。

应该说，对于日本皇室“万世一系”（至少在名义上）的感叹，如今的中国人与千年前的宋太宗别无二致。毕竟不仅中国历经改朝换代，世界上的其他地方更是习惯于文明更迭，可为什么偏偏在日本，一代代世俗强权却无人想要推翻天皇，取而代之，终结这个没有任何实际意义的“万世一系”呢？

围绕这个问题，大多数答案都显得似是而非。有人说，日本信仰天皇为神，不敢杀神。然而近代以前的日本人更加笃信佛教，“天皇乃现人神”的观点直到明治中后期才普及。有人说幕府将军的权力来自天皇，如果杀掉天皇，自己就没了大义名分。但问题在于，各国弑君者的崛起哪个不是靠着君主的默许甚至提拔？当然还有一种说法，觉得日本贵族有一种保全对手的贵族精神，以防自家未来落魄，惨遭灭门，这种说法虽有道理，却依然无法解释：为什么上千年间，日本就不会出现一个枭雄或暴徒，不管不顾，硬是要给天皇家搞一个灭门惨案？

若站在日本语境中、使用日语，那么一句“できない”（不能）就足以解释。但如果放在中国语境中、使用中文，“不能这么干”五个字就显得很牵强。毕竟大家会觉得——“有什么不能干的？”

语境与语言的不同，让一个相同的答案有着完全不同的说服力。这只能说明，答案本身已经有了，只是我们没办法理解日本语境。而语境不同，又往往是因为历史传承的不同。

我们经常想为每一个历史现象寻找背后的本质，却常常忽略很多历史现象的背后并没有本质，只有另一个更加古老的现象。追溯日式“虚君—权臣”的二元结构源头，自然可以想到 13 世纪武家政权建立以来对于京都朝廷的打压，一步步蚕食掉原本属于公家的权力；还可以想到 10 世纪藤原摄关家[①]如何横空出世，架空天皇与皇族的统治权；更可以想到 7 世纪在日本奈良盆地的正中心，苏我氏将本部族女人送入王室，将其后代甚至其本人推举为“大王”[②]。

---

① 藤原摄关家是日本古代贵族藤原氏嫡流中家格最高的五家，分别为近卫、一条、二条、九条、鹰司，只有这五家出身的公卿有资格升任朝廷体系中的事实最高官职——摄政（幼年天皇的辅佐官）、关白（成年天皇的辅佐官）。藤原摄关家在奈良时代到平安时代彻底架空皇权，后随着武士崛起而衰落。但家格依旧很高，战国时代末期，统一日本的统治者丰臣秀吉亦假托为藤原氏后代而获得了“关白”职位。

② 古代日本“大王”（后来都被追认为天皇）的继承顺序并不是单纯的父死子继，而是在一些拥有王（皇）室血统的成员之中选贤任能，进行推举。所以一般来说，年龄在 30 岁以上，有着强大外戚部族血统的皇子会获得继承权，而如果没有合适的继承人选，拥有外戚部族血统的王（皇）后也可能会暂时监管朝政，如敏达天皇（第 30 代，538—585）皇（王）后、拥有苏我氏血统的额田部皇女成为推古天皇（第 33 代，554—628）。延伸阅读：吉村武彦《苏我氏的兴亡》，社会科学文献出版社，2019 年。

换言之，日本君主自古就无法乾纲独断，而是需要照顾到方方面面的利益，针对某个具体的事情与具体的地区，君主只能尊重甚至听从臣属的意见。后世，即便偶尔有一些性格强硬的天皇试图集权，但历史终究还是会忽略掉短暂的变化，固执地走回到固有路径中去。

与其说日式“虚君”“权臣”体系有什么实实在在的原因，不如说这就是一种单纯的路径依赖，时间越长就越难以改变。虚君需要权臣处理烦琐而具体的政务，而社会分工越是发展，处理政务所需要的知识就越多，虚君就越不可能“实”；同时，权臣也需要虚君承担治国成败之最高责任，因为时代发展越是迅猛，国家就越容易遇到危险，权臣若有朝一日权势不保，又必须凭借虚君以神佛名义审判，才能保全身家。

如此，所谓“不能”推翻天皇的原因，也就很容易理解：天皇家系从一开始就高高捧起，尊奉于中央，却欠缺实权；身边的臣子才是桩桩件件国政实务的管理者，无论这些人是苏我氏、藤原摄关家、幕府将军，还是维新志士，一旦染指王（皇）位，就等于自动放弃实权，走向虚君之路，而这与人类与生俱来的权力欲是相矛盾的。

正由于有如此历史的传承，观察近现代天皇才有着更加深刻的意义。如果说日本人仍处于蒙昧落后的时代，那么，保留“虚君”“权臣”体系或许还有实际意义。但进入近现代，科技爆炸让天皇显得越来越普通，国民素质的提升让大家对神话有了越来越多的怀疑，国际交流的频繁更是让日本人认识到多种国家制度并存的可能性，这无疑是把近代以前天皇赖以为生的基础尽数击碎。如果想让天皇继续镶嵌在近现代日本的国家体系中，就必须找到一个合适的位置与由头，否则天皇很可能会面临着如同西欧君主国在19世纪至20世纪相似的存续危机。

虽然未来难料，但起码到21世纪的前20年，日本天皇制度依旧存续，而且还在2019年完成时隔200年的又一次天皇退位仪式。这起码说明，近200年以来，伴随着日本1868年与1945年两个时间节点的根本性变化，天皇地位虽然从“虚君”到“大元帅陛下”，再到“日本国与日本国民团结的象征”，整整绕了一个圈，但仍旧经受住时代的考验，获得日本政治的肯定，把日本延续千年的天皇传统传承下来。

那么，在这200年的剧烈变动中，日本天皇到底经历了什么？由于近现代文献保存完好，关于天皇本人的发言与行动有着十分详尽的记载，不仅可以看到历代天皇身为天皇的一面，更能看到他们作为普通人的一面。其实，所谓“天皇”，本质上也只是担任天皇的普通人，然而被摆在这个位置上，普通人身上无论善良、执着、隐忍等光辉面，还是懦弱、狡黠、残暴等黑暗面，都会随着日本国家的发展而更为凸显，而无论是哪位天皇的哪一面，都能够或多或少影响到日本的发展，甚至从根本上改变国家命运。

正因如此，本书特别选取18世纪末至今的200余年历史，将目光集中于光格天皇兼仁、孝明天皇统仁、明治天皇睦仁、大正天皇嘉仁、昭和天皇裕仁以及刚刚退休的上皇明仁六位天皇展开论述，从他们的人生经历与性格特征入手，寻访每一位担任天皇的人与天皇这个职位之间的矛盾，串联起200年来的天皇发展史。

让人备感有趣的是，这六位天皇无论面对何种国际局势与国内制度，有着何种理想抱负与能力（魅力），身边有着何种类型的公卿、武士或政治家、军人，他们似乎都不约而同、或多或少地展现出千年以来奈良盆地时期的“大王”形象：一个永远都能把大家聚集起来，在一个桌子上谈事情的人物。

绪论　创造传统：天皇如何成为日本的精神领袖？

2019 年 4 月 1 日，日本官房长官菅义伟举起写有“令和”字样的题字板，宣布了如今日本正在使用的年号。

根据日本官方解释，“令和”年号出自《万叶集·梅花歌三十二首》前言部分：“初春令月，气淑风和，梅披镜前之粉，兰薰佩后之香。”与过去年号全部出自中国古代典籍不同，本次日本年号出自日本本土最早的诗歌集《万叶集》。针对这一出处，日本首相安倍晋三随后加以解释：“《万叶集》不仅收录了天皇、皇族、贵族的诗歌，也收录了防人（边防军）、农民的诗歌，是象征了我国国民文化与悠久传统的古书。”

对于官方的解释，很多日本汉学学者是持有异议的：收录于中国诗文集《文选》中的张衡《归田赋》早就有过“仲春令月，时和气清”的说法，《文选》又是古代东亚知识分子的必读书目，怎么能说“令和”来源于日语典籍呢？

日本最早没有文字，它的语言体系是借助汉字形成的，保存了大量汉语元素。某种意义上，我们既可以说“令和”来自汉语典籍，也可以说来自日语典籍。那为什么日本政府在解释天皇年号的时候要特地以《万叶集》作为出处呢？

这就需要了解一段历史：《万叶集》不仅是日本最早的诗歌集，也是日本文字之中“假名”（注音符号）的来源，更是日本“国学”的肇始。正是日本“国学”的诞生，推动了天皇的地位在近代重新崛起。

一 日本和歌与江户时代“国学”的萌芽

到底什么才是“日本”？

比起其他国家来，这个问题对于日本更难回答，毕竟深究每种“日本传统”，都能发现清晰的别国起源与外来元素。日本演歌是20世纪20年代吸收朝鲜半岛音乐元素而成；日式推理小说源于对英式推理小说的改造；空手道源于琉球贵族的“唐手”；寿司、刺身、饭团、拉面都可以在中国找到起源。

类似问题在江户时代（1603—1868）更加严重。江户幕府的官方意识形态是儒家朱子学，知识分子之间流传着阳明学与佛教的各大宗派，民间虽有一定原始神道的影响，但由于日本上千年来的“神佛习合”传统，大家普遍认为神道与佛教之间没什么区别。再加上日本人学习汉字，书写汉诗，正式场合均要撰写汉文，仅从外表来看，日本只是一个与明清中国、朝鲜王国、琉球王国相似的东亚国家。

当然，如果放在日本其他时代，或许大家不会太在意。毕竟在江户幕府开创（1603）之前，日本经历了数百年的战争与动荡，大家的首要任务还是先吃饱饭。但到了江户时代，日本终于开启了承平时代，大型城市与复杂分工逐步出现，以城下町居民为核心的町人文化逐步出现，于是酒足饭饱的日本知识分子开始思考：“我到底是谁？”“到底什么才是日本？”“日本究竟是一个什么样的国家？”

然而，日本儒学、佛教的解释权分别被江户幕府与各大佛教宗派所把持，它们基本都服务于统治阶级，无法给民间提供指导；外来的天主教、基督教又遭到江户幕府禁止，无法在民间流传开来。为了规避幕府约束，同时又要尽可能与主流学说保持距离，知识分子开始关注日本在受到儒学、佛教思想影响以前的上古经典，如记载日本神话的《古事记》，记载日本传统诗歌“和歌”的《万叶集》等作品，在国学者看来，世人认为的“风雅”都是儒学、佛教理念所带来的，只有上古经典里才有着最“日本”的日本。

首先要提到的是佛教真言宗僧人——契冲[①]。作为一名江户时代的僧侣，契冲受过专业的儒学与佛经训练，不过这却让他更加意识到日本文化里面受到儒学、佛教影响的部分太多，只有剔除这些，才能找到更为上古、更为纯粹的“日本”元素。

他首先发现，当世日本人很可能把假名（日语拼音）弄错了。

在《万叶集》的成书时代（759—780），日语文字体系并不完善，而从大陆传来的汉字又不能完整表达日语丰富的虚词体系，于是时人便想出一个办法：用读音相近的汉字来代替某一个日语音节，比如用“安”“阿”代替“A”、“以”“伊”代替“I”等，也即所谓“万叶假名”。进入9世纪，奈良僧人为了教授汉语发音，便从万叶假名的对应汉字里面拆取一

---

① 契冲（1640—1701），江户时代初期佛教真言宗僧人。早年生活很不如意，由于家境贫寒，兄弟太多，他作为幼子不得不出家以求生计。正因如此，成为僧人以后，他非常厌倦“俗务”，不愿参与寺庙经营，而是专心于历史古籍的探究，深入阅读大量汉字经典与日本古籍。为了提高修为，他一度在大和室生寺绝食念经长达37日，险些丧命。由于知识丰富，当水户藩主德川光圀委托著名歌人下河边长流梳理古代典籍时，疾病缠身的下河边长流便委托熟悉儒学、佛经等各类典籍的契冲代理。1690年，契冲为《万叶集》做的注释《万叶代匠记》顺利出版，成为日本国学起源的重要标志。

个偏旁部首为汉字注音，于是“阿”简化为“ア”、“伊”简化为“イ”，这便是现代日语“片假名”的来源；再到10世纪，日本宫廷女官为了识文断字，又以汉字行书、草书形态书写日语，这时“安”草写为“あ”、“以”草写为“い”，这便是“平假名”。

两套假名的诞生让日本在10世纪开启“国风文化”时代，日本知识分子纷纷认为这两套假名虽然取材于“真名”（汉字），却是日本文化区别于中国文化的关键性变化，因而大举推行，乃至于10世纪编纂的《古今和歌集》开始有了“假名序”，即完全由日语假名写就的序言。再到13世纪，日本进入武士统治的镰仓时代（1192—1333），京都公卿为了恢复往日辉煌而重编《新古今和歌集》，主编者藤原定家根据通行日语发音开发了一套汉字与假名的对应书写体系，亦即“定家假名遣”。

但契冲发现，这套书写体系的开发工作是基于镰仓时代的日语发音完成的，并不是根据上古时代，亦即日语“万叶假名”时代的发音来编辑的，所以出现了很多不同[①]。麻烦在于，藤原定家所开创的中世纪日本歌学一直延续至江户时代，使得整个日本文化界都没有意识到这一问题。在契冲看来，中世歌学之所以没有看出这些不同，是由于时人受佛教影响，没有以“别”（差别性）为先，而是以“通”（共通性）为先，先入为主地认为从古至今的语音都没有变化。

仅从研究成果而言，契冲的发现只是古文学的突破，他对于和歌理论的描述仍然与中世歌学没有太大不同。但思想史的意义在于，他主动在日

---

① 契冲发现，后来平假名的“を（wo）”“お（o）”、“い（i）”“ゐ（wi）”、“え（e）”“ゑ（we）”三对假名在“万叶假名”之中以不同的汉字书写加以区别，但由于语音变化，在江户时代初期全部混淆一处。这一发现成为日本古文字学的重要突破，后来日本学者本居宣长根据契冲的研究开发了新的书写体系“宣长假名遣”，成为日本在二战结束以前的标准书写体系，并在1986年被日本政府正式命名为“历史假名遣”。

12 世纪日本抄写的元永本《古今和歌集》

本古代文化的故纸堆里寻找日本与其他文明之“别”，而不是强求“通”，这就为后来日本国学理论家贺茂真渊的研究打下了基础。

二 18世纪日本国学对日本社会形态的描述

“传统”二字的边界其实非常模糊，人们认为“古已有之”的风俗习惯或许传承不足百年，至于百年以前的习惯却早已藏在故纸堆里，难以寻见。契冲等早期日本国学者固然有了一定的理解，但一般知识分子还是不太明白：大家浸淫许久的儒学、佛教学问怎么一夜之间就不再是“日本”的象征了呢？

这个问题，留给了后面两位国学者——贺茂真渊[①]与弟子本居宣长来解决。

有别于契冲出身佛教，贺茂真渊的出身更为复杂，但研究方法却殊途同归。他年少时修习日本儒学的古文学派[②]，所受教育便是探究中国先秦时代的古文字意，以求理解儒学“本意”。转投和歌学问以后，贺茂真渊也将这套研究方法带到这一侧，其名作《歌意考》明确提出：上古之世，

---

① 贺茂真渊（1695—1769）出身于神道官家庭，早年拜于儒学古文学派门下，1733年改投以研究和歌见长的日本国学者荷田春满（1669—1736）门下，1747年受到推荐成为江户幕府第八代将军德川吉宗次子田安宗武的和歌导师，针对田安宗武的和歌理论作品《国歌八论》撰写《国歌八论余言》以宣传自己对于和歌的理想形态追求——回归《万叶集》时代（万叶主义）。晚年，贺茂真渊在追求《万叶集》时代“日本精神”的同时创作《诗意考》《国意考》等作品攻击儒学，成为日本国学正式形成的分水岭。

② 即“徂徕学”。日本儒学者荻生徂徕（1666—1728）所开创的儒学学派。荻生徂徕受到明代中国古文辞派（如李攀龙、王世贞等人）影响，认为应该模仿古人诗文来提升文学格调，之后他提出每种经典写就时期的文字意思与当今有所不同，不应“以今读古”，继而认为江户幕府官方推崇的朱子学具有过多主观性，不应采纳。他批评朱子学尊崇“四书”的做法，认为“五经”才最大程度地保存了古代圣人制定的礼乐。

万事简朴素雅，“仿照天地”而治，但后来却受到了“自作聪明之心”的儒学影响；为了“了解明确”上古之世，必须通过“自己读歌”的方式学习“古歌”。

如果只谈诗歌，贺茂真渊的这套“仿古”逻辑并不具有爆炸性，但运用于思想研究却显得非常奇特。

日本“徂徕学”认为，日本上古时代不存在“道”（可以理解为社会运行规律），直到儒学传入以后才有了“道”的概念，结合固有的“神”体系形成“神道”。对于这一观点，贺茂真渊根据自己的神道知识撰写《国意考》加以批驳：“神道”才是日本纯粹的天地自然大道，但其精神在后世被儒学、佛教所混淆，日本国学者的任务就是通过研究古代经典重新寻回纯粹的神道；无论儒学所谓“理”还是“仁义礼智信”，这些概念对应的精神早已“自然而然”地存在于日本社会，反而是儒学的传播导致了概念混乱。

这一思路奠定了现代日本人看待“拿来主义”文化的基础：日本虽然没有原生文字，但上古时代必定已有文化存在；虽然今人不得不用汉字以及基于汉字开发的假名系统来书写日语，了解日本也不得不经由汉字、儒学甚至佛学，但如果想要了解“真正”的日本，最终还是要洗去汉字与大陆学问。这就好比用肥皂洗手，虽然洗手的过程中需要肥皂，但最终还是要把肥皂沫洗掉，才能显出干净纯粹的双手。

那到底什么才是“纯粹”的日本呢？贺茂真渊没有做出更深入的描述，但他用一句奇特话语做了总结：“凡天之下终觉小，唯天皇传承方为善。”[①]

---

① 原文：“凡て天が下は小さきことはとてもかくても世々すべらぎの伝わり給ふこそよけれ.”《国意考》第一章“儒者之愚”尾部。这句话以日语固有发音（すべらぎ，suberagi）而非汉字读音（てんのう，tennou）表示“天皇”这一概念，意指天皇这一抽象概念早在汉字出现之前就已经存在于日本，不需要借助汉字便可以表述。

在他的理论体系中，所有能延续至上古时代的事物都值得仿效，那么天皇、《万叶集》、万叶假名、神道乃至相关的种种文化都凝结为一个被定义为“日本”的体系，而抽象意义上的“天皇”就是整个体系的最高象征。

本居宣长[①]同样从和歌入手，他早期的和歌理论著作《芦分船》认为和歌本身“只言心中所思”，然而“今人”心中多虚伪，创作和歌总是喜欢“辞藻堆砌而求品读”，自然无法理解《万叶集》《古今集》等古代经典。在和歌的原始形态中，儒学与佛教的影响并不存在，所以创作和歌也应“舍弃善恶之议论，只表‘物哀’之事”——这也是“物哀”二字第一次出现在日本思想史之中。

“物哀”（もののあわれ）是中国人最熟悉的日本文化概念，但这个概念的实际内涵却与汉字意思完全不同。本居宣长《石上私淑言》做了如下定义：“诸事繁杂，每每有所经历，则情有所动。情有所动，或欢乐或悲哀，或气恼或喜悦，或轻松愉快，或恐惧担忧，或爱或恨，或喜或憎，体验各有不同。这皆因‘知物哀’而心有所动。”换言之，“物哀”的“哀”并不是“悲哀”，而是“体味”与“感受”之意，而对于一件事情的体察感悟本身，也是消除儒学、佛教影响的一个关键步骤。

基于“物哀”理念，本居宣长《葛花》（くず花）又对儒家朱子学提出更为深入的批判：“汉国之人以为，圣人之智已经周知尽察天地万物之理，便以这种自作聪明当作蓝本，以自己有限的狭小智慧强求难知之事。”

① 本居宣长（1730—1801），本家是伊势国松坂的木棉商人，一度从医，在京都游学途中读到记载日本古典神话的著作《古事记》，这本一直以来作为《日本书纪》副本的书让他甚为着迷。1763 年，本居宣长在伊势神宫拜贺茂真渊为师，并正式开始解读一直无人问津的《古事记》。1798 年，他创作完成 44 卷本《古事记传》。该书最终于本居宣长去世之后的 1822 年全部出版，成为日本国学研究的代表性著作。

本居宣长的批评要点，便是认为儒学越来越无法解释纷繁复杂的世事变化，而延续日本上古精神的“物哀”，即直接体悟身边事物方能解释各种事情，反而能够达成“修身齐家治国之道”。

那应该如何“治国”呢？本居宣长耗费35年时间创作的《古事记传》便深入解读了这一点。

提到日本神话，一般都会想起《古事记》《日本书纪》[①]两本日本古籍。这两本书分别是712年、720年日本朝廷编纂的官方史书，记载内容大体相似，都讲述了日本从神话时代到奈良时代前后的历史，只不过《古事记》采用变体汉文[②]叙事，人名基本以日语原词表示，《日本书纪》则完全采用古汉文记事，人名全部改为汉字；《古事记》强调了神话部分的传说，《日本书纪》却大体上一笔带过，主要讲述人类天皇时代的故事；另外，《日本书纪》在叙事过程中力求客观，针对一个历史事件会列举出多种古籍的记载，很明显是想把诸多传说与记录并列考察，但《古事记》却是上下一脉，完全不追求史书应有的客观性。

正因如此，两书成书以后的地位截然不同。《日本书纪》由于成书完整，观点客观，日后成为培养官员与文化人的重要工具；而《古事记》却成为《日本书纪》的参考书目，除去一部分神道官员以外几乎无人问津，甚至很少有人知道这本书的存在。在本居宣长看来，《日本书纪》受

---

① 《日本书纪》成书于720年，采用编年体，共30卷，大量借用中国典籍文字，描述了日本古代传说及持统天皇（645—703）之前的日本历史。由于全书用汉文写就，也成为日本古代培养官僚的必备书目。日本古代第一部长篇小说《源氏物语》作者紫式部也在日记里提到自己因汉文素养很好，曾被戏称为“日本（书）纪之官”。

② 变体汉文，即采用汉文记录的同时，使用类似后世所谓“万叶假名”的借字来标记某字的日语发音。如“方天地初发之时，于高天原成神名，天之御中主神（高下天云阿麻）”。此处“高下天云阿麻”即表示“高”后面的“天”字读作“AMA（阿麻）”，“天”的发音也一直延续到现代日语中。

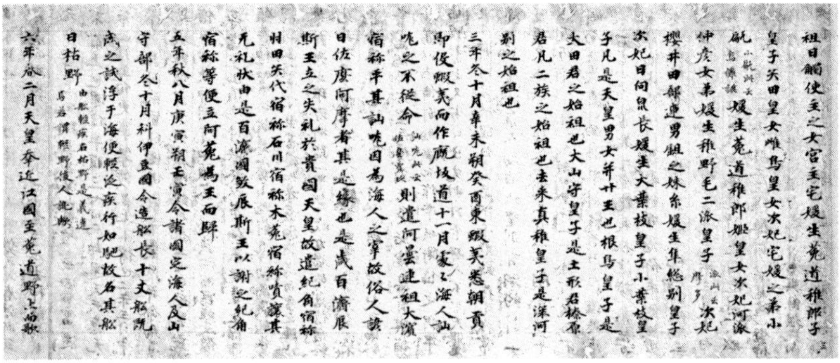

《日本书纪》抄本

到“汉意”影响过多，体现出太多中式思维，无法代表日本古代的实际形态，因而更为看重以变体汉文标记的《古事记》。

《古事记传》认为，日本表面上没有自己的“道”，必须借助汉字“道”来描述这一概念，但实际上类似于“规律”这类概念在日本上古时代早已存在。但难题也在于此：如果一个概念无法用本民族语言来形容，又不愿意用外民族的语言来形容，那应该怎么办呢？

本居宣长采取与导师贺茂真渊相似的方法：不直接描述概念本身，而是以文学性手段描述在某种“规律”下的社会运行状态。由于《古事记》里面提到的大部分概念都已经不存在于江户时代的日本，本居宣长只能用江户时代不多的两个尚存的《古事记》概念来塑造他的理想社会：日本“受统治之人必须遵从神与天皇之命”——当然此处，“神与天皇”更像是“规律”本身之意。

贺茂真渊与本居宣长两代人完成了同一个使命，即通过注释古代典籍来塑造出一个“纯粹”的日本社会，并把这种社会形态当作未来发展的方向。在本居宣长晚年的随笔集《玉胜间》里，他开始把日本称为“皇国”，这明显是承接了贺茂真渊“天皇传承之国”的概念。讽刺的是，随着日本历史的演进，“皇国”这一词语在未来的含义发生讹变，从日本国学的“纯粹日本”变成了军国主义者自吹自擂的工具。

三 平田笃胤的“神国”理想与“日本优越论”

本居宣长《古事记传》出版后，迅速引起一阵风潮。享和三年（1803），江户城内一位兵学者（军学家）的养子平田笃胤看到了这部作品。这一看就一发不可收，由于日思夜想，平田笃胤甚至梦到本居宣长收他为弟子。醒来以后，平田笃胤就自称是“宣长去世后的弟子”，还跑到本居宣长的长子本居春庭那里正式拜师，一时间成为江户城的学术佳话（或是笑话）。

但有趣的是，平田笃胤只是借来了本居宣长理论中关于“皇国”的概念描述，并没有继承本居宣长一生秉承的实证考据方法，反而是把所有已经成型的结论都拿来为自己的“复古神道”背书。文化九年（1812），平田笃胤的爱妻去世，促使他开始进行“幽冥界”研究，就在这一年，他出版了自己最具代表性的著作《灵能真柱》[①]。

《灵能真柱》把世界从空间上分为“显界”与“幽冥界”两部分，其中天照大神授权天孙迩迩艺命主宰“显界”，而《古事记》中让出“显

① “能”在此处表示平假名“の”，即“之”，所以本书的实际名称应理解为“灵之真柱”。

平田笃胤（1776—1843）

界”统治权的大国主神则主掌“幽冥界”[①]。“幽冥界”并不是“显界”的对立面，而是“显界”的另一面，两面之间只是隔了一道单向镜：从“幽冥界”可以看到“显界”，但从“显界”却看不到“幽冥界”。即便人已去世，魂灵依然留在这片国土的“幽冥界”之内，“如同大国主神隐藏

① 按《古事记》的说法，天照大神派遣孙子（天孙）迩迩艺命（《日本书纪》称“琼琼杵尊”）来到“苇原中国”（相当于日本国土）。“苇原中国”原本由大国主神主掌，在“天孙降临”以后经过少许抵抗而降服，自愿让出“苇原中国”的统治权，而天照大神也允许大国主神回到自己的领地出云。这段神话即所谓“让国”神话，天孙迩迩艺命也是日本神话中天皇世系的始祖。按照人类学的研究，距今 2000 年以前，东亚大陆陆续迁来很多拥有铁器技术的所谓“弥生人”，这些人与仍处于石器时代的日本原住民“绳文人”之间发生了大量交流与冲突，最终合作并共同生存下来。《古事记》“让国”神话很可能象征着某一位或数位“绳文人”的领导者逐步让位于“弥生人”统治者的故事。

却在侧近守护显界一样，（灵魂）也从幽冥界守护君主、父母与妻儿"[①]。后来日本祭祀所谓"英灵"的靖国神社，就是在这种思想的影响下建立起来的。

必须说，比起本居宣长卷帙浩繁且艰深难懂的《古事记传》，平田笃胤《灵能真柱》插入很多图画加以说明，更容易被一般读者所接受。正因如此，在读完这本小册子以后，平田笃胤隐藏在背后的"国体观"也就渐渐深入人心：

"欲知魂归所之安定，先应详察天、地、泉神之功德，详知日本乃万国之本国、万事万物皆优于万国之缘由，详知天皇是万国之君之真理"，如此这般才能够坚定"大倭心"。而所谓"大倭心"，便是后世所谓"大和魂"。

《灵能真柱》表面上追求"大倭心"而反对儒学、佛教等外来思想，但其理论建构却杂糅了儒家朱子学的正统论、阳明学的"明心见性"、佛教本觉思想，以及基督教《旧约》的"神创世"、西方近代"日心说"等宗教思想与科学理论，这些复杂且互有矛盾的观点让这本玄而又玄的《灵能真柱》显得像一锅贴着"日本优越性"标签的思想大杂烩。平田笃胤在世时几乎受到所有知识分子的排斥[②]，不仅儒学、佛教不以为意，就连平田笃胤出身的本居宣长门派弟子都对他嗤之以鼻，斥他为"山师"（相当于现代人所言"民科"）。

但这还不是他的最终归宿。由于平田笃胤的思想较为激进，门人也多

① "幽冥论"只是《灵能真柱》这本奇书的一个小部分。更有趣的是，《灵能真柱》仿照基督教《旧约》建立了一套完整的"宇宙创世论"，比如天地未生成之前，"大虚空"中已有"造化三神"，是天地万物的创立者；经过一系列分离后，宇宙形成了"天"（太阳）、"地"（地球）、"泉"（地底深处）三大部分等等。

② 直到晚年，平田笃胤收集编写的印度学著作《印度藏志》才多少获得认可，获得佛教曹洞宗永平寺第57代住持载庵禹邻法师授予的"东华大胤居士"封号。

为主张“敬神尊王”、批判幕府统治的激进之徒。天保八年（1837），平田笃胤门人——生田万在越后国柏崎町组织暴乱，抢夺官衙金品发放给穷人。这出动乱最后以失败告终，生田万被逼自尽，而平田笃胤由于传播与幕府不同的历法[①]最终在天保十二年（1841）被赶出江户城。

从学术角度分析，贺茂真渊、本居宣长等人的研究虽然古老，却依然在日本文学、语言学、社会学领域有着一席之地，而平田笃胤却完全不是一个合格的学者，学术价值与前两人无法比拟。但对于江户时代末期的普通人而言，贺茂真渊、本居宣长高深的国学理论并不好理解，反而是平田笃胤的思想获得了更为广泛的传播。

这一时期，由于中英鸦片战争（1840—1842）爆发，日本江户幕府认识到时局变化，决心调整多项闭关锁国政策[②]。这些变化虽然对于后来的日本有着进步意义，但却让时人认为江户幕府屈从于“外夷”，让日本作为“皇国”“神州”的尊严荡然无存。为了重振日本声威，让日本恢复到更为“纯粹”的日本，就必须推翻幕府、迎回《古事记》中天照大神的子孙——天皇世系重掌国政。

这也就与日本幕末时期的另一大思想门派——“水户学”挂上了钩。

---

① 平田笃胤受到西方格里高利历法（太阳历）影响，于天保十二年（1841）一月一日出版《天朝无穷历》，试图否定江户幕府长期以来坚持的阴历历法，在当年受到“国许归还”（即驱逐出江户城）的惩罚。关于日本近现代历法，可参考本书附录《公历与日本历法对应问题》。

② 日本近代对待外国船只的态度：19 世纪初，俄国航海家尼古拉·雷扎诺夫来到日本寻求贸易，江户幕府遂于文化三年（1806）颁布了“薪水给予令”，允许外国漂流船只在日本获得给养；但由于第二年（1807）雷扎诺夫的船队攻击日本在库页岛与择捉岛的据点，这项法令很快予以撤销；1825 年日本进一步出台“异国船打拂令”，要求对所有靠近日本近海的船只发动攻击；但到了 1837 年，一艘载着 7 名日本漂流渔民的美国船只“莫里循号”试图在日本浦贺港靠岸却遭到日本炮击之后，日本江户幕府决定在 1842 年重新恢复“薪水给予令”。

四 水户学“尊王”理念的异化

提到“水户学”，大都会想到鲁迅所言“明之遗民朱舜水”[①]。

的确，这位明朝文化人来到日本以后给日本儒学带来很大的影响，邀请他为座上宾的水户藩第2代藩主德川光圀也采用了朱子学“大义名分论”思想编写《大日本史》[②]。但这一阶段的“水户学”很难说有什么思想上的意义，只是强调国家统治的正统性，而且由于水户藩长期财政紧张，修史在江户时代中期也完全不受重视。

重视“正统”的思维模式让水户藩始终对国家抱有责任感，随着近代西方列强渐渐浮现于海上，第9代藩主德川齐昭认为时局动荡，便开始主管海防工作，主张御敌于国门之外，这就形成了“攘夷”思想的萌芽。也是在这一时期，日本国学渗透进“水户学”，促使这个以儒家朱子学为基础的学问开始剑走偏锋。

宽政五年（1793），后来成为彰考馆总裁的藤田幽谷[③]基于《论语·子

---

① 朱舜水（1600—1682），浙江余姚人，明清易代之际由于不愿意出仕清朝而辅佐南明各小政权进行反清战争，为了寻求军事援助而先后四次来到日本长崎向江户幕府求援，遭到拒绝后于1659年放弃南明政权而流亡日本。1665年接受水户藩招募，教授儒学，成为日本“水户学”鼻祖。

② 《大日本史》是一部仿照中国《史记》编纂的纪传体史书，记述时间从传说中的神武天皇开始一直到日本南北朝统一的1392年为止，全书共397卷226册（附目录5卷），文法采用全汉文。编纂工作由日本水户藩在1657年正式启动，随后一直作为水户藩的家族事业延续下去，中途因缺少经费与人才支持而时断时续，直至江户幕府灭亡都没有全部编写完毕，最终到明治维新之后的1906年才由水户德川家后人完成。这部卷帙浩繁的书籍是日本水户学追逐“大义名分”思想的集中体现。

③ 藤田幽谷（1774—1826），原为水户城下一名普通町人，因爱好学问而被推荐学习儒学。19岁就发表了著名的《正名论》，虽然该文因为对江户幕府的意识形态有所抨击而未广泛流传，但他的才能依旧受到重视。34岁就任彰考馆总裁，他撰写的《劝农或问》对水户藩19世纪初期的农村改革做出了一定贡献。其次子藤田东湖（1806—1855）日后也成为水户藩著名儒学者，受到当时的水户藩主德川齐昭重用。

徳川光圀（1628—1700）

路》“必也正名”一言创作发表《正名论》，在这部前后仅 1300 多个汉字的书中，藤田幽谷并不完全以儒学逻辑来论证，反而是掺入大量日本国学的观点，如明确提到日本国自从“皇祖开辟”以来，“天皇”便君临日本全土，定下皇室、幕府、各大名、卿、大夫这套“君臣之名，上下之分”[①]。既然“君臣上下之别”恰如“天地秩序”本身，那么按照大义名分要求的日本臣民就必须“尊王”。“尊王”思想的出现标志着“水户学”已经从一个单纯的历史学派开始向政治团体的方向转变。

他的弟子会泽正志斋[②]更为激进。文政七年（1824），一艘英国捕鲸船在未经许可的情况下靠岸水户藩，借助这个契机，会泽正志斋在第二年奉上自己一生最重要的著作——《新论》[③]。

如果只是随便翻翻，《新论》很像一本传统的儒学著作，不仅全文由汉语文言文写成，书中无数次提到的“君臣父子”“忠以贵贵、孝以亲亲”等儒学术语也让中国人备感熟悉。但从行文结构上看，《新论》却没有以“孔孟之道”或是朱子学、阳明学的既有方法作为论述工具，反而借鉴日本国学关于“国体”的描述，认为日本是贺茂真渊、本居宣长等人描述

---

① 《正名论》节选：“甚矣哉，名分之于天下国家，不可不正且严也，其犹天地之不可易欤！有天地然后有君臣，有君臣然后有上下，有上下然后礼义有所措。苟君臣之名不正，而有上下之分不严，即尊卑易位，贵贱失所，强凌弱，众暴寡，亡无日矣。”（翻译参考自钟放《伦理学视角下的稻盛和夫经营哲学》，《广东社会科学》2008 年第 2 期）

② 会泽正志斋（1781—1863），藤田幽谷弟子，水户藩校弘道馆督学，主张融合神道与儒学的大义名分论。对于西方，他认为《西洋纪闻》里新井白石对西方“人伦”的观点（基督教敬天神，却不敬君父，乃是不忠不孝）是真知灼见，因而排挤基督教，“异教与人情相反，不知人伦，变乱五伦”（《三眼余考》）。

③ 《新论》共分为“国体・道德”“国体・军备”“国体・经济”“长计”四篇，着重探讨日本如何在近代西方国家包围中自保，即在明确日本“国体”之精华的前提下，要求各路志士了解海外各国“形式”与“虏情”，寻求“守御”（防御策略）与“富国强兵”之道，名义上是探讨日本所面对国际环境的应对之策，却暗藏很多国家意识形态的政治宣传。

的“神州”[①]，耗费巨大篇幅讲述了日本“皇祖神”（天照大神）如何把象征皇权的“三种神器”传予人间[②]，于是“忠孝立”，“天人之大道昭昭乎其著矣”。通过对“皇祖神”的祭祀，日本延续了国政治理（祭以为政），而通过国政治理又进一步明确了“忠孝”之教（政以为教），日本也成为“祭政教”一致的国家。

会泽正志斋还用日本国学的逻辑，以土地为中心梳理了整个日本历史：日本神武天皇创造的“国造”统治与中国周代分封制相当，土地子民均属天子，忠孝始成；大化改新以后建立郡县制，但保留了一定私地私民；平安时代出现庄园制，土地全归贵族私有；镰仓时代曾一度将土地分配权收归幕府所有，但之后管理不善导致忠孝荒废，致使室町时代末期出现战国乱世；之后丰臣秀吉与德川家康（东照宫）以忠孝为基础，开辟两百年太平基业——这套逻辑也成为后来日本历史研究界“皇国史观”[③]的基础。

在会泽正志斋的理论中，“忠孝”不再是东亚大陆的舶来品，而是“皇祖神”建立“神州”日本的遗留品。作为神造正统的国家，日本这个“大阳之所出”直接被会泽正志斋定义为“中国”“天朝”。如此一来，《新

---

① “神州者大阳之所出，元气之所始，天日之嗣，世御宸极，终古不易，固大地之元首，而万国之纲纪也。”（《新论·国体·道德》）

② “天祖肇建鸿基，威即天位，德即天德，以经纶天业，细大之事，无一非天者。比德于玉，比明于镜，比威于剑，体天之仁，则天之明，奋天之威，以照临万邦，迨以天下传于皇孙，而手授三器，以为天位之信，以象天德，而代天工，治天职，然后传之千万世。”（《新论·国体·道德》）

③ “皇国史观”是一种以天皇统治为中心叙述日本历史的方式，认为《古事记》《日本书纪》中的神话部分也属于历史事实，从明治维新至太平洋战争时期广为流传，一度是军国主义教育的核心思想。二战结束后，这种欠缺实证的历史研究方法遭到普遍批判，目前在日本主流史学界已经不复存在。但皇国史观依旧对日本产生诸多影响，如在评判南北朝天皇孰为正统的时候，皇国史观的信徒认为拥有三神器的南朝天皇系统为正统，这一点依旧为现代天皇世系所承认。

论》完成了日本国学“敬天法祖”与儒学“敬重中国”的合流，天皇既是日本国学的上古日本象征，也是儒学忠孝的对象，自然成为未来日本应对外来入侵、应对国际社会的关键人物。

借由日本国学与儒学的融合，儒学“尊王”一词也出现变质。传统儒学存在所谓“先王之道”，意即周文王、周武王实行的仁德之政，“尊王”也是指尊重“先王之道”，广施仁德。但经过日本国学的洗礼，“王道”二字不再是仁德之政，而是延续从“皇祖神”传承而来的皇家血脉，即“尊崇天皇”。

随着外部压力越来越大，幕府实行的闭关锁国政策越来越难以满足各利益阶层的需求，天皇作为日本旧时代权威已经呼之欲出。

《新论》虽然只有寥寥2000多字，也因为幕府限制而未能正式出版，但会泽正志斋的门人却把这本书手抄散发，影响非常大。长州藩维新志士吉田松阴（1830—1859）在游历四方时阅读了这本书，进而开始关注国外事物与日本历史。游历回归之后，吉田松阴在自家接管了一座私塾——松下村塾，并向下级武士乃至百姓教授西方学问与日本历史，这些弟子之中就有后来明治宪法的制定者伊藤博文、外务大臣井上馨、近代日本军队创始人山县有朋等人。《新论》的价值观体系也随着明治时代的建政元老而逐步发扬光大。

五 小结

以探究“纯粹日本”为始，以“尊崇天皇”为终，日本国学经历了从“剥离儒学”到“再造儒学”的全过程。这些思考方式虽然局限在下级武士与上层市民之中，并没有波及数量更为广大的农民阶层，但从后续历史来看，明治维新的主要志士、近代日本的主要缔造者也都来源于下级武士，他们在青少年时代接触到的著作与思想自然也会渗透到明治国家的建设之中。因此，从这个意义上重新审视日本国学就显得颇为重要。

对于深受日本国学影响的维新志士而言，与幕府的闭关锁国与专制统治相比，天皇的存在象征着更为纯粹与美好的日本。于是越来越多的人认为，只要能击碎天皇与老百姓之间的隔阂——幕府与整套基于武士阶层的官僚体系，日本就能重新回归“皇国”，回到他们理想中的日本。

在这种背景下，日本近代第一位拥有较大影响力的天皇也随之登上历史舞台，这就是明治天皇的曾祖父、第 119 代天皇——光格天皇兼仁。我们关于近现代天皇的叙述，也要从这位天皇说起。

第一章　争夺“天皇”：光格天皇如何“夺回”天皇称号（1787—1840）

如今提到天皇，所有人都会想到日本君主。但在历史上，日本“天皇”尊号与中国“皇帝”称号其实有着一个巨大的不同点：“皇帝”称号自秦始皇创造以来一直延续到近代，但“天皇”尊号却间断过很久，直到近代才重新复活。

“天皇”尊号首次使用是天武天皇（第40代，？—686）时期，后来通过《大宝律令》（701）加以制度化，并给予之前所有日本“大王”以“天皇”的称呼。但从冷泉天皇（第63代，950—1011）开始，“天皇”尊号的使用越来越少，乃至顺德天皇（第84代，1197—1242）去世以后，“谥号＋天皇”的命名形式在600多年内遭到弃用，而是改用“追号＋院号”来称呼日本君主。

使用“院号”并不代表剥夺了君主身份，但“天皇”尊号的弃用却伴随着日本公卿与武士阶层的崛起，这些实权阶层架空天皇、代替天皇掌握政权，形成了颇具日本特色的“摄关政治”与“武家政治”。在日本国学者看来，“天皇”尊号的废弃也就意味着对日本君主这一国家至尊地位的挑战[①]。

本书要讲述的第一个天皇就是日本第119代天皇——光格天皇兼仁（1771—1840），因为他正式恢复了断绝近600年的“天皇”尊号与谥号。而从他开始，日本天皇迄今一直是父子相传，200年间血统从未更易，这种稳定的皇位传承成为日本天皇制能够稳定存续的重要基石。

一　京都朝廷与江户幕府之间的初始关系与变化

“天子诸艺能之事，第一御学问也。”这是江户幕府针对日本皇室管理的“根本大法”——《禁中并公家诸法度》第一条第一句的汉文原文[②]。除去“艺能”（技艺与能力）需要稍微解释一下，每个中国人都能理解这句话的含义。

按字面意思理解，这句话似乎是说“天皇光搞学问就行了，别想着过问政治”，而从江户幕府200多年的历史来看，天皇在大部分时间里确实无法插手政务，这就给了大家一个基本印象：近代以前的天皇都没什么用。

其实，这是一种误读。如果展开看《禁中并公家诸法度》第一条全文，就会发现所谓“学问”二字并不意味着“死读书”，而是要学习中国

① “废天皇之文字实为可叹也。院号之物，大名乃至于庶民皆可用之，不适用于极尊之天皇。”见中井竹山《草茅危言》。

② 《禁中并公家诸法度》第一条全文：“天子诸艺能之事，第一御学问也。不学则不明古道，而能政致太平者，未之有也，《贞观政要》明文也。《宽平遗诫》，虽不穷经史，可诵习《群书治要》云云。和歌自光孝天皇未绝，虽为绮语，我国习俗也，不可弃置云云。所载《禁秘抄》御习学专要候事。”

古代名著《贞观政要》《群书治要》，修习古代日本天皇留下的家训《宽平遗诫》《禁秘抄》等。这些书目不仅包含着古人对于理想政治形态的描述，还详细介绍了古代朝廷的运作管理模式，既有理论又有实践。换言之，江户幕府不但没有要天皇远离政治的意思，相反还希望让他学习“帝王术”，仍将天皇奉为这个国家的君主。

身处现代，我们会很自然地把以天皇为中心的公家政权称为“京都朝廷”，把以将军为中心的武家政权称为“江户幕府”，会认为两者截然不同，日本是一种二元政治形态。但在江户时代，这两个词的出现频率都不太高：“京都朝廷”对应的说法是“禁里”或“禁中”（如《禁中并公家诸法度》），而“江户幕府”则一般被称为“征夷府”（幕府将军全称为“征夷大将军”）、“公仪”（即公权力之意，意指幕府可以调停各诸侯之间的纷争），甚至江户幕府也曾长期被称为“朝廷”。

“朝廷”可以泛指整个官僚体系，对于升斗小民来说，无论是在京都还是江户，只要是一个能办理政务的中枢机构就可以看作“朝廷”。毕竟江户时代初期距离上一个幕府——室町幕府（1336—1573）相去不远，而室町幕府与天皇、公卿系统都安置在京都，大家自然会认为新生的江户幕府也属于“朝廷”，而且由于京都朝廷基本上做不了什么实际政务，因此，江户幕府才是当之无愧的“朝廷”。

虽然从表面上看，德川家康的幕府将军职位是由京都朝廷赐予并代代相传，但事实上，他的政权本质上还是靠着强大的军事实力而建立，与正统不正统没有丝毫关系。换言之，在江户幕府统治日本的前 150 年的太平盛世里，京都朝廷与江户幕府在理念上并不存在共存矛盾，幕府将军不需要借助任何的天皇或公卿权威，就完全可以用“武家栋梁”这个简单的称号统领全国武士。

然而，随着时代变迁，问题终究还是到来了。

德川家康（1541—1616），日本战国时代的最终胜利者，日本江户幕府初代将军，他在彻底消灭敌对的丰臣家势力后，于元和元年（1615）颁布针对武士的《武家诸法度》与针对天皇、公卿的《禁中并公家诸法度》

进入 18 世纪 80 年代，日本爆发了一场持续多年的饥荒，即所谓“天明大饥荒”。饥荒起源于天明三年（1783）岩木山、浅间山两座火山喷发，火山灰不仅造成人员伤亡，还导致日照量下降，对农作物造成了毁灭性破坏。从第二年开始，整个日本出现了严重的饥荒，疫病蔓延，人口骤减[①]。到天明七年（1787）五月，由于各大米市将大米囤积居奇，处于饿死边缘的老百姓袭击了江户与大坂的各大米市，引发江户幕府成立以来规模最大的民众暴乱。

面对这场危机，江户幕府老中首座（最高议政官）松平定信开启一次声势浩大的“宽政改革”运动，他要求幕府官员厉行节约，彻底紧缩幕府财政，严控民众思想，以使幕府统治走向稳定。也就是从这一时期开始，松平定信在给将军德川家齐的书信中倡导所谓“大政委任论”的思想，即认为幕府统治国家的权力是由天皇授予的，日本并不属于幕府将军所有[②]。

很明显，“武家栋梁”的身份已经不足以支撑江户幕府的庞大体系，江户幕府想要继续维系统治，就必须寻找更加浑然天成的权力来源，这就不可避免地与这份权力的另一端——京都朝廷的兼仁产生了交集。

恰好在这一时期，京都朝廷的地位在光格天皇兼仁的努力下正在不断提升。

---

① 从 1780 年至 1786 年，日本全国人口减少了 92 万人。当时日本总人口数量为 3000 万。参见石井宽治《日本经济史》，东京大学出版会，2017 年，第 77 页。

② “古人云：天下乃天下之物，而非一人之物，六十余州（指全日本）乃禁廷（指京都朝廷）下赐（江户幕府）代管，即便一瞬也不可以为自身之物。身为将军，治理天下乃是职责所在。”《天明八年戊申十月御心得之箇条並老中心得之箇条依台命松平越中守定信撰之上ル覚》，《大川家文书》第 143 号《泰平龟鉴》，宇都宫大学图书馆藏。

二　天皇兼仁重修古礼

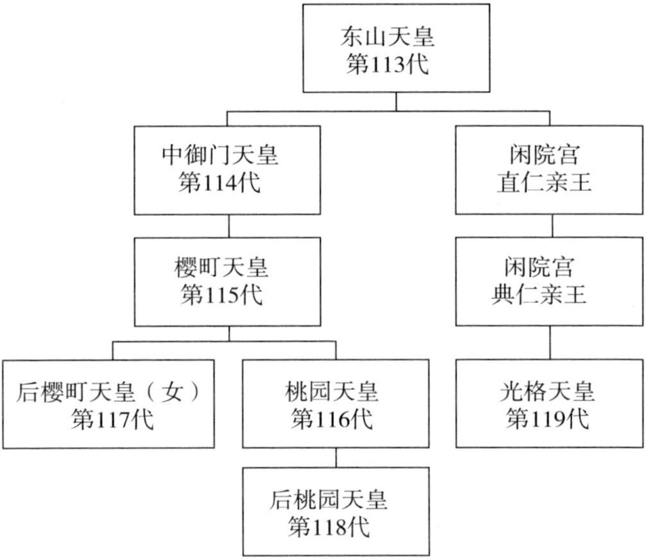

日本第 113 代至 119 代天皇的世系图

光格天皇兼仁是近现代天皇的直系祖先，在他这一代，天皇世系发生了一次变化。由上图可见，兼仁的血统距离上一个担任过天皇的先祖（东山天皇，第 113 代，1675—1710）已经过了三代，如此跳跃性的继位在日本历史上虽有先例，却也是非常罕见的[①]。而兼仁即位以后，他所能仰仗

① 上一次发生类似的情况还是在后花园天皇（第 102 代，1419—1471）时代，他与自己上一个担任过天皇的先祖（崇光天皇，北朝第 3 代，1334—1398）的差距也是三代，这是日本进入信史时代以后的两个为数不多的案例。

的只有一位退位女帝后樱町上皇[①]（第117代，1740—1813）。诚然，这位女帝给予兼仁以很大的信任，但即便如此，兼仁在当时仍然备受冷落[②]。

既然血统无法获得尊重，想要争取尊重就只有一条路：靠实际行动。不过，由于江户幕府封印了京都朝廷的所有世俗权力，甚至京都朝廷本身都需要由江户幕府提供3万石的给养，留给天皇本人闪转腾挪的空间非常少。兼仁唯一的努力方向，只有祭祀。

首先是“朔旦冬至”，意指日本旧历十一月一日与冬至日重合的那一天，每19年一次。古时，天皇会从宫中主殿“紫宸殿”中走出宴赏群臣，但从1449年之后因战乱而连续337年没有举办过。于是从天明六年（1786）五月开始，兼仁就要求关白向“武家传奏”[③]表达亲自参加“朔旦冬至”节日庆典的想法，希望幕府能够提供相当于200石禄米的金钱加以支持，幕府没有多想，很快批准。

不过，兼仁与周围公卿似乎都忘了一件事。上一任天皇——后桃园天皇（第118代，1758—1779）去世于十一月，因此十一月也就是“忌月”。兼仁虽然不是亲儿子，但形式上却是后桃园天皇的养子，还迎娶了后桃园天皇的女儿，那么在上一任天皇去世的“忌月”搞一出300多年没

① 后樱町天皇是迄今为止日本最后一位女帝，由于弟弟桃园天皇尚幼而暂且即位，有一定的“监国”色彩存在，桃园天皇长大后，她随即退位，当时被称为“女院”。

② “当代之主上乃闲院宫典仁亲王之幼子，被先帝后桃园院特例收为养子，且不久之后便践祚（成为天皇），由于血缘关系比较远，众人虽不至于轻视，却也不当作亲生儿子一样奉养，更听说有一些人非常轻视（光格天皇），或许正因如此，关东（幕府）对他的态度也颇为粗略。”

③ “武家传奏”是设立在京都朝廷与江户幕府之间的沟通使者，一般由学问较高、语言表达能力较强的大纳言级公卿担任。如果天皇或公卿有事情需要沟通，会要求武家传奏前往幕府管理京都的官员“京都所司代”官邸进行探讨，反之江户幕府也会把相关意见与命令传达给京都所司代，再传达给武家传奏。武家传奏名义上是公卿系统成员，但其任命却需要参考江户幕府的意见。

光格天皇兼仁，原名“师仁”，由于日语读音与“死人”相同而在即位后改名“兼仁”

举办过的庆典，放在现在不无“坟头蹦迪”之感。

那还办不办呢？十月二日，天皇召见关白询问对策，得到的答复是“忌月、忌日之先例分属两端[①]，可决于陛下之意”。随后天皇又召见武家传奏，得到了一个更好的建议：“本代（天皇）可以不采用忌月，改用忌日。”而后桃园天皇的忌日是十一月九日，这就错开了十一月一日的庆典。

万事开头难，第一件成功了，后面也就容易了，兼仁随即将目光对准了“新尝祭”[②]。新尝祭是每年宫中祭祀中最重要的节日，但从1463年之后就因战乱而中断，直到18世纪初期才断断续续地举办。在兼仁的坚持下，新尝祭于天明六年（1786）十一月二十一日举办。各类祭祀的复兴不仅让兼仁在公卿心目中的地位有所提升，也颇受老百姓的欢迎。毕竟宫中祭祀活动多起来，城市气氛也会热闹很多，这就需要更多物资与人员，京都百姓也会获得更多的营商与就业机会。

两天后，更有趣的事情发生了。十一月二十三日，在京都东郊的山科地区，一位叫吉田屋喜右卫门的猎人捕获了一只“珍鸟”，尾、翼及羽毛都是纯白色的。这只珍鸟引起了京都上层人士的注意，很快就呈给兼仁观赏，经过群臣议论，随后被定性为日本古代祥瑞中的“白乌”。虽然“白乌”只是祥瑞四大等级中的“中瑞”，也就是第三等级，但经过京都公卿咬文嚼字地包装，“白乌”现世成为上天对兼仁复兴“朔旦冬至”与新尝

① 追溯历史，后醍醐天皇（第96代，1288—1339）曾在建武二年（1335）十一月举办过一次宴会，正值他的生母去世之“忌月”。用中国古代的话说，虽然需要“丁忧”，但必要的时候也可以“夺情”。

② 新尝祭于每年十一月最后一个卯日举办，由天皇向神敬献新产出的谷子，随后自己将谷子做成饭吃下去，以感谢神给予的丰产。这个节日目前依旧存留下来，成为每年日本的“勤劳感谢之日”（11月23日）。每年这一天，天皇都要将从全国收集而来的粟米与天皇本人耕种的米敬献给神，随后把新产出的米煮成米饭与粥吃下去。目前举行这个仪式一般需要两小时，通常是上午十一点开始，下午一点结束。

歌川广重（1797—1858）浮世绘《六十余国名所图·伯耆国大野大山》。此图描绘了农民冒雨种稻的场景，新尝祭即与此有关

祭的一种赞赏，更是未来皇室走上良性发展道路的吉兆。

其实，这个吉兆本身是有问题的。因为传说中的“白鸟”是通体白色的鸟，而这只鸟却只有羽毛部分为白色，严格来说很难算数。但对于没落多年的京都朝廷来说，对于需要证明自身能力的兼仁而言，他们需要用“祥瑞”为天皇复兴各项礼仪来做背书。

事随人愿，京都朝廷的声望突然开始上升。天明七年（1787）六月七日开始，京都附近市民流行起一种新的仪式：绕着京都皇宫外城墙散步（禁里御千度）。一开始只有几十人，后来越聚越多，甚至有记载说一天有三万人绕城散步。不仅如此，京都大街小巷还张贴告示：“近来凶作连年，米谷奇贵，困窘人多而世上艰难，故而若有志于六月十一日前往禁里（皇宫）御千度（绕城行走），请一同前往。”

如前所述，天明年间的日本正处于前所未有的大饥荒之中，就在“禁里御千度”开始的前一个月，日本各地频繁发生袭击米市、抢夺粮食的恶性治安事件。老百姓需要一个明确的精神寄托，而兼仁兴办礼仪之事自然让附近町民、农民觉得京都有一个可以依靠的人物，自然争相前往参谒。于是到六月十一日这天，皇宫附近就有了这番景象：

“十一日参谒人估计有五万余人，广阔大路上几乎无处容身。这一天本来有皇族公卿拜贺（天皇）之仪，（由于人太多）就算不下跪也不会受到惩罚，反而是（皇族公卿）会躲着前来参拜的人。女院御所（后樱町上皇）将自己随身携带的米团两个两个发下去……大家都把米团当作供品不敢吃，而是用纸包起来拿回家。”

不仅如此，老百姓似乎还把京都皇宫当成某种类似神社、寺庙一样的宗教场所。他们经常绕城数圈，结束之后在皇宫南门站定，用纸写上“五谷成就”（五谷丰登）的字样，包着12枚铜钱扔进皇宫。仅六月十一日这一天，皇宫南门就堆积了40贯文钱，平均算来，相当于有3000多人向皇宫里面投掷钱币。很明显，天明年间的大饥荒与兼仁复兴宫中祭祀的行为叠加在一起，让自江户时代以来一直远离老百姓视线的京都朝廷终于有了自己独特的地位。虽然天皇在老百姓心中不一定拥有“神”的地位，但在遍求各路神佛无果之后，他们当然希望京都朝廷这个象征着日本传统与秩序的“活化石”能有所作为。

于是，兼仁又进一步推行起自己的“复古”计划。

三 重建京都皇宫的博弈

天明八年（1788）一月三十日至二月一日，京都发生了一次巨大火灾，受灾面积达 1424 町（接近 14 平方公里），京都皇宫也被烧毁殆尽，只能重建。

三月二十五日，兼仁召见了一直私下里研究皇宫建筑历史的僧人固禅（1736—1804）。固禅在过去 30 年时间里一直试图考证复原平安时代皇宫图纸，后来这些成果浓缩在了 30 卷本的《大内里图考证》之中，成为皇宫重修的必要史料。召见这个人，象征着兼仁开始走出江户幕府设定的框架。多年前，里松固禅曾因卷入政治纷争[①]受到处罚，为了重修皇宫，兼仁不仅特赦固禅的刑罚，更任命他为重建皇宫的顾问，等于直接否决了江户幕府曾经做出的决定。

江户幕府当然也要行动。火灾发生后不久，五月二十二日，老中首座松平定信亲自带队来到京都考察灾情，整整待了十天。在考察了兼仁临时居住的寺庙"圣护院"之后，松平定信要求京都所司代给武家传奏打了一份报告，希望能够先修一两座临时宫殿让兼仁与公卿住进去，再按照被烧毁皇宫的原样重修皇宫建筑群。

之所以要求原样重修，松平定信并不是与兼仁作对，而是因为幕府财政确实处在破产边缘。按照前一年的测算，天明八年（1788）幕府财政可能会出现将近 100 万两金的赤字，而整个幕府金库的存款却只有 81 万

---

① 即宝历事件。1758 年，一部分京都公卿在尊王论信奉者竹内敬持的鼓动下联合起来，试图组织各藩有志之士推翻江户幕府，施行天皇亲政，随后遭到亲幕府公卿的告发，江户幕府随后对竹内一派进行了严厉的处罚。在这一事件中，里松光世（固禅）由于同竹内敬持有交往也受到牵连，被处以两年"远虑"之刑（白天不得从家里外出），两年后继续被处以"永蛰居"处分（永不解除的软禁），随后出家，改称"固禅"。

松平定信（1759—1829）自画像

两余，重修京都皇宫当然不能过于奢华。松平定信甚至提出“宫室之美亦是小民之膏血”，希望京都朝廷能“矫奢侈之弊风”。

然而，早在松平定信来京都之前，京都朝廷就铁了心要按照平安时代的皇宫样式重建。不过聪明的是，京都朝廷精心设计了图纸细节，虽然为皇宫正殿“紫宸殿”、天皇主要居住的“清凉殿”增建了回廊建筑，但最终交给江户幕府审核的图纸却显示总面积为 1514 坪（接近 5000 平方米），比起烧毁前宫殿的总面积还少了 10 坪（相当于 33 平方米）。

而且，图纸绘制过程异常缓慢，从五月十七日“紫宸殿”绘制开始，到八月十七日着色完成，整个图纸画了近 3 个月。直到八月二十日，图纸才提交京都所司代，随后传递给江户幕府。这么一拖，江户幕府自然没有太多时间细究图纸。十一月六日，江户幕府将意见返回京都朝廷，表示理解兼仁重修复古宫殿的想法，但也要考虑缩减成本，不太重要的地方应该进一步缩减面积、使用更为简朴的木材。

兼仁欣然接受。对于这位视礼仪为生命的天皇，“紫宸殿”这座平安时代的礼仪主殿必须雄伟壮观，其他地方可以不必特别华丽。虽然江户幕府明显是在逼迫京都朝廷，但这一次却并没有让兼仁多么困窘，双方各自宣布胜利而回。到宽政二年（1790）十一月，主殿部分竣工，紫宸殿、清凉殿、回廊以及承明门共同构成的礼仪宫殿群在600年后重现于世。

十一月二十二日，兼仁举办了极为盛大的“迁幸”仪式（回宫仪式），整个仪式严格按照固禅的考证完成，兼仁乘轿经过京都城内的三条大桥，接受老百姓的朝拜。由于宫殿重修召集了大量京都受灾百姓帮工，一度衣食无着的京都普通人获得了难得的工作机会，于是到天皇举办回宫仪式这一天，人们纷纷从家里出来观看这场盛大仪式。

兼仁的复古行动让他的威望逐步走向顶点，也为下一步的失败埋下了隐患。毕竟“复古”理念看似安全，却也暗藏杀机：镰仓幕府末期的后醍醐天皇（第96代，1288—1339）试图恢复天皇对于国家的绝对统治，掀起了历史上第一次成功的倒幕运动，最终开启了所谓“建武中兴”[①]。如果兼仁也想效仿后醍醐天皇，江户幕府自然不会答应。

不久之后的宽政四年（1792）八月，江户幕府就对兼仁实施了一次重要反击，即“尊号事件”。

---

① 镰仓时代末期，意图恢复天皇亲政的后醍醐天皇发动全国诸侯反对镰仓幕府“执权”北条家，最终引得足利尊氏（1301—1358）、新田义贞（1301—1338）等武士推翻镰仓幕府，共同尊奉后醍醐天皇为新君。但在镰仓幕府灭亡之后仅仅三年，由于后醍醐天皇不愿照顾日本武士的利益，武士阶层的首脑足利尊氏重新迎立已经退位的光严上皇为主君，与拥戴后醍醐天皇的军队作战。双方互不相容，最终开启了日本历史上唯一一次“南北朝时代”（1336—1392）。足利尊氏成为日本第二代幕府——室町幕府的创始人。

四 发生于日本的“大礼之议”

兼仁由旁系继承大统，即位之后马上遇到了一个尴尬的问题：兼仁的生父——闲院宫典仁亲王仍然健在，那么在日常活动中，本来的父子关系就变成了臣与君的倒置关系。

更麻烦的是，《禁中并公家诸法度》第二条规定“三公之下亲王”，也就是说，典仁亲王作为世袭亲王家的家主，地位上在三公（太政大臣、左大臣、右大臣）之下，各种场合的座次都要排在这三个大臣之后。要知道，当时的关白鹰司辅平在血统上是闲院宫典仁亲王的亲弟弟、兼仁的叔叔。每次有活动举行，父亲不仅要排在儿子后面，还要排在弟弟后面，整个场景很是尴尬，重视礼仪的兼仁当然难以忍受。

早在即位之初，兼仁就询问能否为父亲加上“上皇”尊号，如若实现，闲院宫典仁亲王就可以获得上皇待遇，尴尬的问题自然就解决了，不过幕府却不置可否。宽政元年（1789）二月，随着京都皇宫开始重修，兼仁又一次提出此事，专门给幕府方面递了一封信，信中举出两个“不登极帝”[①]（即没有即位的天皇）的“先例”，要求幕府讨论给57岁的典仁亲王赠予尊号的问题。八月，这封书信递到了幕府老中首座松平定信的手中。

事有凑巧，就在同一时期，幕府也有着相似的事情。当时的第11代

① 日本历史上曾出现过两位“不登极帝”。一是守贞亲王（1179—1223），第三子为后堀河天皇（第86代，1212—1234）；二是伏见宫贞成亲王（1372—1456），为后花园天皇（第102代，1419—1471）之父。两人所处时代均经历了剧烈的政治变动，天皇谱系因而出现大规模变动，使得没有当过天皇的守贞亲王、贞成亲王可以借助自己的儿子当选天皇而获得“上皇”尊号。

闲院宫典仁亲王（1733—1794）。闲院宫家第二代继承者。明治时代被追谥为“庆光天皇”，但并未列入日本天皇序列

将军德川家齐也不是前一代将军的亲生儿子，而是“御三卿”[①]德川治济的儿子，只是由于第10代将军德川家治无嗣去世，德川家齐才获得了将军职位。与兼仁相仿，他也想给自己的生父加上象征着“退休将军”的“大御所”称号，以表达自己的孝心。

作为江户时代“宽政改革”的发起者与实行者，松平定信非常重视构

① 江户幕府成立后，为防同室操戈，德川家绝大部分亲族均恢复旧姓“松平”，只留下尾张、水户、纪州“御三家”保持“德川”姓氏，拥有继承将军家之权。享保元年（1716），将军家断嗣，纪州家转任将军（8代将军德川吉宗），其后代形成所谓“御三卿”（田安、清水、一桥），可以在德川将军家没有嗣子的情况下过继养子。

建一套维系江户幕府稳定的意识形态。比起传统日本儒学重视“孝”的做法，他更重视树立朱子学的“忠”。于是，中国式的“君臣如父子”的意识形态到了日本，就反过来变成“父子如君臣”。只要没有接任将军或天皇职位的经历，就不能获得“大御所”与“上皇”称号。于是对于将军德川家齐，他迅速表示拒绝；同样地，松平定信也拒绝了兼仁的请求。

兼仁当然十分愤懑。宽政三年（1791）八月，兼仁更换亲幕府的关白——叔叔鹰司辅平，任命对江户幕府有着反感情绪的一条辉良担任新关白。随后十二月，兼仁向41名高级公卿发布“敕问”，询问“太宰帅亲王（即兼仁生父闲院宫典仁亲王）是否应下（上皇）尊号”。经过多年相处，大部分公卿都已经了解到兼仁的脾气有多倔。于是41份回答中，除去2人反对、3人保留态度之外，其余36人均表示同意。

看到公卿意见统一，兼仁喜出望外，在宽政四年（1792）一月迅速写好一份“御内虑书”交给江户幕府的京都所司代。所谓“御内虑”，便是指天皇的私下想法。兼仁在这份文件中首先提到公卿集体同意为天皇生父赠予尊号，随后又摆出了之前提过的一些先例，最终提出：如果幕府不同意，那么“（天皇）此后会有更深之考量”。至于什么是“更深之考量”并未明言——这正是日语里一种委婉的威胁性口气。

然而事情还没传到幕府，公卿鹰司辅平就先着急了。作为兼仁的叔父，他并不希望这个用处不大的尊号让京都朝廷身陷险境，于是在兼仁“敕问”时分，他与儿子一同投了反对票，而且赶在“御内虑书”发出之前私下修书，将京都发生的事情全部告知松平定信。松平定信即刻回信：“此于国体乃不容易之事，乃甚难之事，如今必得奋勇自励而不可有丝毫动摇。”

不过京都朝廷已经准备甩开江户幕府单干了，兼仁决定要在当年十一月一日新尝祭时正式宣布父亲典仁亲王获得上皇尊号；但幕府也毫不含糊，随即以“御名器（皇位）不可轻”为名，要求天皇立即收回成命；

德川家齐（1773—1841），江户幕府第 11 代将军，一生有 16 位妻妾，生育 26 子、27 女，但只有 28 人活到成年

但兼仁已经铁了心，再次派遣武家传奏将“尊皇宣下”的决定告知京都所司代，甚至将这一消息公开告知父亲典仁亲王。这一时期，典仁亲王已经罹患中风，身体条件急转直下，兼仁急于给父亲一个名分。

但松平定信也是铁了心要阻止兼仁。宽政四年（1792）十月二日，松平定信以“（幕府）御用”为由，召见三名京都公卿来到江户[①]，这三人都是兼仁发动“尊号事件”的关键人物，也是“尊号”发布仪式上不可

① 分别为武家传奏正亲町公明、议奏中山爱亲、议奏广桥一光。江户幕府成立后，每逢“御用”（即江户幕府有关于礼仪方面的需要时），江户幕府有权要求负责音律、蹴鞠的公卿从京都来到江户加以指导。而江户幕府过去也多次使用类似手段处置京都朝廷中对江户幕府抱有敌意的公卿。

或缺的重要公卿，这个时候把他们拉到江户，等于是从背后给了兼仁一刀。京都朝廷以“三卿江户下向之事尚无前例”为由拒绝了这一要求。

京都朝廷想要单独宣布“尊号”，江户幕府想要拆台，双方僵持不下。碍于江户幕府的反对态度，兼仁退了一步，推迟“尊号”发布仪式的时间；但与此同时，兼仁也拒绝出席当年即将举办的新尝祭，改由“内侍”代劳。要知道，恢复新尝祭是兼仁即位以后恢复的一个重要节日，如今却拒绝出席，明显是要在京都百姓面前让江户幕府难堪。

面对兼仁的强硬态度，江户幕府在十一月四日发出了一次严厉提醒：闲院宫家的收入增加部分，不应以上皇之标准确定，而只能按照幕府一个地方官的标准来做出调整。

从表面上看，这句话似乎看不出太多负面情绪，但放在时代背景下却暗藏杀机：无论兼仁如何调整亲生父亲的地位，江户幕府都只会给他一个亲王待遇；更重要的是，这也是在提醒兼仁，京都朝廷的俸禄一直由江户幕府提供[①]，幕府可以提高待遇，同样也可以减少待遇。如果兼仁继续闹下去，下一次是不是会削减待遇也未可知。

杀招一出，京都朝廷马上认输，在十一月十三日宣布“尊号”发布仪式中止，兼仁也准备重新参与新尝祭。

江户幕府仍没有善罢甘休。宽政五年（1793）二月十日，三名公卿之中的中山爱亲、正亲町公明两人来到江户，受到江户幕府高官的审理（名义上为“对问”）。两位公卿都不太想说实话，但由于两个人是分开审理的，所以很快就被发现了破绽，逐个击破，最终只能坦白整个“尊号事件”都是兼仁所为。当然，鉴于兼仁已经中止发布仪式，幕府也就坡下

① 江户幕府给予京都朝廷的供养额度最早为庆长六年（1601）的1万石，到18世纪中叶的宝历二年（1752）为天皇3万石，中宫3000石，妃子2000石，东宫2000石（实际为800石）。

驴，把“尊号事件”的责任放在三名公卿身上，三人最终被判处罢免官位、闭门思过等处分。

按照现代人的观念，这种判决很奇怪：三名公卿都是京都朝廷的人，江户幕府作为武士政权有什么资格来判决呢？老中首座松平定信并不这么认为：无论公卿还是武士均为“王臣”，既然天皇已经把“大政”委托给幕府将军，将军就有权处罚“王臣”；既然幕府将军得到天皇的全权委托，如果还让天皇去处罚“王臣”，这就等于是没有完成天皇交办的任务，是对天皇的“不敬”。

时至今日，我们已经无法钻回到松平定信的肚子里，看看他内心里究竟是出于“尊皇”才去直接处罚三公卿，还是为了将权力集中在幕府而去处罚三公卿。但可以肯定的是，松平定信通过这一举动传达出了两层非常明确的含义：一是幕府将军有权处罚任何一个不服从幕府的官员，无论是公卿还是武士；二是幕府将军的治国权力来源于天皇，只要一天不把这份权力收回去，对于幕府将军做出的判决，就算是天皇本人也无法插嘴。

兼仁无疑是吃了哑巴亏，自己的父亲典仁亲王在没有任何名分的情况下，最终于宽政六年（1794）七月走完人生路，这份遗憾再也无法弥补。似乎是为了表达愤懑之情，父亲去世之后的两年间，兼仁总共处分了 60 家堂上家公卿成员，而当时堂上家总数也只有 134 家，受处分者接近一半。这既是宣泄内心的苦闷，也是在向幕府强调自身的权威。

松平定信如此坚决，不仅得罪了兼仁，也得罪了将军德川家齐、将军生父德川治济，到宽政五年（1793）七月二十三日，松平定信被迫辞去老中首座职位。不过由于德川家齐依然年龄尚幼，接任老中首座的松平信明基本还是沿袭松平定信的旧有政策，直到十几年之后的文化十四年（1817）松平信明去世，曾经参与宽政改革的那一代元老级人物全部退出历史舞台，日本才逐步走出幕府的紧缩财政，并放宽思想禁令。

五 授予官位与“天皇”谥号的复兴

历经“尊号事件”，兼仁意识到京都朝廷势力的衰微已经不是一天两天的事，想要恢复权威也不可能在他这一代完成。于是接下来的十多年，兼仁再没有与江户幕府发生什么纠纷，而是专心致志恢复各项礼仪，以求提升皇室在全日本人心目中的地位。

文化十年（1813）、十一年，兼仁先后恢复了在石清水八幡宫、两大贺茂神社[①]的“临时祭”。所谓“临时祭”，便是神社每年“恒例祭”（固定祭祀）之外的祭祀。平安时代的天皇在迁宫、登基、天皇行幸（访问）、国家危机时经常会来到上述三所神社施行祭祀之礼。但由于战乱频繁，近400年时间里天皇都没在三所神社开展临时祭。兼仁即位以后热衷于复兴平安时代的礼仪，而在这三所神社举办“临时祭”也一直是他的夙愿。由于临时祭的花费巨大，厉行节约的江户幕府一直不愿意批准，直到松平定信辞职以及宽政改革逐步走向终结后，江户幕府才批准兼仁的要求。

恢复两场临时祭以后，兼仁立即决定在不久之后让位，以便恢复平安时代的另一项传统——“院政”。文化十四年（1817）五月，兼仁将天皇职位让给儿子（仁孝天皇，第120代，1800—1846），从皇宫搬出来独自

① 石清水八幡宫（男山八幡宫，始建于860年），主要祭祀应神天皇（第15代天皇，相传为后世天皇血统的直系祖先，是否存在仍有争议）、神功皇后（应神天皇母亲），与祭祀天照大神的伊势神宫并列为“两大宗庙”。应神天皇又被认为是阿弥陀佛化身的八幡神，也被崇尚勇武的日本武士视作武神。因此，石清水八幡宫在日本近代以前有着十分崇高的地位。贺茂别雷神社（上贺茂神社，始建于678年）、贺茂御祖神社（下鸭神社，始建时间不明），最早均为日本奈良时代名门贺茂氏氏神的神社，随着日本从奈良迁都京都而在京都扎根，其中的贺茂别雷神社也是目前京都现存建筑中最为古老的古建筑。上述三座神社均为日本平安时代的重要宗教与行政机构，对于塑造日本传统有着重要意义。

居住，开启自己的院政时代[①]。不过与平安时代的院政有所不同，兼仁身边配置的近百人的工作团队[②]却大多由关白参与遴选，这意味着兼仁的院厅并不是一个迥异于京都朝廷的独立政治机构，相反，上皇院厅与京都朝廷仍然是一体同心。所以这一时期，京都朝廷的决策程序不仅需要现任天皇批准，更需要询问“天气”，亦即了解退位天皇兼仁的想法。

这一点，在将军德川家齐生父德川治济的称号问题上表现得就非常明显。这位将军的生父如同兼仁的生父典仁亲王一样未能获得相应尊号（分别为大御所、上皇）。所以德川家齐一直希望京都朝廷能给予父亲一个相应的“准大臣”称号[③]。之前，德川御三卿成员从未获得过这个官位，因此，对于这件事，江户幕府的整体态度比较消极。

文政七年（1824）底，江户幕府的京都所司代把“准大臣”身份的请求函发至京都朝廷的武家传奏，关白鹰司政通立即将请求告知现任天皇，现任天皇则指示要询问上皇之意。上皇兼仁在文政八年（1825）一月五日召见关白鹰司政通，要求他多考虑德川治济年事已高，在询问两位退休关白的意见后，再做决定。这番操作之后，关白再将授予德川治济“准大臣”的建议案上报给天皇。很明显，整个事件之中，兼仁作为退休

---

① 院政是以退位天皇（上皇或出家后的法皇）而非在位天皇为核心的一种政治形态，由退位天皇在自己的居所（院）设置院厅，安置心腹成员陪同在身旁，发布“院宣”（上皇圣旨）代替“纶旨”（天皇圣旨）。由于平安时代日本朝政由以藤原摄关家为核心的高级公卿把持，所以“院政”也可以看作对公卿的政治反击。院政在白河天皇（第72代，1053—1129）时期一度达到高峰。到江户时代，院政已经基本失去了原有意义。延伸阅读：美川圭《院政》，东京：中央公论新社，2006年。

② 即仙洞御所（上皇居所）机构人员，包括：院传奏2名、院评定众3名、伺候众26名、上北面9名、下北面22名、付武家2名、取次众4名、勘定头1名、勘定3名、胜番3名、修理职3名、贿方4名、吟味方2名、板元方3名、键番6名、奏者番4名。

③ 准大臣，也称为“准槐”，意指身份与日本平安时代的“三公”（太政大臣、左大臣、右大臣，还有一说认为是左大臣、右大臣、内大臣）相平，按照《禁中并公家诸法度》的条文，这一身份高于亲王。

天皇虽然没有发出过多声音，但他透露出要考虑将军生父“年老”一事，很明显是在用自己年轻时为生父争取“尊号”的事件来表明态度，支持将军生父获得“准大臣”身份。

眼见生父获得了身份，德川家齐喜出望外，又派遣京都所司代于文政九年（1826）七月十日拜访关白鹰司政通，希望能够获得太政大臣的官位。[①]

所谓太政大臣，是日本平安时代官制中地位最高的官职，相当于唐代中国官名中的“相国”。德川家齐之前的 10 代将军执政时期，无论社会是否稳定，大家都对自身地位的合法性有着很强的自信。但到德川家齐执政时期，天明大饥荒造成社会剧烈震荡，紧接着松平定信的宽政改革又让社会经济发展缓慢，江户幕府的统治明显开始动荡。

具体到德川家齐本人，他刚当上将军就受到松平定信的教诲与约束，想给父亲德川治济一个“大御所”的尊号却遭到松平定信的否决，即便是后来把松平定信轰走，过上铺张浪费极尽奢靡的生活，他的前半生还是一直笼罩在阴影之中。松平定信离开江户幕府中枢以后，旋即回到封地陆奥白河藩经营藩政，搞得有声有色。但由于江户幕府要求藩主必须“参勤交代”[②]，因此松平定信可以经常逗留于江户城，每逢各类活动，德川家齐还是会经常见到这位老冤家。这就好比那个小时候天天让你省钱节俭的老

① 京都朝廷曾想给第 3 代将军德川家光加上太政大臣的职位，但德川家光担心受到京都朝廷的制约而谢绝。之后，从第 4 代将军德川家纲到第 10 代将军德川家治都只升迁到右大臣为止，从未有人想染指更高的左大臣、太政大臣两个官位。

② 参勤交代也叫“参觐交代”，是江户幕府初期建立的一种制度，要求各地大名每两年要在江户城居住一年，另外一年虽然可以回到领国，却要将子女留在江户作为人质（关东地区的大名可以缩减一半时间，即在江户城居住半年，回到领国半年）。江户幕府还规定，根据领地规模划定大名仪仗队的人数与道具，领地规模越大，排场越大，耗费的金钱就越多，客观上削弱了地方大名的实力，保障了江户幕府统治的稳定。这种制度在江户时代末期的 1862 年得到改革，改为三年一次，驻留江户城时间缩短为 100 天，且不必再留下人质，这使得幕末大名变得更加活跃。

师，在你长大挣钱以后还要天天盯着你一样。更麻烦的是，松平定信相当长寿，直到文政十二年（1829）才去世，这就让德川家齐大半辈子都备感阴魂不散。

于是乎，为了减轻自身的不安全感，德川家齐希望以就任将军40年（1787—1827）为契机，让京都朝廷给予自己一个奖励。室町幕府15代将军与江户幕府前10代将军中从没有人能够连续担任将军40年，如果能借助这个机会获得京都朝廷的一次“升进”，对于提升他的个人威信与幕府合法性都有所帮助。况且，京都朝廷先前已经许可了自己的父亲德川治济获得“准大臣”身份，那么自己的“升进”也是很有希望的。

对于已退位的兼仁而言，他对德川家齐颇有同病相怜之感，从心理上也愿意帮忙。而且从政治方面考虑，江户幕府将军愿意从京都朝廷获得身份与合法性，这本身就是京都朝廷权威上升的一种反证，这类事情自然是多多益善。兼仁原则上同意将军“升进”为太政大臣，指示关白向江户幕府要一笔“御礼”（礼金）。于是，现任天皇一次性获得金2000两，上皇兼仁则每年从幕府获得银100贯目（相当于1667两金）。从金额上也可以看出，德川家齐很明白上皇兼仁帮他获得了“升进”。

天保十一年（1840）十一月十八日子时许（凌晨十二点），上皇兼仁因中风去世，享年69岁。他的遗愿是在自己这一代复兴“谥号”与“天皇”尊号，于是京都朝廷向江户幕府发函提出相应要求。由于获得京都朝廷赐予的名分，这一时期已经退休成为“大御所”的第11代将军德川家齐虽然已经病危，但仍然表示认可，江户幕府便在天保十二年（1841）一月二十八日发回认可函：“谥号虽中绝已久，而帝（仁孝天皇）有志于弘扬故院（去世的上皇兼仁）之高德于万代……本次行特例，天皇谥号之事从帝之愿。”

不久之后，闰一月七日，68岁的德川家齐去世；又过了十几天，闰一月二十三日，江户幕府正式给兼仁冠以“光格天皇”之名。

六 小结

观察历史的时候，有些人会像看一家上市公司，找出那个时代的“报表”，就着各类纸面数据进行解读，比如兵力、土地面积、人口、财政收入等等。但当他们把这些数据输入自己的大脑中，却会发现自己的推想与后面真正发生的历史并不相同。因为仅看报表，只能注意到表内资产，而看不到表外资产——人心，或者人的意识。

18 世纪初期，属于德川将军家的领地（天领）规模是 400 万石左右，坐拥“三百藩”大名的支持，相比之下，京都朝廷（天皇与公卿家族）总共也只有 20 万石的供养，双方的实力完全不在一个层次上。从这个角度来看，京都朝廷应该对江户幕府俯首帖耳才对，但在光格天皇的时代，京都朝廷并非完全受制于江户幕府，反而在某种程度上对江户幕府进行了约束。

这是为什么呢？从 18 世纪末期开始，江户幕府的统治逐渐动荡，越是动荡时期，民间知识分子与统治国家的武士阶层就越渴求名分，渴求来自更高精神力量的认同，以消弭自身的不安全感。也正是在这一时期，本居宣长《古事记传》与平田笃胤《灵能真柱》等著作相继出版，促使日本国学在这一时期普及开来，那么名分也就不再只是一种虚无缥缈的理念，而是成为一种实实在在的需求，当时唯一可以提供这种名分的天皇，就拥有了更为重要的地位。

的确，日本的国家变革要从嘉永六年（1853）“黑船来航”事件之后算起，但时人对于天皇的意识却早在光格天皇时代就已经发生了变化。如果不是光格天皇如此热衷于恢复各项礼仪，如果不是德川家齐托高了光格天皇的政治地位，就不会有人注意到身在京都的这位“日本传统的象征”可能会有什么实际的政治意义。那么接下来，即便受到外敌入侵，日本的青年志士也不一定会选择天皇作为他们的精神象征，选择日本国学作为自身的理论体系来源；日后就算推翻了江户幕府，天皇制度也有可能会被当作与幕府相似的“朝廷”的另一部分，甚至不排除会被当作延续2000年的腐朽传统而遭到废除。若当真如此，日本后来的历史恐怕就要彻底改写了。

所以，光格天皇一生的最大意义，并不在于他究竟恢复了哪项具体的礼仪，也不在于他是否恢复了“天皇”尊号与谥号，而是在于：他用自己极为明确的意志，重新让京都朝廷与天皇进入国家的政治运作之中，重新让知识分子与武士阶层意识到国家在名义上是由天皇授权给幕府统治的。那么，当国家出现动乱、幕府无力回天之时，就会有人想到：我们要不要解除这项授权，让天皇来直接统治国家呢？

第二章 融入世俗：孝明天皇的年轻气盛与暴毙（1846—1867）

嘉永六年（1853）六月三日，美国海军准将马修·佩里率领4艘军舰进入浦贺港，标志着一个新时代悄然降临。

抵达以后，浦贺奉行所“与力”（普通官员）香山左卫门再三强调浦贺不是日本的对外谈判口岸，要求美方前往日本传统的开港地长崎。但佩里将军却声称，他携带着美国总统的亲笔信，必须直接交给日本最高领导人，如果日本人拒绝接受，就立刻开进江户湾。这是日本与美国近代以来的第一次外交交锋。

提到最高领导人职务的时候，美国人使用了荷兰语“Keizer”（皇帝）与“Minister”（大臣）两词，香山左卫门一看，马上按惯例给两者标注了汉字“将军”与“老中”（幕府高级议政官）。换句话说，在日本人看来，外国人所说的“皇帝”就是日本的“将军”。

这当然符合日本传统。自从江户幕府建立以来，将军就是日本外交事

1854 年，佩里第二次来航日本时正式登岸

务的最高负责人，对外自称“大君”（taikun）[①]。总而言之，在明治维新以前，天皇无论在国内还是国际社会都没什么存在感，佩里准将虽然两度拜访日本，却从头到尾都只知将军而不知天皇。

但从美国人打开日本国门开始，这个延续了数百年的惯例开始松动，孝明天皇统仁（第 121 代，1831—1867）走上前台，融入到 200 多年都没有介入过的世俗政治之中。他的出现无疑给反对幕府的维新志士带来了一股新风，但随着双方逐渐接触下来，大家也发现天皇身上存在着一对矛盾——孝明天皇的存在或许有利于维新志士，但是统仁的存在却不一定。

① 这个词也衍生出现代英语“大亨”（tycoon）一词。

一 统仁继任时期面临的内外局势

与祖父光格天皇类似，统仁接任天皇的过程也是非常急促的。

父亲仁孝天皇在位期间，各路记载基本都会提到他“体格肥大”，这种描述放在曾经历过天明大饥荒的日本，也就是表明仁孝天皇的身体状况一直不错。所以，他的去世就显得非常突然：他在弘化三年（1846）正月十二日突然有了“风邪气味”（感冒症状），随后卧床不起，到正月二十六日凌晨起夜，竟然死在了去厕所的路上。去世得如此突然，整个京都朝廷都没有任何准备，于是来不及跟江户幕府沟通，就迅速在二月十三日推举统仁成为新任天皇。这个速度差不多就是刚过完春节，爸爸就病了，没过半个月就死了，然后又过了半个月，刚上高中的儿子（统仁当时 15 岁）成为家族企业董事长。

虽然光格天皇当年也是十几岁接任天皇，但他当时并没有太多工作，而且还有一位退位的后樱町女帝指导他，所以整体环境并不压抑，他可以想方设法自由发挥。但到了他的孙子这一代，光格天皇当年复兴的各项礼仪都已经成为定例、惯例，统仁一上来就面临着大量的学习与礼仪任务。换言之，统仁必须听从他身边人的建议，尤其是当时的关白鹰司政通。

早在文政六年（1823），鹰司政通就开始担任关白职务，承担了第 11 代将军德川家齐被授予“太政大臣”的联络任务，是公卿系统的重镇，而且在德川家齐去世以后接任太政大臣一职；从血统上论，鹰司政通的祖父鹰司辅平是光格天皇的叔父，他跟仁孝天皇是堂兄弟关系，亦即统仁的叔父；另外，他还迎娶了第 9 代水户藩主德川齐昭的姐姐。一人拥有皇族、公卿、武家三条线的资源，鹰司政通自然成为京都朝廷与江户幕府之间的管道，也成为少年统仁身边的第一监护人。

仁孝天皇（1800—1846）

孝明天皇（1831—1867）

初期，鹰司政通也确实受到统仁的信任。弘化三年（1846）八月二十九日，他帮助刚刚即位的统仁向江户幕府发函，要求汇报“异国船”事项，江户幕府也在十月满足了天皇的要求，向京都“奏报”琉球国与浦贺、长崎两个日本港口的“异国船”状况。之所以愿意耐心为孝明天皇讲解“异国船”问题，一来是有文化元年（1804）江户幕府向光格天皇汇报“异国船”情况的旧例，二来也是要在海防压力逐渐增大的背景下尽可能团结一切可以团结的力量，这就需要提前与京都朝廷增进关系。

那海防压力到底有多大呢？一直以来，“黑船来航”四个字都很容易让人误以为美国人在嘉永六年（1853）派遣飘着黑烟的蒸汽船来到日本，用坚船利炮轰开了日本的大门，这才宣告日本近代海防的开始。但实际上，“黑船”二字是外国船只的总称，并不是飘着黑烟的蒸汽船[①]，来自清代中国的商船也被称为“黑船”。更重要的是，在江户幕府恢复“薪水给予令”（1842）以后，西方船只的来访极为频繁，到1850年之前，英、法、美、荷等国家的船只先后来到日本本土与琉球国达14次，其实日本人早就知道西方列强想要打开日本的大门。

事实上，佩里准将“黑船来航”事件本身，日本人也不是全然不知情。早在前一年（1852），荷兰商人就通过长崎奉行向江户幕府通报了美国舰队即将来航的信息，只不过荷兰人先前说过英国远东舰队要来航日本，结果却没来，致使江户幕府没有给予足够重视。这一次佩里真的来了，而且他在递交国书以后迅速离开，约定来年再访日本，这种先扬后抑的心理战术让江户幕府非常惊慌，再加上第12代将军德川家庆在这段时

---

① 1853年佩里来航的四艘军舰分别为巡洋舰“密西西比”（USS Mississippi）、“凯哈那”（USS Susquehanna）、护卫舰“萨拉托加”（USS Saratoga）、“普利茅斯”（USS Plymouth）。其中前两艘为外轮式蒸汽动力快速帆船，后两艘为帆动力船。19世纪中叶之前，由于蒸汽动力发展并不完善，蒸汽船仍然配有风帆，蒸汽动力一般只在无风状态或出入港口时使用。

1855 年幕府建立的长崎海军传习所，这是日本江户时代唯一对外开放的港口，也是日本近代海军的始源地

间去世，于是江户幕府乱作一团，赶忙向全国各个阶层征求如何应对外敌的意见。

“黑船来航”之后一个月，第 9 代水户藩主德川齐昭就任“幕政参与”（七月三日），这位倡导“尊王”思想的大名一上台就立即主张重组海防，御敌于国门之外（攘夷），这让江户幕府一度决定驱逐美国人。不过，不仅江户幕府的主流观点并不同意，京都朝廷的鹰司政通也不同意这位“小舅子”的看法，他很明白日本武士阶层已经有上百年没打过仗，与其跟外国人硬拼，不如通商谋利来得划算[①]。因此，嘉永七年（1854）四月二十九日，当江户幕府最终与美国签订《日美和亲条约》[②]的消息传达到京都朝廷之时，鹰司政通欣然接受，统仁看到这位叔父级的三朝老臣同意，也没有任何表示。

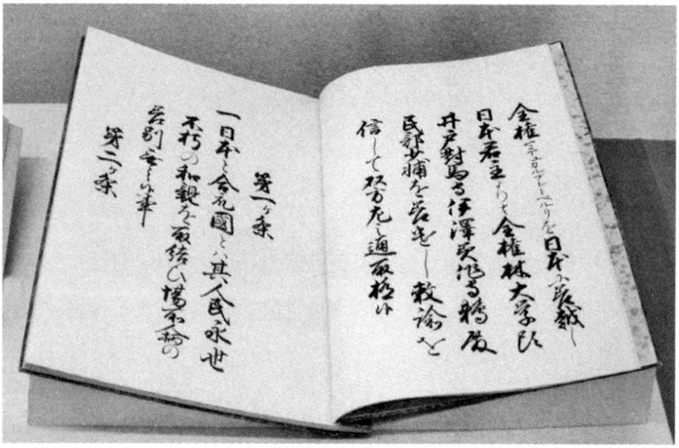

《日美和亲条约》

① “当时武士怠惰怯懦，终难以为敌，不如交易得利为上计。”《三条实万公手录 · 第二》嘉永六年七月二十一日条。三条实万为当时的武家传奏，记载了关于鹰司政通的很多言谈话语。

② 全称《日本国美利坚合众国和亲条约》（*Convention of Peace and Amity between the United States of America and the Empire of Japan*），英语简称“Treaty of Kanagawa”（神奈川条约），缔约日为嘉永七年三月三日（1954 年 3 月 31 日）。其中约定日本开放江户城附近的下田、北海道最南部的箱馆两港；给予美国片面最惠国待遇；美国人活动范围最多为下田附近 28 公里、箱馆附近 20 公里，且不允许进入日本武家、町人居所；美国人不许在日本狩猎。延伸阅读：米庆余《日本近现代外交史》，世界知识出版社，2010 年。

但很快，就出现了一个大事件，让孝明天皇与鹰司政通之间出现了严重矛盾。

嘉永七年（1854）九月，眼见江户幕府与美国、英国相继签订条约，帝俄探险家普恰金也率领舰队出现在大坂湾，着实把京都朝廷吓了一跳。毕竟大坂距离京都只有短短数十公里，一旦外国人登陆惹事就有可能威胁到京都朝廷的安全。京都一片哗然，公卿开始讨论是否要让天皇先前往比叡山避难。统仁也备受打击，他主动减少“常膳”（一日三餐），仿效祖父光格天皇前往石清水八幡宫举行“临时祭”，祈求“国家安泰”。虽说帝俄船队这一次来到日本并没有造成太大影响，却为统仁倾心于“攘夷”理论埋下了伏笔。

很明显，统仁即位后就马上面临着外国入侵的威胁，他也尽全力仿效祖父光格天皇四处祭拜，只不过光格天皇开展祭拜仪式是以一种挑战幕府、恢复传统的自信心态完成的，而统仁却完全是以一种惧怕的心态来祈求上天拯救。就在《日美和亲条约》刚刚签订之后的嘉永七年（1854）四月六日，京都御所发生火灾且全部被烧毁，这座由祖父光格天皇争取来的宫殿在外国人到来之后突然毁于天火，不得不让统仁产生一些迷信的联想。而这个时候，从小到大一直相伴身旁的鹰司政通不但没有想办法驱逐外国人，反而要帮着外国人进入日本，直接导致年少的统仁产生了一种疏离感与不安全感。

统仁即将对鹰司政通展开反击，重夺京都朝廷的意见决定权。

二 统仁反击关白鹰司政通

安政三年（1856）七月，一艘荷兰船只进入长崎港，声称英国使节

日本人笔下的帝俄探险家普恰金（1803—1883），1853年旅经长崎

团很快就会到达日本，寻求与日本确立通商关系。

鉴于先前没有相信荷兰人而导致“黑船来航”时期未做准备，这一次江户幕府老实了许多，他们迅速开会商议，决定打破17世纪以来的锁国政策，与西方各国签订通商条约。恰好幕府建立早期也曾经与英国开展通商贸易[①]，“开国”举动也有先例可循。十月，幕府任命开国派老中堀田正睦负责外交事宜，同时在安政四年（1857）七月免除力主“攘夷”的水户藩主德川齐昭的“政务参与”职位，幕府内部正式形成了“开国”“攘夷”两派之争。

争论关头，当年光格天皇重启的“天皇”尊号也让一部分大名有了其他心思。十二月二十九、三十日，当江户幕府召集全体大名进入江户城说明如何缔结“日美通商条约”时，四个大藩（尾张、仙台、鸟取、阿波）联名提出意见，要求幕府请示朝廷意见。于是，堀田正睦开始向京都朝廷汇报相关情况，希望获得“敕许”（天皇的许可）。

但这么一汇报，就出了事。

既然要开港，就要选择具体开港地。美国要求在江户、大坂两城设立居留地，允许外国人在其中自由通行，同时要求开放神奈川（横滨）、长崎、新潟、兵库（神户）四个港口作为贸易通商口岸。由于兵库、大坂距离京都非常近，自然引起统仁的担忧。于是，安政五年（1858）一月十七日，孝明天皇表明态度，极力反对与“夷人”缔结约定，以防给后世留下“耻中之耻”。

---

① “与外国结取交通，且复外国人所置之事回宽永以前（即锁国之前的江户幕府），方能符合时势。想来宽永以前，外国之商船往来并无不可，江户内外夷人亦能妥善安置。”《孝明天皇纪·卷七十六》安政五年二月十一日条，第21页。战国时代末期与江户幕府建立初期，德川家康曾一度允许英国人在日本经商，甚至允许英国航海家威廉·亚当斯（William Adams，1564—1620）成为自己的外交顾问，俸禄为三浦半岛250石领地，赐名“三浦按针”。不过德川家康去世后，亚当斯逐渐受到冷落，日本也逐渐断绝与英国的通商联系。

这是统仁即位之后，第一次发布与鹰司政通不同的观点。

其实除去政治观点不同之外，统仁与鹰司政通之间的隔阂还体现在京都朝廷的意见表达方面。按照光格天皇时代形成的惯例，天皇提出任何意见，一定要先传达给关白，然后经关白指示、经由“朝议”，最终由武家传奏（公卿）整理为京都朝廷的意见，告知京都所司代（武士），再由京都所司代上报给江户幕府。这套官僚体系之所以形成，是因为古代日本的身份阶级存在巨大差距，身份较低的京都所司代无权直接从天皇嘴里听取指示。

但由于传递程序过于烦琐，就给了有实力的公卿把持天皇意见的机会，这个问题在鹰司政通身上尤其明显。鹰司政通虽然在两年前就辞去关白职位，成为“太阁”（退休关白），但他依旧保留着“内览”权，可以先于天皇看到所有上报文件。而且鹰司政通与新任关白九条尚忠住在对门，每天出门都会对九条尚忠做一些“指图”（指示），对朝政有着莫大影响。统仁自己就曾经抱怨说：“与太阁（鹰司政通）当面对话时，我难言一寸之心念，即便言明万一，也难至完成。”

于是，当鹰司政通了解到统仁不支持幕府的“开国”理念后，便上书警告：如果在这个问题上与幕府对着干，幕府很可能会切断给京都朝廷的生活费用，本就脆弱的朝廷财政将更加捉襟见肘。

一月十七日，为了绕开鹰司政通，统仁特意要求将咨询范围扩大化，要求包括三公（左大臣、右大臣、内大臣）与武家传奏等人在内的12名朝廷公卿针对“锁国之法变革之事”提交意见，之后的一月二十五日，统仁更是把范围扩展到全部现任公卿。

不仅如此，孝明天皇态度非常强硬，于一月十七日直接向鹰司政通发布“宸翰”（天皇亲笔书信），要求江户幕府在签署条约之前必须征求“诸藩众议”，这是江户幕府成立200多年以来天皇第一次否决幕府的政务决定，也是统仁第一次否决了鹰司政通的想法。

二月八日，老中堀田正睦来到京都，他的任务是劝说京都朝廷能够认可日本与外国签署通商条约。来到京都后，他迅速在二月十一日约见武家传奏，他向对方详细介绍了当时的国际局势与日本的发展情况，陈述了签署条约的必要性，也了解到天皇统仁不愿意接受条约。眼见武家传奏已基本上被说动，他便继续提出建议，即无论天皇或关白是否同意签署条约，只要动员太阁鹰司政通影响“朝议”的决策过程，就可以封住统仁的嘴巴，以京都朝廷的“总意”决定签署条约。

统仁自然也知道堀田正睦来京都的目的。于是，他全力要求公卿在二月二十一日召开朝议，并指示江户幕府必须在听取所有大名的意见之后再做出决定。要知道，江户幕府之所以请示京都朝廷，就是为了让持有反对意见的尾张藩等四藩不再反对；但现在京都朝廷反而要求江户幕府听取大名的意见，等于是把皮球踢了回去。

得知这个消息，鹰司政通立刻进入皇宫，力陈签署通商条约的重要性，但统仁依然支持“攘夷”论，并要求武家传奏在二月二十三日告知堀田正睦：天皇不愿意现阶段给予“敕许”，除非江户幕府能够做到“人心融合”，亦即听取所有大名的意见。

有鉴于此，鹰司政通也不得不做出进一步威胁：二月二十八日，他主动要求辞去“内览”之权。虽然这个决定名义上是“还政天皇”，但实际上却是对孝明天皇权威的正式挑战：在没有鹰司家支持的情况下，京都朝廷的权力基盘就少了一角，未来想去对抗江户幕府就不能集结全部政治力量。

面对鹰司政通的辞呈，孝明天皇采取两手对策：一边联络现任关白九条尚忠，要求他宣布“独立”，即任何政务不再经太阁而是直接与天皇商议；另一边也对鹰司政通加以安抚，对辞去“内览”权一事做了延期处

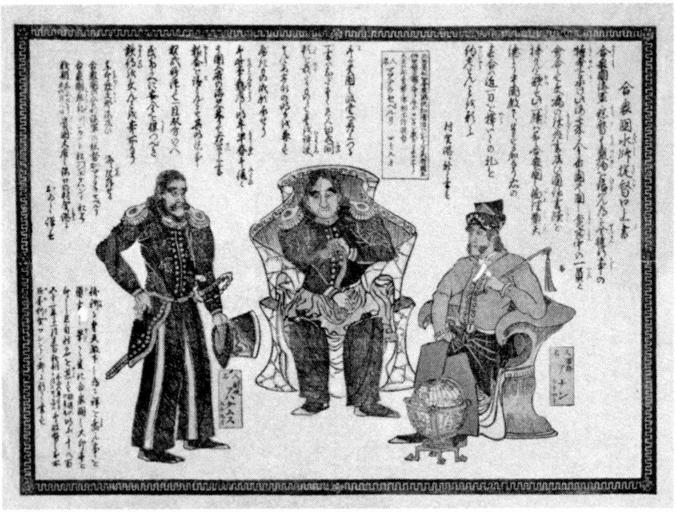

日本版画“合众国水师提督口上书”，生动描绘了美国人抵达日本的情景。对于当时的日本人来说，外国人的形象与日本人崇尚的白净丰满相反，类似凶神恶煞，被底层民间百姓称为“毛唐人”（长毛的异邦人，意指欧美人）。直到明治中叶，日本仍然只允许外国人聚集于各大开港地区周边的一定范围内，不允许他们深入日本内地。这一现象最终随着 1894 年《日英航海通商条约》的签订而结束

理。如此一来，鹰司政通的威胁便不再有效，天皇虽然没有公开否定他的内览之权，但也在事实上变得可有可无[①]。某种意义上，统仁算是打了一个小小的胜仗。

然而，更大的敌人并不在朝廷，而是把持国家实权的江户幕府，统仁即将面对祖父光格天皇也从未遇到过的事情——与江户幕府在国政问题上正面为敌。

三 安政五年的政治对立

安政五年（1858）三月五日，留在京都的老中堀田正睦再度向天皇统仁提出“敕许”请求。这一次堀田正睦的说法也很简单：“人心融合”的确重要，但这个责任本质上是天皇委任给将军的“大政”之一，京都朝廷是否给予“敕许”，不应该以“人心融合”与否作为判别标准。

之所以再度提出，是由于江户幕府策反了新任关白九条尚忠，这位新任关白性格多变，虽然刚刚向天皇统仁表示与太阁鹰司政通“独立”，但很快又被江户幕府说服。九条尚忠制定了一份新的“敕答案”（对于请示），允许江户幕府自行解决“人心融合”之事，最后提到“（关于条约应不应该签署之事）无法答复，全仰赖关东（江户幕府）之意”，这种言语明显是默许江户幕府与外国列强签署不平等条约。

“敕答案”遭到了大量公卿的抗议。三月七日，七名公卿联名上书给武家传奏，提出想要与“蛮夷”签署通商条约的江户幕府是“狂妄之

① “太阁（鹰司政通）辞退（内览）之时并非本意，然而前度之事（指孝明天皇制裁鹰司政通的动作）不能善处后，权力不免轻薄，内览之事也似有似无。”《孝明天皇纪·卷七十七》安政五年二月二十九日条，按语，第27页。

徒”，若真的缔结条约，那就是“神国之污秽瑕疵”。三月九日，关白九条尚忠将自己的“敕答案”提交朝议审核，与反对者正式开启对决。对于这次朝议，左大臣、武家传奏根本不参与，而其他反对缔结条约的公卿则纷纷提出修改意见。

按照京都朝廷的传统与惯例，关白负责组织朝议，确定京都朝廷的官方意见。虽然天皇名义上具有最高统治权，但世世代代把持关白位置的藤原摄关家却实实在在操纵着官僚体系，只有天皇与京都朝廷想到一起去，他的施政理念才能施行，否则就难以通过。虽然京都朝廷已经没有实权，但这套运作模式并没有发生变化，江户幕府上百年来也热衷于同藤原摄关家打交道，而不是直接面见天皇。

所以，面对九条尚忠突如其来的背叛，统仁猝不及防，甚至没有任何可以求助之人。于是三月十一日，九条尚忠以自身作为关白的权威强行通过最初版本的“敕答案”，并预备在近日安排天皇统仁接见堀田正睦，正式传达朝廷的“敕许”。

但就在这个关键时刻，反对关白九条尚忠的群体也站了出来。三月十二日上午，权大纳言、天皇统仁的岳父中山忠能联合 13 名公卿联名上书武家传奏，要求更改“敕答案”，关白不予理会；下午，88 名“堂上家”①公卿集体出动，来到皇宫门口静坐以示抗议，随后他们又来到九条尚忠的府邸门口大骂，要求他收回成命。

看到公卿集结闹事，其他地位更低的“非藏人”②群体也纷纷集结到

---

① 日本古代公卿的家格。平安时代中期，日本建立“升殿”制度，堂上家为可以列席皇宫（御所）清凉殿的殿上间之人，属于高级贵族行列，到江户时代末期共有 137 家；与之相对应的概念为不能“升殿”的“地下家”。

② 指在京都御所负责一些琐碎事务的杂役，一般出身于两大贺茂社、松尾社、稻荷社等社家，无官无位。

武家传奏与关白宅邸外，要求京都朝廷收回成命。他们之所以这么做，不仅是支持天皇或反对与外国签订条约，更重要的是反对关白独断朝政的制度。在他们的促使下，一直偏袒江户幕府的太阁鹰司政通终于松动，他更换立场，也站出来反对江户幕府与外国签约。于是乎，关白九条尚忠也抵挡不住压力，只好在三月十四日召开朝议。

这一次朝议中，九条尚忠完全被压制，几乎哑口无言，参与会议的现任公卿几乎全部反对江户幕府修约。会议结束后，统仁要求把“敕答案”发给未能参与会议的82名非现任公卿，要求他们每个人都提出意见。由于大家的意见很早就已确定，82名公卿立刻联名上书，要求将“敕答案”的最后一句变更为“须向三家以下诸大名发布台命（幕府指令），再应众议，听闻其主旨而定”。最后到三月二十日，天皇统仁接见老中堀田正睦，亲口表示“群臣以为后患难测，应与三家及诸大名聚众商议后再度上书”，拒绝立即批准条约。

所谓“三家”，便是指江户幕府地位最高的尾张、纪州、水户三个分家（如遇德川将军家断嗣有权入继大统）。天皇特地点出“三家”，自然是因为号称“天下副将军”的水户德川家长期坚持“尊王”理论。只要水户藩重新加入国政讨论范畴，就很可能发展出有利于京都朝廷的政策。

但就在堀田正睦滞留京都时期，四月二十三日，彦根藩主井伊直弼就任“大老”①。井伊直弼的就任，不仅是为了稳定第12代将军德川家庆去世以后的混乱局面，更肩负着重塑幕府权威的关键任务。他眼见堀田正睦在京都朝廷碰了一鼻子灰，马上决定不再理会京都朝廷是否允许，而是独断专行，决定“违敕签约”，立即在六月十九日与美国签订《日美修好通

① 井伊直弼是江户幕府最后一位“大老”。所谓“大老”并不是江户幕府的常设职位，其地位高于全部老中，拥有临机专断权，只在国家面临大事时才会设置。江户幕府历史上一共有过10位“大老”，其中5位出自彦根藩井伊家，井伊直弼的地位可见一斑。

商条约》[①]，随后又在下半年相继与英国、帝俄等四国签订不平等的通商条约。其间，他又大举处罚了反对幕府的第10代水户藩主德川庆笃（德川齐昭已隐居）等人。

“黑船来航”事件的相关情况

嘉永六年	六月三日	佩里舰队进入浦贺港
	六月九日	佩里登岸,递交美国总统亲笔信
	六月十二日	佩里离开日本,约定第二年春天再来
	六月十五日	江户幕府派使节向京都朝廷报告
	六月二十二日	第12代将军德川家庆去世
	七月一日	幕府向在江户大名传达美国国书,要求各藩提出意见
	七月十二日	幕府向京都朝廷提交美国国书
	七月十八日	帝俄探险家普恰金来到长崎,递交国书,要求通商
	八月十五日	京都朝廷在石清水八幡宫举办放生会,祈求国家安定
	八月十七日	江户幕府向京都朝廷报告普恰金来日的消息,提交帝俄国书
	九月十一日	京都朝廷向伊势神宫祈求国家安定
	十一月一日	江户幕府内部决定不回复美国国书,要求美国人离开
	十一月二十三日	京都朝廷向热田神宫等10家神社祈求国家安定
	十一月二十七日	京都朝廷派遣使节,向幕府传达天皇的不安之状
	十二月三日	京都朝廷向伊势神宫等19家神社祈求国家安定

① 全称《日本国美利坚合众国修好通商条约》（*Treaty of Amity and Commerce Between the United States and the Empire of Japan*），缔约日为安政五年六月十九日（1858年7月29日），英语简称“Harris Treaty”（哈里斯条约）。约定美国在日本拥有领事裁判权，日本在渔具、建材、食品等方面给予美国5%的最低关税。同一时期，英国、法国、荷兰、帝俄也与日本签订类似的不平等条约，但日美条约里特别规定“日本国与欧罗巴某国之间发生矛盾的时候，美国可以从中调停”。日本与这五个国家签订的条约合称“安政五国条约”。

续表

	十二月二十八日	京都朝廷向廷臣告知国外情况
嘉永七年	三月三日	美国与江户幕府签订《日美和亲条约》（神奈川条约）
	五月二十五日	美国与江户幕府签订《日美和亲条约》的细则《下田条约》
	八月二十三日	英国东印度舰队与江户幕府签订《日英和亲条约》
	十二月二十一日	帝俄探险家普恰金与江户幕府签订《日俄和亲条约》

江户幕府这番操作彻底触到了统仁的“逆鳞”，他暴怒不已①，立即起草了一份措辞严厉的“御趣意书”，要求京都朝廷向江户幕府直接发布责难。不过，九条尚忠再度表示反对，要求将“御趣意书”的文字修改得柔和一点，不要与幕府发生正面冲突。

既然关白反对，京都朝廷就不能出具正式文件。于是只能想另一套办法：不把“御趣意书”以京都朝廷正式文件的形式直接给江户幕府，而是通过私人关系发给全国势力最大的 13 个藩，便可以绕开关白与整个京都朝廷的官僚体系。

八月八日，京都朝廷的信使向着各个方向进发，传递天皇密诏（戊午之密敕）：幕府不遵天皇诏令，私自与外国签约，各藩应立即“勤王”，结束江户幕府的武士专权，转变为无论上下尊卑“一同群议评定”的“公武御合体”制度。

从外部角度看，天皇的最大对手是江户幕府，但江户幕府远在关东，他真正的对手一直都是身边阻止他与幕府直接对决的关白。九月二日，孝明天皇对各路公卿下达严命，要求所有人劝说不与自己合作的关白九条尚

① “主上（天皇）逆鳞，乃以御扇猛敲九条殿下之头。”这段时间，孝明天皇统仁曾向左大臣近卫忠熙表达过想要退位的意向；也有传言提到，统仁用自己的扇子敲打反对自己的关白九条尚忠的头，说明他当时已经气愤到极点。

井伊直弼（1815—1860）

忠辞职。最终在九月四日，九条尚忠被迫辞去关白一职。

但不久之后，京都朝廷发给水户藩的密诏泄露，三位水户藩重臣遭处死，京都朝廷的反扑以失败告终。从名义上讲，各藩藩主均为江户幕府册封的地方诸侯，如今诸侯居然半公开地与京都朝廷直接接触，无疑踩踏了幕府的底线。以处理水户藩为契机，江户幕府大老井伊直弼将密诏事件定性为“水户藩阴谋”，下令清查密诏的相关人员，这场“安政大狱”牵连藩主、普通武士乃至一般民众100多人，造成严重的政治恐怖气氛。

京都朝廷方面当然也受到影响，支持天皇的高级公卿全部遭到辞官、闭门思过甚至“永蛰居”（终生软禁）处分，先前被迫辞职的九条尚忠也恢复关白职位，转而支持统仁的太阁鹰司政通、左大臣近卫忠熙等人则被迫出家。很明显，面对江户幕府这个庞然大物，年轻的统仁缺乏斗争经验，也不具备太多的斗争能力。他也终于意识到，在实力对比悬殊的情况下讲名分，或许在祖父光格天皇的和平时代还行得通，但到了威胁江户幕府生死存亡的变乱时代，等待自己的就只有失败一途了。

江户幕府还是不依不饶。十月二十四日，为了回应京都朝廷要求的“三家以下诸人名众议”，江户幕府派人到京都汇报具体情况。根据江户幕府提供的材料，他们统共要求66位藩主级大名提出意见，这些人丝毫没有提出否定“与外国签约”的内容，半数以上的诸侯只是说了一句“大变革乃当今之急务”或者“国家之大事难以思虑”这种没头没尾的话，剩下的大体都是支持开国签约的言论，连多年来一直倡导“攘夷”的水户藩也只是提出“寄希望于发扬国威于后世”。

很明显，在江户幕府200年的高压政治态势下，各藩藩主都不敢直言，也缺乏提出建议的能力，而水户藩这种刚刚受过处分的藩也不可能提出什么中肯的意见。天皇统仁曾经抱以希望的“诸藩众议”，不过是在江户幕府操纵下走了个过场而已。

统仁心情非常不好，在幕府汇报工作这一天，他称病不出，独自在深宫内院里生闷气。但无论怎么闹脾气，贯穿安政五年（1858）的这次政治斗争无疑是一个重大挫折。之后一年半的时间里，孝明天皇都处于失意状态中，直到樱田门外之变[①]后，天皇统仁与京都朝廷才重见天日。

四　公武合体与攘夷派逼宫

“樱田门外之变”后，幕府选择加速推动一个重要方案，即由刚刚即位的第14代将军德川家茂迎娶统仁的妹妹——和宫。

得到这个消息，在政治舞台上隐身一年多的天皇统仁迅速列出三条拒绝理由：一是和宫已经许配给皇族有栖川宫炽仁亲王；二是统仁与和宫同父异母，不太能决定她的婚事；三是和宫本人尚幼（14岁），不想远嫁关东。但是在“父母之命”与早婚早育的封建时代，这三条理由都太过托辞。随后江户幕府再度请求，统仁才顺势提出一个重要要求：将幕府的外交政策恢复到“嘉永初年顷”[②]。

“黑船来航”发生在嘉永六年（1853），日本与外国的第一个条约《日美和亲条约》签署于嘉永七年（1854），天皇要求恢复到“嘉永初年顷”，自然是要回到日本与外国全无条约的时代。对于这个要求，江户幕府没有迅速答应，也没有完全拒绝，而是提出“十年内回归锁国体制”，

---

① 安政七年（1860）三月三日，由于受到大规模镇压与欺凌，水户藩17名流浪武士与1名萨摩藩脱藩武士冒雪刺杀井伊直弼，这位幕府大老当场毙命。水户藩志士虽然事后集体切腹，他们掀起的刺杀风潮却迅速影响到京都朝廷与天皇统仁未来的发展。

② “朕日夜深感痛心，使先帝之皇女嫁于夷人徘徊之地，恐为难事，若关东能拒绝蛮夷一如嘉永初年顷之模样，如此处置，亦可速谕和宫早嫁。”

德川家茂（1846—1866）

并宣誓永不反悔。得到这番保证，统仁便答应幕府请求，在文久二年（1862）二月十一日将和宫"降嫁"给德川家茂，京都朝廷与江户幕府双方合作的"公武合体"制度成型。

这种联立制度为另一拨有力竞争者登上政治舞台创造了机遇，那就是地处日本西南边陲的长州、萨摩等"雄藩"（实力较强的藩）。四月十六日，萨摩藩实权掌控者岛津久光抵达京都，与京都朝廷各方人士广泛会谈，意图修改江户幕府诸多独断专行的惯例，要求得到天皇的支持。

从这一时期开始，统仁的行为模式变得非常矛盾。一方面他接见岛津久光，并派遣使节跟着一起去江户实现幕府改革，还提出"如果幕府在十年内未从朕命而发膺惩之师（即讨伐外国人），朕则断然亲征"；但

岛津久光（1817—1887）

当24名公卿联盟上书要求“举国一致实行攘夷”之时，天皇又不愿真的“亲征”，而是说“如今无意将德川排除在外”，“愿关东（江户幕府）统合为一，拒绝蛮夷”。这时候的统仁无论多么反感外国人，他都无意废止幕府与整个江户时代的幕藩体制，而是希望幕府能够帮助自己完成“攘夷”。

即便是在数年前与幕府对抗最为激烈的时候，统仁曾私下坦承“诸大名以下均言谨遵睿虑（天皇的想法），大家都（把希望）寄托在我身上”，“可我又像大家所知一样愚昧短才”。“愚昧短才”虽然是自谦之词，但也暗含另一层意思：幕府再怎么无能，京都朝廷已经数百年没有执政，不可能立刻替代江户幕府。一旦推翻幕府，统仁就要直接面对虎视眈眈的地方雄藩——这些人现在为了自己的利益支持天皇、反对幕府，那么日后天皇与他们有了矛盾又会怎么样呢？他们还会老老实实听从“睿虑”吗？

不仅是远在天边的地方雄藩，近在眼前的公卿阶层也很需要留意。随着公武合体思想逐渐流传开来，京都朝廷内部开始出现对“安政大狱”的反扑。文久二年（1862）五月二十九日，先前被勒令出家的鹰司政通、近卫忠熙等人还俗，而关白九条尚忠则在六月二十三日被迫又一次辞职，随后被迫出家，回到领地闭门思过。

不过，这种反扑逐步走向矫枉过正之路，京都朝廷逐渐形成以三条实美等七名公卿为核心的“攘夷派”势力，他们挥舞着政治正确大棒，与长州藩倡导“尊王攘夷”的下级武士久坂玄瑞[①]合作，共同在全日本制造舆论压力，将所有与江户幕府合作的人斥为“不忠”，鼓励京都朝廷一次又一次发布激进的对外方案。

十一月二十七日，京都朝廷派遣使节抵达江户，要求江户幕府立即确定“攘夷”期限，制定“攘夷”策略，并向京都报告。要知道，先前统仁与江户幕府的约定是“十年内回归锁国体制”，这才刚过半年多，“攘夷派”公卿就已经焦躁难耐，可见这个群体极度不了解现实国际政治，走入一种盲目自信之中。但毕竟他们高举“攘夷”大棒，这种当时的政治正确思想不仅让武士阶层不敢反对，就连曾经坚定支持“攘夷”的统仁本人也没办法压制。

文久三年（1863）二月十一日，久坂玄瑞带人逼近关白宅邸，逼迫亲幕府的公卿下台。到这一时期，京都朝廷的大政方针已经完全被这些激

① 久坂玄瑞（1840—1864），长州藩尊王攘夷志士，反对日本向西方屈服开国，提出通过对西方在日本的驻留人士施加武力威胁的方式开展对等谈判，等到日本国力强大后，再签订对等的条约。与其他志士不同，他认为攘夷运动不应该谨慎，反而应当加速活动，因而几次三番与京都的攘夷派公卿联络，成为攘夷派公卿的重要推手。最终在1864年“禁门之变”后自杀身亡。

三条实美（1837—1891）

进人士所把持。随后三月七日，第 14 代将军德川家茂拜见统仁，这是幕府将军 229 年以来首次来到京都。久违的会面中，江户幕府将军发誓遵从天皇命令，废除一切对外不平等条约，并在当年五月十日“一齐攘夷”，将所有外国势力全部驱逐出日本。

稍有常识就能明白，以日本当时的军事能力根本不可能对抗西方列强，所以即使到了五月十日，全国各地依然是按兵不动。只有攘夷情绪比较激烈的长州藩一家真的“攘夷决行”，用岸炮炮击一艘美国商船，但随即招来美、法两国军舰炮击长州藩炮台。至于江户幕府，也完全是作壁上观，公然违反了与天皇之间“一齐攘夷”的承诺。

如果放在数年前，统仁可能又要下发诏书攻击幕府，但这一次，他

法国舰队炮击长州藩下关炮台

却对幕府违反承诺一事不置一词，毕竟相对于幕府，“攘夷派”公卿做得更加过分，甚至开始把持天皇。在五月十日“攘夷决行”之前，三条实美强行将统仁按进轿子里，前往石清水八幡宫参拜，祈求“攘夷”成功；当幕府未按照约定“攘夷”后，三条实美又在八月十三日以天皇名义强行发布《大和行幸令》，宣布统仁要前往神武天皇陵祭祀，随后御驾亲征，出兵“攘夷”。

为了防止事态走向无可挽回，统仁一改仅仅支持“攘夷”的政策倾向，私下联络亲近江户幕府的中川宫朝彦亲王[①]，要求他迅速联合幕府重臣、掌管京都安全的“京都守护职”会津藩主松平容保，外加留守京都的萨摩藩军队一起“勤王”。萨摩藩虽然与会津藩不属同一派别，但恰好此前一个多月，萨摩藩与英国人进行了一场大战，深知日本实力与西方列强无法相提并论[②]，于是也选择支持会津藩，双方结成了临时性的“萨会同盟”，在八月十八日正式将三条实美等 7 名攘夷派公卿流放出京都，统仁眼前的麻烦事终于告一段落。

政变结束之后，中川宫朝彦亲王发布一份天皇统仁的“宸翰”，严厉斥责攘夷派公卿：“三条（实美）初之暴烈措施甚为心痛，丝毫未遵从朕意，且未上奏便与浪士辈（指长州藩士久坂玄瑞）通同一气，大多

① “谬论之堂上公卿，如不能尽早睁眼见事，实在难以同行。”文久三年四月二十二日中川宫朝彦亲王收宸翰。由于过度倾向幕府，中川宫朝彦亲王在明治维新以后一度失势，后恢复皇族成员待遇并更换宫号为“久迩宫”。久迩宫朝彦亲王的孙女良子为昭和天皇的妻子香淳皇后，他的血脉也一直延续到如今的天皇身上。

② 文久二年（1862）八月二十一日，岛津久光率领 400 名武士途经武藏国橘树郡生麦村（神奈川县横滨市鹤见区），突然有 4 名英国人闯入队列，萨摩武士拔刀而起，英国男子查尔斯·理查德森（Charles Richardson）遇袭身亡，史称“生麦事件”。英国在日本拥有治外法权，便借机要求萨摩藩惩凶赔款。双方在文久三年（1863）七月初爆发冲突，7 艘英国军舰进入萨摩藩炮击鹿儿岛城，萨摩兵用 10 余门大炮重创 3 艘英军舰船，造成英军伤亡 60 余人，当然鹿儿岛城下町也大部遭到烧毁，损失惨重。经此一役，萨摩藩与英国之间不打不成交，成为双方后来合作的开始。

擅行其事，阳奉朝威，阴违朕意。”虽然这封书信并非统仁亲笔，而是由反对攘夷派的公卿所写，但他后来予以追认，成为对攘夷派公卿的官方定性。

经过这番变动，统仁对攘夷、对幕府的态度变得含糊起来。虽然天皇的名义权力在幕末大有提升，但依然要依附于某股强大的世俗力量才能存续，而只有把天皇权力存续下去，才有可能继续实行攘夷。就在这个时候，一个介于江户幕府与京都朝廷之间的崭新权力集团出现在眼前，即后世所谓“一会桑”，其领头人正是水户藩第 9 代藩主德川齐昭的儿子，也是“御三卿”的德川庆喜。

五 统仁与“一会桑”政权合作

所谓“一会桑”（也作“桥会桑”），是当时三名身处京都的政治家的总称，分别为幕府“御三卿”一桥家家督德川庆喜、会津藩主松平容保、桑名藩主松平定敬。

这个组合非常有趣。虽然三人都出身于江户幕府的亲藩，但德川庆喜是京都朝廷的“禁里御守卫总督”兼“摄海防御总督”，松平容保是“京都守护职”，松平定敬是“京都所司代”，三人均是拱卫京都朝廷的重要人物。这个“三人团”既是江户幕府能够信得过的核心人物，又是京都朝廷的心腹重臣，他们在事实上成了国家机器的控制者。

德川庆喜为何选择京都呢？他希望利用自己在江户幕府与京都朝廷两方面的政治资源，挣脱出江户城这个旧有的权力牢笼，在京都扩展权力基盘，建立一个既不反对幕府也不受制于幕府中枢的新政权。虽然“一会桑政权”未能招揽全部有实力的雄藩诸侯加入，但其影响力依然十分显著。

从这一时期开始，统仁明显减少了发言与外出，他似乎不再热衷于掌握权力。其重要原因，就是“一会桑”的德川庆喜、松平容保等人开始代替他成为“攘夷”道路的重要推动者，甚至因此与力求开国的诸侯产生了重大争执[①]。文久四年（1864）一月二十一日，统仁再度接见将军德川家茂，亲笔写下“无谋之征夷实非朕之所好”，等于是彻底否定了以战争方式“攘夷”的路线。

元治元年（1864）四月二十日，京都朝廷又向幕府传达了一封敕书，除了继续提出“无谋之攘夷断不可行”之外，还指出“一切（事项）若无朝廷指示（江户幕府）皆以委任之事宜充分研讨而处置”。这句话文面上是京都朝廷愿意延续对江户幕府的“大政委任”，但由于江户幕府的实权者已经从将军转变成了德川庆喜，这次“委任”事实上表明天皇统仁已经把国务处理权交给了德川庆喜。

攘夷气氛愈发浓厚，“攘夷”先锋长州藩又站了出来。六月五日，会津藩下属的治安维持机构——新选组搜查长州藩攘夷志士居住的京都旅馆池田屋，双方展开大规模厮杀，促使长州藩与会津藩两大政治势力之间走向对决。[②]到七月十八日，久坂玄瑞率领长州藩兵三千人聚集在京都附近，

① 德川庆喜本想建立一个以京都朝廷为名义共主的雄藩联合议政制度。从文久三年（1863）十月开始，数位“雄藩”领导人陆续抵达京都，六名诸侯（一桥德川家家督德川庆喜、萨摩藩主父亲岛津久光、越前前藩主松平春岳、宇和岛前藩主伊达宗城、土佐前藩主山内容堂、会津藩主松平容保）被任命为“参预”（议政官），但由于德川庆喜与岛津久光之间围绕攘夷与公议政体问题矛盾频发，争吵激烈，参预会议废止，所有参预辞职回藩。这一次争吵也为后来萨摩藩转向倒幕方埋下了隐患。

② 新选组是由京都守护职、会津藩主松平容保征召的京都警察性质组织。元治元年（1864）六月五日，新选组对京都三条小桥的旅馆池田屋一间进行搜查，与旅馆内聚集的长州藩激进派成员展开大规模械斗，多位长州藩激进派领导人死亡，这也成为之后“禁门之变”的导火索。

松平容保（1836—1893）

德川庆喜（1837—1913）

要求处罚会津藩，双方战事一触即发。

对于长州藩兵的“逼宫”行为，统仁非常愤怒，于七月三日晚向德川庆喜发布命令，要求无法说服长州藩兵的话，就立刻开战；七月十八日晚上，统仁裁定长州藩为“贼”，再度向德川庆喜下达“讨贼”诏书。强硬表态下，不仅是德川庆喜，驻扎在京都的萨摩藩兵也加入到讨伐长州藩的队伍之中，这就让第二天爆发的“禁门之变”彻底失去悬念。

很明显，统仁虽不具备任何军事实力，但天皇权威却让他依然拥有号召力，于是德川庆喜、松平容保两人就将自己的军事实力与统仁的权威捆绑在一起，“一会桑”成了盘踞在京都的一方重要势力。统仁终于明白，虽然天皇的名义权力在幕末大有提升，但依然要依附于某股强大的世俗力量才能存续。在天皇的支持下，“一会桑”成为京都朝廷与江户幕府之间

禁门之变（1864），又以爆发地点而称为“蛤御门之变”。这是一场长州藩兵为了驱逐会津藩在京都地区的势力、夺取京都朝廷的主导权而发动的兵变，后因德川庆喜、萨摩藩兵共同出兵而失败，这也是幕末长州藩遭到围攻的开始

的一个重要的联络机构，与京都公卿打成一片[①]。

统仁距离江户幕府越来越近，而距离“攘夷”越来越远。庆应元年（1865）九月，英国、法国等四国军舰集体进入大坂湾，要求直接与京都朝廷交涉，讨论日本何时开放兵库港（神户）等港口作为贸易港口的问题，这项严重的外交问题让京都朝廷不得不严肃对待[②]。

正因为直面外交问题，统仁也开始意识到日本与外国之间的实力差距，他不得不开始正视日本与外国签署的条约。十月五日，在外国军舰的威胁下，统仁终于放弃了自己坚持许久的“攘夷”立场，承认日本与各国之间签订的不平等条约。一番变动之下，统仁终于从一个有些固执的理想主义者转变为一个成熟的政治家，他的执政态度也从直接指使世俗权力转向与世俗权力合作。

只不过，统仁的政策态度变化也引发了另一个问题：边缘利益集团逐渐走向“打倒幕府”（倒幕）一侧。

---

① 庆应元年（1865）四月四日开始，会津藩开始向关白二条齐敬、中川宫朝彦亲王两人的宅邸内派遣武士作为警备人员，由于贵族基本是以家为单位进行群居生活，这些派遣出去的武士就在事实上掌握了公卿家中事务，亦成为会津藩主松平容保与公卿沟通的重要管道。

② 庆应元年九月十六日（1865 年 11 月 4 日），英国军舰 4 艘、法国军舰 3 艘、荷兰军舰 1 艘协同美国官员一共 8 艘军舰抵达兵库港，江户幕府派遣老中阿部正外、松前崇广两人前往谈判，四国舰队认为幕府已经无力决定国家大事，要求与京都朝廷直接交涉，幕府不希望外国人直接与京都朝廷接触，就在没有天皇允许的情况下答应开放兵库等港口。但第二天，德川庆喜大为恼火，朝廷也下令解除阿部正外、松前崇广两人的职位，四国军舰顺势要求京都朝廷在 10 天以内必须给予回复。最终在十月七日（11 月 24 日），京都朝廷批准了江户幕府与四国舰队先前达成的协议。兵库港在庆应三年十二月七日（1868 年 1 月 1 日）开放，即为如今的神户港。

六　统仁暴毙与王政复古

整个幕末时期，日本表面上的矛盾是“开国”与“攘夷”的理念之争，但从实际情况来看，同样支持“攘夷”的长州藩与会津藩之间却打得不可开交，而同样支持“开国”的萨摩藩与江户幕府之间也是相互敌对关系。最终结果，居然是力求攘夷的长州藩与主张开国的萨摩藩之间结成同盟，打倒了江户幕府。

换言之，幕末日本真正的矛盾并不是理念之争，而是政权之争。下级武士试图打破阶级壁垒，成就一番大业，这也是明治维新在情绪上的原动力。

想要理解倒幕运动与明治维新的历史，需要明确一个基础观念，那就是革新推动者并不是藩主阶层，而是下级武士。翻开家谱，出身于萨摩藩的明治维新推动者大久保利通、西乡隆盛的家格都是“御小姓与”，在萨摩藩武士等级中排第九等，仅高于第十等“与力”；幕末名人坂本龙马出身于土佐藩“下士”阶层，平日里见到“上士”也要跪在路边，让开道路；后来缔造整个明治帝国宪法体系的伊藤博文干脆就是百姓出身，靠着自己的父亲过继给下级武士伊藤弥右卫门才得到武士身份。很明显，这些人的阶层特点都是“边缘利益集团”，在和平时期，他们或许会自觉高人一等，但每逢变乱，高层武士会毫不犹豫地清洗下级武士，他们也会与普通百姓一样陷入苦境。

下级武士之所以能够逐渐掌权，也与他们自身的特点有关。为防高级武士的清洗，各藩下级武士通过公务出差、学习剑术、护送主君的机会与其他藩的下级武士取得联系，以便一旦有事可以寻求庇护。久而久之，各藩维新志士在江户、京都、长崎等大型城市构建起庞大的下级武士人际关系网。如果各藩之间需要联络，这个地下联盟的效率无疑是最高的。

武士时期的伊藤博文（1841—1909）

坂本龙马（1836—1867）

幕府末期，各地雄藩都试图参与国家政治改革，这就需要与其他藩开展交流。但问题是，江户幕府在200多年时间里禁止各藩武士随意交流，各藩高级武士只能做一些内政工作，完全没有外交所需技能。无奈之下，各藩高级武士开始逐步接纳下级武士参与改革，西乡隆盛、大久保利通（萨摩）与木户孝允、高杉晋作（长州）等下级武士出身的政治家各自掌握了本藩在京都附近的军队调动权，他们的结合自然足以撼动国家政治。

为了争取政治地位，天皇统仁最早的"攘夷"路线就显得很有吸引力。江户幕府一来不允许他人置喙国家政治，二来主张开国路线，下级武士就干脆把两者的反义词——"尊王"与"攘夷"这两个乍看之下没什么关系的口号联系在一起，成为自身"大义名分"的来源。但进入庆应年间

高杉晋作（1839—1867）

武士时代的大久保利通（1830—1878）

（1865—1868），天皇统仁却否定了“攘夷”路线，并在庆应元年（1865）九月二十一日下诏支持江户幕府征讨主张“攘夷”的长州藩，这让下级武士大为光火。执萨摩藩牛耳的大久保利通就曾怒斥道：“若朝廷容许这等事，便为不义敕命，思朝廷大计，列藩绝无一人可奉。唯具至当之理、天下万人皆认可之事方为敕命，不义敕命不是敕命。”

所谓“不义敕命不是敕命”，本质上与中国“乱命不奉”的观点相同，即把君主下达的不符合时局、不符合自身政治要求的命令理解为他人之意。这种“清君侧”思维的出现，象征着下级武士与天皇之间的忠诚关系本质上依旧是一种合作：如果天皇选择了他们，他们才会遵命；但如果天皇选择“一会桑”，他们自然就要反扑。于是庆应二年（1866）一月底，长州藩与萨摩藩的下级武士之间结成同盟，约定一旦有战事发生，萨摩藩要对长州藩进行军事援助。

面对来势汹汹的下级武士，统仁只能更加仰仗德川庆喜。但很不幸，“一会桑”的势力很快急转直下。庆应二年（1866）六月，江户幕府军队出征长州藩，但这时候的长州藩得到萨摩藩提供的英式军备，幕府军遭遇大败；七月二十日，第14代将军德川家茂去世，幕府军士气愈发低落；再到八月九日，长州藩反过来强行渡海占领了幕府军的小仓藩，标志着幕府军彻底失败。

于是，京都朝廷内部再度出现反对幕府的声音。以青年公卿岩仓具视为首的22名公卿共同出现在京都皇宫，提出三条要求：一是由京都朝廷而非德川庆喜作为全国所有大名的召集人；二是赦免受到处分的攘夷派公卿；三是要求朝政改革。统仁当然不会同意，他以天皇权威下令处罚这些前来闹事的公卿。

当然，即便能予以处分，江户幕府也已经不可避免地走向没落，那么以幕府为实际权力来源的统仁，自然也难以调动群臣。他的下一步选择，可以是与幕府一起死撑到底，而幕府灭亡之后他有可能丧失天皇之位；而另一条路，就是抛弃失势的江户幕府，按照各藩下级武士的要求建立以天皇本人为中心的“公议”政体。这条路看似平坦，但对于统仁而言，这也意味着当年强拉着他打仗的攘夷派公卿会再一次回到他身边，危险性可能更大。

统仁到底会怎样选择呢？

他没来得及选择。庆应二年（1866）十二月二十五日，距离新年还有6天，统仁匆匆走完了自己36岁的人生。

统仁的突然去世深刻影响到后来历史的发展。这位倾向于幕府的天皇离世之后，接任的新帝睦仁（即明治天皇）年幼，京都朝廷马上陷入分裂之中，支持幕府的关白二条齐敬与支持下级武士的青年公卿岩仓具视正式走向对立面。

二条齐敬（1816—1878）

岩仓具视（1825—1883）

在二条齐敬的推动下，第15代将军德川庆喜在庆应三年（1867）十月十四日提出“大政奉还”的建议，要求把京都朝廷委任给江户幕府260多年的“大政”交还给天皇，重建新政府。只要政权交接是以和平方式进行，德川庆喜就可以凭借德川家积攒了200多年的势力继续成为主导新政府建立的主要人物。

为了不让德川庆喜继续掌权，十二月九日，岩仓具视召集5个藩的军队齐聚自己的宅邸，推动京都朝廷发布《王政复古大号令》，以天皇名义发动政变。所谓“王政复古”，不仅是废除近700年的幕府制度，也要废黜上千年以来朝廷的摄政、关白等职位，将政权体系恢复到千年以前的王权集中时代。

不久之后，德川庆喜率军与新政府军交战。为了获得胜利，岩仓具视祭出狠招，强行让京都朝廷通过决议，将象征大义名分的“锦御旗”授予新政府军，而让旧幕府军背上“逆贼”之名。在军政双方的压力下，德川庆喜大败，沿海路逃出。新政府军也在不到一年时间里平定半壁江山，并在明治二年（1869）夺取北海道，统一日本四岛。

虽然天皇的“锦御旗”并不是江户幕府灭亡的唯一原因，但对于当时的下级武士与攘夷派公卿而言，他们能借助的大义名分也并不多。于是乎，即将开始的明治维新就不能再舍掉天皇，而是要以天皇为国家的名义君主来进行国家建设。

七 小结

从时间点来看，孝明天皇去世后，日本马上经历了“大政奉还”（1867 年 11 月）、“王政复古”（1867 年 12 月）、“戊辰战争”（1868 年）三个改朝换代般的大事件，乃至江户幕府被推翻，考虑到孝明天皇是支持幕府的重要精神力量，就不免让人遐想：是否有人嫌天皇碍事，把他毒死了呢？

20 世纪 90 年代，两名深耕明治维新的史学家原口清、石井孝围绕统仁的死因展开了一场著名争论，两人甚至各自拉上了医学专家作为背书。前者认为，统仁在去世之前患有痘疮（天花），而在去世前数日，皮疹从红色变成紫黑色，这是病情恶化的象征；而后者却认为，统仁虽然患有天花，但在去世前已经逐步恢复，死相呈类似砒霜中毒的样子。两种说法均登上史学杂志，前后争论 4 次，引起不小的风波。

日本史学家大久保利谦（大久保利通之孙）在著作《岩仓具视》（1973）中提到，“（孝明天皇）遭毒杀与否，如今已经很难从史料上判断了”。如果真想深究这个问题，最有效的方法就是开掘孝明天皇的陵墓，重新化验尸身，寻找实证——但很明显，这个设想起码在目前的日本还无法实现。

而且，与其探讨孝明天皇的死因，不如探讨他的死对于继任者——后来极负盛名的明治天皇睦仁、对接下来的明治维新有什么影响。

与祖父光格天皇不同，孝明天皇并不是性格强韧之人，一生之中也如同墙头草飘来飘去，他其实是一个极为普通的人，比起远大的理想抱负，他更希望生活在一个安全稳定的环境中。但恰恰在那个时代的日本，安全稳定是最高级的奢侈品，所以孝明天皇无法成为那个时代下级武士所向往、所景仰的伟人，也没有成为江户幕府希望听凭依仗的精神领袖。

孝明天皇的缺乏主见，极大地刺激了下级武士出身的日本政治家。一方面，天皇这个职位是整个明治维新得以开始的基石，一旦推翻天皇制度，必然会导致政权不稳，改革成本陡然提升；但另一方面，天皇又有可能是一个缺乏政治素养且性格很不成熟的普通人，如果他借助自己的地位走向滥权擅权之路，对于从底层一步步打拼上来的维新政治家绝对是噩耗。于是，如何平衡“天皇职位”与“担任天皇的人”之间的矛盾，就成为明治国家建造过程中一个极为突出的难题。

这个矛盾，在明治天皇睦仁（第 122 代天皇，1852—1912）的壮年时代达到了顶峰。

第三章　超越维新：明治天皇与“宫中”集团的诞生（1868—1890）

和睦的睦，仁义的仁，睦仁，明治天皇的名字。

在帝国时代的日本，这位天皇在位45年，见证日本从弱到强、从远东边陲小国一举跃升为西太平洋列强，因而经常获得“睦仁大帝”的西式称呼。在仿照西方国家颁布的《大日本帝国宪法》中，更是明文规定日本“由万世一系之天皇统治”，包括立法权、军队统帅权、开战停战权等国家最高权力全部属于“天皇大权”，“神圣不可侵犯”。甚至在他去世以后，日本政府还在东京专门为他修建了一座明治神宫加以祭奠。

如此庄严神圣，明治天皇的威严与权力似乎与中国人心目中古代的皇帝如出一辙，因而也备受关注。电视剧《走向共和》里，由矢野浩二饰演的明治天皇为了充实国库而只吃普通的饭团，也成为很多历史爱好者对明治天皇的第一印象。在很多人看来，这个日本近代化过程中具有象征意义的天皇也是日本人能够成功实现明治维新的原因所在。

但多读一点明治时代的历史便会发现，虽然这位天皇坐在皇位上长达

明治天皇的画像明显是基于西方绘画的帝王模式绘制而成

45 年，但很少看到有哪个具体事件、哪项具体工作是由他主持完成的，甚至整个明治史中都难以看到他说几句有用的话。的确，很多文章、图书都以明治天皇为主角，但最后讲着讲着，主题就逐渐从“明治天皇”转到了明治维新、明治国家、甲午战争、日俄战争等其他历史话题上面，最终很难看到对于天皇本人的评述。换句话说，明治天皇作为一个人，似乎看不到什么亮点，只有把他与明治维新结合起来，才能让他身上有些闪光之处。

宣传口径与历史事实的不同形成了一种强烈反差，让人不禁疑惑：明治天皇究竟有多大权力，又在明治史中起了何种作用呢？

想了解这个问题，还是要从明治天皇睦仁的少年时代说起。

一 少年明治天皇对西乡隆盛的感情

睦仁第一次登上历史舞台，是在元治元年（1864）的“禁门之变”中：在会津、萨摩两藩击退进攻京都皇宫的长州藩的惨烈战役中，年仅 12 岁的睦仁被来往作战的武士吓晕过去。

在后世日本帝国的官方宣传里，志在维新的下级武士是一群“尊皇”人士，也是日本进步与革命的象征。但对于少年睦仁而言，这些武士却不一定是什么好人，因为，发动“禁门之变”的主力军长州藩，与镇压“禁门之变”的主力军萨摩藩，在不久之后就结为同盟[①]，共同对抗幕府。

就在幕末战争最激烈的时候，父亲孝明天皇突然撒手人寰，这一点更让睦仁难以接受。据说那段时间，睦仁每天晚上都能在枕边看到孝明天皇

① 庆应二年（1866）一月，原本敌对的长州、萨摩两藩结为同盟，这份“姻缘”被后世大书特书，但这种政治连横却超出了少年睦仁的想象，不禁让人怀疑这些高喊忠义的武士暗地里在谋划些什么。

的亡灵在指责自己，甚至要找人帮忙驱鬼①。鬼神之说当然不能用来解读历史，但对于睦仁这个孩子而言，父亲亡灵的不断“出现”，恰恰意味着他需要父亲的陪伴与引导，需要有人帮他走出那个备感孤独的政治环境。

维新武士们也有自己的小算盘。进入明治时代，下级武士摇身一变成为新政府官员，他们旋即意识到一个非常棘手的问题：天皇“神权”是明治政府合法性的来源，他们想仿照西方建立近代政体，又不想让天皇拥有帝王式的独裁权。换言之，天皇要以名义权力保证明治政府正常运转，却又不能实际具有世俗权力，以免干预明治政府的实际工作。

明治初年，各项诏书的颁布基本上都没有睦仁本人的参与。如庆应四年（1868）三月十四日发布的《五条御誓文》②便是由福井藩士由利公正起草，经过土佐藩士福冈孝弟、长州藩领导人木户孝允修改，最终获得公卿岩仓具视的认可，由元老皇族有栖川宫炽仁仁亲王挥毫，再由那个曾经把孝明天皇硬按进轿子里面的公卿三条实美在神前祭祀之时宣读。维新志士对孝明天皇的不信任与对权力的渴求，让他们想时时刻刻控制住少年睦仁，这也让整个明治维新在开始阶段显得非常诡异：天皇最好是一台高高在上、没有感情与思辨能力的批红与礼仪机器，作为天皇的睦仁本人不需要，或者最好不要发表任何意见。

其实，睦仁也从未表达过不满，毕竟自己的权力事实上是维新武士给的，而且也没有任何人能够保证维新武士不会夺走这份权力。应该说，对维新武士的依赖与恐惧，从一开始就困扰着睦仁，直到西乡隆盛出现在他

---

① “新帝之处每夜每夜均有（孝明天皇之亡灵）来到枕边责备，（新帝）非常烦恼，应考虑如昨日所言实行祈祷之事。”

② “一、广兴会议，万机决于公论；二、上下一心，大展经纶；三、官武一体以至庶民，各遂其志，务使人心不怠；四、破历来之陋习，基于天地之公道；五、求知识于世界，大力振兴皇基。”

西乡隆盛（1828—1877）

的身边。

作为明治维新的重要功臣，西乡隆盛在一开始并没有立即来到明治中央政府任职，而是选择在老家萨摩藩开展改革。不过为了建设军队，明治四年（1871）二月，他终于来到东京，着手创设保护天皇与东京安全的“御亲兵”（即后来的近卫师团）。随后，西乡隆盛开始与睦仁频繁接触。

与其他维新志士不同，西乡隆盛除去处理公务，还非常重视对睦仁进行“君德培养”。明治五年（1872）春天，他引导睦仁穿上西式燕尾服，走出深宫，第一次前往日本各地巡游，见识到与都城完全不同的风景，体察到日本各地的民情。随后西乡隆盛开始担任“近卫都督”，即保卫东京皇居的“近卫兵”司令，睦仁也受到影响频繁参与士兵操练。到 1873 年 3 月，睦仁主动“断发”，废除传统皇室的化妆礼仪，穿上西洋军装，把

1873 年的睦仁

自己打扮成西式君主的模样。在西乡隆盛引导下，睦仁褪去旧式宫廷的陈旧风气，开始走上近代君主之路。

与充斥着花鸟鱼虫、和歌艺术的公卿贵族不同，出身于底层武士的西乡隆盛是一位高大魁梧、操着浓重地方口音的刚健武夫，他是年轻的睦仁从风雅而女性化的宫内世界通向质朴而男性化的世俗世界的桥梁。1873 年 5 月，东京皇宫发生火灾，睦仁的第一反应是命人将西乡隆盛赠送的小柜子搬出来，可见双方不仅是君臣，更是亦师亦友的关系。

但睦仁万万没有想到，自己第一次真正意义上实行“统治权”，却是要把自己的导师西乡隆盛从政府里赶出去，这便是明治初年著名的“征韩论”论战。

1873 年 5 月，朝鲜王国以“冒充对马商人”为由逮捕数名日本商人[①]，此举引发日本政府内部产生了武力征服朝鲜半岛（征韩）的论调。经过商议，西乡隆盛主动要求作为使节前往朝鲜王国，亲自与朝鲜王国高层谈判，劝说对方打开国门接纳与日本的正式贸易，于是日本政府正院（最高决策机构，相当于现代内阁）于8月17日批准了西乡隆盛出使朝鲜的想法。

不过到了10月，回归日本的岩仓使节团[②]成员又对西乡隆盛出使朝鲜产生争论。西乡隆盛的挚友、同样出身于萨摩藩的大久保利通写出著名的“征韩论反对七条”[③]加以反驳，他认为目前还没有做好战争准备，要求使节延期出行。由于大久保利通在辩论中失败[④]，于是10月15日，日

---

① 在此之前，日本与朝鲜王国仅维持“通信”关系，朝鲜在东莱府（釜山）为对马藩（对马岛）设立“草梁倭馆”，日本商人必须通过对马藩才能到朝鲜做生意。明治五年（1872）九月，明治政府将其改名为“大日本公馆”，改派外务省官员负责对朝贸易。由于草梁倭馆的土地所有权属于朝鲜政府，只是借用给日本商人，日本这一举动被朝鲜方面认为极为无礼。逮捕日本商人之后，朝鲜王国管制公馆的贸易活动，要求日朝两国贸易恢复“通信”制度。

② 1871年至1873年，岩仓具视率领大久保利通、伊藤博文等50余名政府官员、数百名留学生前往欧美国家寻求修改不平等条约，由于美国不愿意修约而不得不中途更改计划，开始考察欧美各国的发展情况，为日本明治维新的改革与发展打下了基础，是日本“开眼看世界”“欧化第一步”的象征。

③ 大久保利通“征韩论反对七条”：（1）失所无产而心中不平之徒若乘机而起，容易引起不虑之变（旧士族阶层压力）；（2）数万士兵外出，日费巨万之财，兵役长久，容易催发人民抱怨，终酿骚乱，为国有害（民变风险）；（3）起不必要之兵，费政府心力，增巨万之费，政府创造之事业很可能半途而废（财政压力）；（4）战端一开，船舰弹药枪械军服等多须仰仗外国，容易引起扩大进出口差距，引发国内疲敝（国际收支平衡压力）；（5）与朝鲜一动干戈，鲁国（俄罗斯）可收渔翁之利（帝俄压力）；（6）若无法偿还负债，英国必会以此为口实干涉我国内政（英国压力）；（7）条约改正之期将近，须全力思考保全我独立之国的体裁，这才是如今急务，不应尚未解决就兴兵朝鲜（应以内政优先）。

④ “征韩论反对七条”通篇显示出一种奇怪逻辑，就是认为西乡隆盛只要前往朝鲜王国就一定会被杀，只要“遣韩”就一定会引发“征韩”。从当时情况来看，朝鲜王国并没有对日本宣战，只是以冒充罪名逮捕了几名日本商人，也没有危害到在朝日本人的人身安全，并不存在派遣使节就一定会被杀害的必然性。延伸阅读：拙作《明治国家建造史》，陕西人民出版社，2020年。

岩仓使节团主要成员合影，1872 年摄于伦敦。左起：木户孝允（长州系官僚）、山口尚芳（土佐系官僚）、岩仓具视（旧公卿）、伊藤博文（长州系官僚）、大久保利通（萨摩系官僚）

本正院再度同意西乡隆盛的出使申请，但岩仓具视不甘心失败，便将“出使朝鲜”与“不出使朝鲜”两项提案各自修书一封呈给明治天皇，仰赖“宸断”。

其实从当时日本的决策制度来说，仰赖“宸断”根本就是个错误举动，一件事情只要通过了正院审查，天皇就必须同意[①]。但由于太政大臣三条实美突然生病，岩仓具视就试图以天皇权威来颠覆正院审议结果，他强调日本必须进一步增强实力才能做好与外国冲突的万全准备，如今贸然派遣使节前往朝鲜王国很可能引发战争。虽然这种逻辑能否说通还有待商榷，但对于经历了幕末列强来袭的睦仁而言，任何关于战争的说法都颇为敏感，需要找人商议对策。

为了不让天皇得到更多建议，岩仓具视还专门写信给大久保利通，暗示他防范西乡隆盛进入皇宫“出头”，并让天皇睦仁身边的宫内卿、侍从长德大寺实则也听从自己的意见[②]。其实，就算岩仓具视不这么做，西乡隆盛作为一个豁达之人也无意跑去求睦仁。10 月 23 日，西乡隆盛直接提出辞去一切职务，在这个胜负未分的时点，西乡隆盛并不是因败而退，更像是以退为进，以辞职来向天皇传达信息，反对岩仓具视。

进入明治维新以后，睦仁第一次遇到了两难抉择：从直接观感来看，睦仁身边全都是反对西乡隆盛的公卿，一旦支持西乡，难保不会像父亲孝明天皇支持幕府一样落得个惨淡下场；然而，他一旦听从身边人的建议，就等于是对导师西乡隆盛下了逐客令。

---

① 《正院事务章程》也明确规定：“举凡需要允裁之奏书，由内阁议官（参议）裁判……议官连印而交太政大臣，太政大臣钤印而上（天皇）加御批。”

② “小生必贯彻前议（阻止西乡隆盛出使朝鲜），此上应仰赖宸断决定……其（西乡隆盛）尚无离职之意，撤回提议之态亦科一，难料是否万中之一前往赤坂（皇宫）出头，另信致德卿（宫内卿德大寺实则）一览。”大久保利通收岩仓具视书信，明治六年十月二十二日，大久保利通文书，1928 年，第 89 页。

这一次，他选择了屈服，10 月 24 日，睦仁接受岩仓具视的意见，要求出使朝鲜之事延期。

西乡隆盛失望至极，立即动身离开东京。他的离开，不仅导致 600 多名明治政府官员辞职下野，也给睦仁留下了巨大的遗憾。但遗憾还不止于此，1877 年，出于对明治政府废除旧武士特权政策的不满，一向仗义执言的西乡隆盛在鹿儿岛发起暴动。经过数月战争，暴动军终于寡不敌众，西乡隆盛自尽身亡，这让睦仁十分悲痛。他无法接受这位亲密无间的导师成为国家“逆贼”，但由维新志士蜕变而成的明治官僚已经把控了国家政权的方方面面，就连睦仁想给西乡隆盛的遗子西乡寅次郎赏赐 1200 日元、资助他去德国留学都难以实现。

种种刺激，让睦仁不再甘愿做一个虚坐皇位的傀儡，他在随后的 19 世纪 80 年代走上了与政府争权之路，这种争斗也搅动起整个日本的政局，乃至影响到明治宪法的构架。

二 “宫中”集团的政治作用

关于明治天皇以及战前天皇的实际权力，国内经常有两种极端误解：一种认为天皇跟中国皇帝一样，是“绝对君主”，必定“乾纲独断”，无人反对；另一种认为他是英国国王一样的“虚君”，虽然坐在皇位上，但“统而不治”，具体事务完全交给各路政治家。

应该说，两种理解都有道理，却也存在共同的问题，即认为睦仁本人是一个独立的政治实体。但事实上，无论睦仁还是后来的大正天皇嘉仁、昭和天皇裕仁，其权力都不是孤立存在的，而是与身边的顾问团体——“宫中”集团共同存在。

描绘西南战争的浮世绘《鹿儿岛暴徒出阵图》（月冈芳年绘于 1879 年）

所谓“宫中”集团，狭义上说是担任过“宫中顾问官”职位的官僚，但广义上讲，是以明治天皇身边的“侍补”（帝师）群体以及天皇本人信任的一些非主流派高级军官组成的政治团体。在探察近代日本历史时，最容易被忽略的就是“宫中”集团。一来他们在后世人眼里赶不上西乡隆盛、大久保利通、伊藤博文这些位于前台的政治家有名，二来他们的作用并没有写在各种已经问世的历史书籍或通俗小说里，而是深藏在他们本人的日记或宫廷记录里，研究深度不足者很难触及。

那“宫中”集团都有谁呢？首先要从一个叫元田永孚的人说起。

元田永孚是熊本藩的武士，自幼热爱儒学，成年后受到水户藩儒学的影响，希望能够以鼓励“实学”的方式推动国家改革。明治维新后，年过五旬的元田永孚开起了私塾，由于他的儒学知识极为丰富，明治四年（1871）五月，在明治政府掌权者大久保利通的保举下，元田永孚出任宫内省“侍读”，为睦仁讲说《论语》《日本外史》等各类儒学与日本国学经典。不知不觉中，他渐渐成为睦仁身边的得力帮手。

1877年8月29日，在元田永孚的建议下，宫内省新设“侍补”一职，负责“君德辅导”，即睦仁的日常教育，到1878年3月，共有10人成为“侍补”。这些人并不是等闲之辈：一等侍补有前文提到的宫内卿德大寺实则，有深度参与幕末政治的维新志士吉井友实（萨摩）、土方久元（土佐），三等侍补还有原佐贺藩主锅岛直彬。之所以让这么多人充任“侍补”，主要是天皇睦仁逐渐成长起来，大久保利通需要有一个可信赖的工作团队围绕在睦仁身旁，频繁接触、辅导天皇[①]，帮助天皇解释政府提案，

① 侍补与天皇的接触非常频繁。根据规定，“侍补”每晚要轮流为天皇进行两小时的“内廷夜话”（讲习）。仅在1877年9月至1878年11月之间，一等侍补土方久元就“参内”59次，而且他还不是与明治天皇关系最好的亲信，可见“侍补”与天皇之间联络之密切。双方不仅在工作上，更从生活上建立了良好的人际关系。

元田永孚（1818—1891）

德大寺实则（1840—1919）

确保天皇不会有什么出格之举。日后，大久保利通还准备就任宫内卿，让自己成为连通政府与天皇的管道。

但始料未及的是，1878年5月14日，大久保利通遇刺身亡。他的死不但标志着明治维新初期的“明治三杰”（西乡隆盛、大久保利通、木户孝允）全部退出历史舞台，也导致本已走向平衡的政治结构重新分裂：行政权方面，大久保利通的衣钵由伊藤博文等人继承，但在宫内方面，却是由“侍补”掌握着明治政府与天皇睦仁之间的沟通渠道，他们也开始着眼于利用这种权力增加自身对国家政治的主导权。大久保利通建立起来的这个工作团队，不但没有限制天皇，反而成了天皇的左右手。

就在大久保利通去世后两天，元田永孚等5名“侍补”立刻提议，要求实现“天皇亲政”，睦仁也回应“各方奏报事宜甚妥，从今以后（朕）应多加注意”，这等于是对明治政府明确表示自己想要直接参与政治事务的意图。为了稳定局势，5 月 18 日，伊藤博文接受“天皇亲政”的提案，允许“侍补”旁听内阁会议。从这一时期开始，日本高层政治的主要矛盾便是伊藤博文等希望规范皇权、建立宪法体系的政治家与睦仁身边的“宫中”集团之间的矛盾。

很快，睦仁第一次主动干预政府人事任命。他想让身边的一等侍补佐佐木高行出任工部卿（主管工业）。佐佐木高行出身于幕末土佐藩，少年时代修习儒学与国学，曾与幕末名人坂本龙马一道参与促成“大政奉还”。明治维新后跟随岩仓使节团前往欧美各国考察司法制度。结合明治政府组建以来采取的激进改革，再结合大久保利通遇刺的事实，佐佐木高行认为维新改革进展太快，应该重视“王政复古”理念，开一开倒车，把车开回到上千年前的“天皇亲政”时代。正因如此，伊藤博文并没有听从天皇的指令，拒绝让佐佐木高行成为工部卿。

为了不让“侍补”捣乱，明治政府做出调整。1878 年 12 月开始，政府邀请天皇在每周一、三、五 3 次“临御”内阁会议，明治政府高级官员可以在一周里 3 次面见天皇；1879 年 4 月，政府确定“御前议事式（章程）”，规定天皇可以“亲临内阁或在宫中召见大臣、参议”。既然“侍补”是介于天皇与明治政府之间的纽带型人物，那么加强天皇与明治政府高级官员之间的强人际关系纽带，就可以不让“侍补”这个中间商赚差价。

感受到压力后，元田永孚在 1879 年 7 月孤注一掷地起草了一份《教学圣旨》，抨击明治政府推行的教育理念一味追求“文明开化”，搞得“舍本逐末”“伤风败俗”，要求重新在教育中加入“道德之学”、培养民众的“仁义忠孝之心”。当时明治政府正在推动新的全国性教育法令，一旦这份《教学圣旨》得到首肯，元田永孚就能以天皇权威压制明治政府，继而提升“侍补”的政治地位。

怎知明治政府的领导者伊藤博文也毫不手软，立刻撰写反驳文章《教

佐佐木高行（1830—1910）。由于长期出仕天皇身边，佐佐木高行的日记《保古飞吕比》成为非常重要的一手史料

育议》，从正面批判元田永孚：“政谈之徒过多，绝非国民之幸福……盖现今之书生大抵出于汉学学生之种子，汉学学生往往开口即谈政理，攘臂而论天下之事，然而转其读及洋书，却无法静心研磨，屈节而从事百科……喜议空论，滔滔成风……今应矫正其弊”。

面对“侍补”与明治政府之间的争斗，睦仁仍是选择支持明治政府。一来教育理念的推广与国家教育制度的构建之间并不矛盾，放手让伊藤博文去建立教育制度，也便于日后推广有利于自己的教育理念；二来睦仁成长于深宫，也不太懂得如何在一个官僚体系中运作一份法案，贸然发布一份“圣旨”级别的文章很容易降低自己的权威。于是他废除《教学圣旨》，同时批准伊藤博文在9月26日发布第一次《教育令》。

对此，元田永孚气愤不已，一气之下以辞职相威胁，要求明治政府通过自己的提案。这是很不明智的，“侍补”虽然伴在天皇身旁，但毕竟是宫内省的一个官职。明治政府也不含糊，不仅允许他辞职，还在10月13日直接废掉“侍补”职位，所有担任“侍补”的官员不得不另谋出路。

当然，睦仁也不会不管他们。虽然睦仁没办法阻止明治政府废除“侍补”，但不代表他没办法留住这些人。10月20日，睦仁召见了元田永孚、佐佐木高行等数位原来的“侍补”，告诉他们虽然侍补废官，“心中所想仍应无虑上达天听”。随后元田永孚留任为“皇后府大夫”，继续留守皇后身边，进而与天皇睦仁建立联系。至于其他离开皇宫的原“侍补”也得到了很好的待遇，如佐佐木高行离任半年就充任元老院（国会参议院的前身）副议长之位。这些人虽然一时被赶出皇宫，但各自也获得了新的政治力量，待到他们的力量重新结合，天皇睦仁手中的政治势力就会更加强大。

1878年至1879年的“天皇亲政运动”虽然没有什么实质性效果，却让天皇获得了一批拥有实际权力的旧维新志士。在接下来的数年里，“宫中”集团将给伊藤博文等主流政治家造成巨大麻烦。

三　1880年外债问题的纵横捭阖

“宫中”集团势力结成，睦仁如同获得了左膀右臂，他开始设法影响国家的各项实际政策。随即，明治政府遇到了财政紧张问题。

明治维新以后，日本在经济方面采取“殖产兴业”政策，大力支持钢铁、造船、纺织、农业等各项国家事业的发展，这促使国家不得不开始解禁纸币与金银之间的兑换关系。1878 年，日本正式发行“不换纸币”，即允许纸币作为独立的货币符号上市流通，这使得日本全国流通纸币总额从 1.19 亿日元增至 1.65 亿日元（增加 38.7%），接下来几年更是继续攀升。到 1880 年，纸币 2 日元仅相当于银币 1 日元，日本出现了严重的通货膨胀。

纸币购买力下降，必然导致硬通货（金银）成为外贸主要结算货币，仅 1880 年就有超过 2000 万日元的金银流出日本，而日本政府也仅剩 800 万日元的金银货币，仅占纸币流通总额的 4.5%，国际信用极为危急。

面对这个问题，1880 年 5 月 14 日，主管财政金融工作的大限重信提出削减各项开支，同时要求从国外借债 5000 万日元。对于借债，明治政府领导人伊藤博文却不太同意，他认为 5000 万日元相当于当时财政收入的 80%，土地税收入的 1.3 倍，额度太大，要求削减借债额度。睦仁抓住这个机会，于 5 月 21 日宣布自己即将“临御”内阁，并要求各省卿（各部长官）针对借债问题提出意见书。

从实际事务层面看，外债借不借、借多少是一个很简单的事情，伊藤博文与大限重信两人虽然有矛盾，但关注焦点主要在于额度，无论双方在会堂上多么剑拔弩张，问题并不难解决。但天皇主动插手此事，还要求所有省卿，无论是否参与财政金融问题讨论都必须提出意见，对于政策讨论并不一定有利：一旦把问题讨论下达至省卿一级，就不免将消息泄露出去，舆论便有可能会影响到政府决策，导致整个议政体系再度混乱。[①]

---

① 1880 年明治政府的另一大改革便是参议（议政官）群体的改革（三级管理制度）。过去明治政府实行大臣、参议兼省卿的两级管理制度，大臣负责收拢意见上奏天皇，由皇族或旧公卿组成；参议兼任各省卿而负责议论国家政务，由伊藤博文等高级政治家组成。但这种状态下，政治家在形式上依然是旧公卿的下属，于是伊藤博文在 1880 年要求参议与省卿分离，参议专门从事议论国事的工作，省卿负责执行，目的在于将参议与大臣之间的界限模糊化。这一改革的最终结果，是在 1885 年建立起近代内阁制度，全部省卿均升级为省大臣，全部由政治家而非公卿出任。

“三井组”西洋式换汇所，后来的日本国立第一银行所在地

但对于“宫中”集团而言，泄露情报当然是个大好事。一旦“垂询”到省卿一级，政治讨论必然丰富起来，正如佐佐木高行所言：“今日若不能广泛垂询大众，那多数事项都不可谈论，我之所愿，便是不仅敕任官，连奏任官乃至局外人也可以得到垂询。”5 月 28 日，元田永孚进入皇宫，以“美国前总统格兰特也不同意发行外债”为由劝说明治天皇。

就在“宫中”与明治政府双方你争我夺之时，各省卿的意见书也收拢完毕：17 名参议与省卿之中，8 名同意发放“外债”，8 名反对，1 名中立。大隈重信、伊藤博文虽然都不希望内阁出现分裂，但在天皇强行要求“意见书”之下，本来可以融合的意见不合也就真的酿成内阁分裂。内阁意见一旦分裂，按照“征韩论”论战时期的惯例，最终决策权就只好上交天皇。6 月 3 日，睦仁以天皇名义下达诏书，提出“朕素知会计之事绝非容易，却也知外债为今日最不可为”。

6 月 13 日，伊藤博文等人召开紧急会议，希望各省预算支出平均减少300万日元，用于治理通货膨胀问题。然而通货膨胀已经造成各省预算事实上的减少，没有哪个省厅想进一步缩减。于是只好把这个事情挂起来，预备等天皇前往京都一带“巡幸”归来之后，再召开会议解决。

从治国角度讲，否决“外债”是一次极为愚蠢的举动，不但白白增加议事成本，还减少了政府解决财政压力的手段。但这就不关睦仁什么事了。或许对于后世读者而言，明治政府从根本上改良了这个国家的治理模式与产业机构，但就睦仁而言，明治政府与江户幕府之间并没有很明确的区别：两方都在想方设法限制天皇权力，睦仁的权威在实权政治家面前难以施展开来。既然面对的是另一个“幕府”，天皇又何必客气呢？

7月下旬，睦仁从京都转了一圈回到东京，但他并没有立即理会外债事宜，而是先行休息。直到8月中旬，他才召集大臣与参议一起开会，让大家讨论如何应对财政危机。这一次，右大臣岩仓具视发表了一个有趣的看法：既然如今“金”（纸币）贬值厉害，是否可以重新征收“米”，一来可以减少农民“换米为金”过程中的损耗，二来明治政府获得实物以后可以通过商人外卖换取金钱。他甚至在8月16日的内阁会议上提出将25%的土地税改回“米纳”。

这个建议很快受到强烈攻击，明治政府的伊藤博文、大隈重信和“宫中”集团都认为这个举动是改革的重要倒退。“宫中”集团认为这是削弱右大臣岩仓具视势力的大好机会。于是9月2日，元田永孚代表天皇陈述意见：“近期虽有米纳论提出，决不可也，无论如何，迄今为止的地租改正已大费周章，农民虽普遍有不平之意……也渐在一两年内归于平稳……轻易变更法令，会招致人民不信，甚为不宜。”由于缺乏各方支持，岩仓具视提出的“米纳论”遭到投票否决。

需要注意，上面一番话语虽然是以天皇名义发布，却是经由元田永孚的嘴说出来的。其传达的究竟是睦仁本人的意见，还是元田永孚的意见，

大隈重信（1838—1922）。他不仅是明治政府的重要政治家，也是早稻田大学的创建者

或是佐佐木高行的意见，抑或是兼而有之，都无从考证。换句话说，睦仁虽然是天皇，但“天皇”的意见（即日本人所言“睿虑”）并不是一个单纯的思想概念，而是一种来自天皇及“宫中”集团的政治压力。在“睿虑”形成的过程中，睦仁本身的想法当然很重要，但“宫中”集团也同样重要，而这也是近代天皇制得以构建的重要基础。

在围绕国家财政问题的两次政策争斗中，政策本身都不是最重要的因素，“宫中”与“参议”的权力争斗才是主线，造成的结果就是明治政府陷入反复争论，效率被降低。其实，不仅是财政问题，“宫中”集团在其他方面也不断阻挠政府提案，比如内阁在10月提出为明治政府文官授勋，但因遭到“宫中”不满而被迫延期。

“宫中”集团越来越多地插手国家事务，让伊藤博文十分头疼，不过到了 1881 年，日本明治政府爆发了更大规模的内部斗争，反而促使伊藤博文开始与“宫中”集团同心联手。

四 明治十四年政变与伊藤博文就任宫内卿

1881 年 7 月，一封“北海道官有物贱卖”的新闻在报纸上发布。原来北海道开拓史长官黑田清隆预备将政府投入 1400 万日元建设的船舶、仓库、农园、矿山、工厂等设施以 39 万日元贱卖给政商五代友厚。由于两人均出身于旧萨摩藩，私交良好，在日本国内引发轩然大波。8 月中旬以后，全国报纸的笔锋开始批评明治政府与萨摩系官员中饱私囊，希望叫停“贱卖”事件。

但这一事件在政界高层的发酵，却与我们想象的不太一样。

在明治政府看来，“官有物”贱卖给政治商人不算什么大事，这是明治维新以来的惯例，三菱、三井等大型企业发展的第一桶金都得益于此，政府高层从来就不想处理任何人。但由于发布这件事的报纸《邮便报知新闻》是大隈重信属下所控制，而在事件爆发后，大隈重信身后的佐贺系官员又纷纷跳出来要求处理萨摩系官员，这就隐约有了“阴谋论”的意思：整个“北海道官有物贱卖”的报道有可能是佐贺系人马暗中所为，是大隈重信在背后指使。

8 月底开始，“大隈阴谋论”迅速流传开来，不少人认为他与民间主张早日开设国会的自由民权派勾结，意图颠覆政府，独占政权。恰好这一年（1881）春天开始，一贯由大隈重信把持的大藏省会计检察院录用了

黑田清隆（1840—1900）

五代友厚（1836—1885）

东京庆应义塾毕业的两名官僚（尾崎行雄、犬养毅，均为日后著名的政治家），而庆应义塾又是自由民权派重镇福泽谕吉所创办，这下子更“坐实”了别人对他的揣测。于是，伊藤博文、黑田清隆等长州、萨摩系官员开始四下串联，想方设法要扳倒碍事的大隈重信。

这场后来被称为“明治十四年政变”的内斗的影响不可谓不大，但在天皇睦仁与“宫中”集团看来，却是自身集团进一步扩充实力的绝好机会。这段时间，元田永孚、佐佐木高行等人开始私底下联络各方人马聚集东京，商讨如何对付大隈重信的“阴谋”。若是要问这是不是天皇的意思，从目前的史料中还看不出来，但他们是天皇身边的红人，身份地位又如此特殊，就算是打着天皇的旗号行事，睦仁也不会太过怪罪，毕竟睦仁身边可以信任的人实在太少，要凝聚起足以撼动国家政治的“睿虑”还得依靠他们。

“宫中”集团就在这种背景下越扩越大。9月下旬，原“侍补”土方久元、佐佐木高行集合大量元老院议官、华族、军人、官僚乃至皇族形成“反对贱卖”与“天皇亲政”同盟（中正党），并把目标上升到“除奸人，立政权，扬皇威”的高度[①]。这些人虽然来势汹汹，但他们与伊藤博文的想法大体是一致的：要求黑田清隆停止北海道官有物贱卖，驱逐大隈重信这个“幕后黑手”。

而且，“宫中”集团还表示，自己愿意帮助伊藤博文说服并不热衷于驱逐大隈重信的右大臣岩仓具视与天皇睦仁。当时年事已高的岩仓具视在京都长期养病，睦仁则在各级官员的陪同下前往日本东北、北海道地区“巡幸”。如若这两位名义权力最高的政治人物不同意、不理解，伊藤博文的计划很可能会搁浅。于是“宫中”集团主动承担起说服两人的任务，最终两人均默许驱逐大隈重信。10月12日，明治政府宣布免去大隈重信的“参议”职位，“明治十四年政变”落下帷幕。

出于对“宫中”集团的感谢，10月21日，佐佐木高行、吉井友实两位原“侍补”如愿晋升为工部卿、工部大辅（工部省的正副职位），顺利参与到明治维新的改革与建设中，两人一直到1885年工部省废止之后才回到宫内省重新就职。

应该说，大久保利通去世后，由于权力真空，伊藤博文、大隈重信、黑田清隆、“宫中”集团分别作为不同层面的继承者展开竞争。“侍补”废止、“外债论”、“米纳论”三次纷争中，各参议与“宫中”集团互有胜负，最终到“明治十四年政变”后，“宫中”集团终于融入到官僚体系中，彻底稳住了自己的政治地位。

---

① “中正党”之中最值得注意的是谷干城、鸟尾小弥太、三浦梧楼、曾我祐准四名陆军中将，这四人成为军队中支持天皇权威的“四将军派”，对后来的明治历史产生了重大影响。

当然，为了不让天皇与“宫中”集团过多干预政府，伊藤博文也要想方设法限制这些人的权力，以便建立自己内心理想中的君主立宪制。怀揣这些想法，伊藤博文从 1882 年 3 月到 1883 年 8 月前往欧洲各国学习宪法经验，求他山之石以解决自己本国的实际问题。

访欧过程中，伊藤博文借助欧洲体制表明态度：“欧洲现今之形势乃渐次削减君权，政府好似国会之臣仆。”这一方面说明“君权”不能滥用，应以行政权作为国家建构的核心权力；另一方面也是暗示君主应与政府合作，以防行政权受限于国会，动摇国家统治的根本。既有合作又有对抗，伊藤博文对待“君权”的态度已经十分明晰：借助天皇作为政治正确的基础，但也要从各方面限制天皇权力对行政权的干预。而最好的干预方式，就是从管理皇室事宜的宫内省入手。

恰好这一时期，1883 年 5 月，岩仓具视去世，这位曾经主导“王政复古”运动的政治家的离去无疑对日本政治产生了重大冲击。于是，太政大臣三条实美、左大臣有栖川宫炽仁亲王联名上奏，推荐伊藤博文兼任宫内卿。

对于这个提案，睦仁有些疑虑：“朕虑（伊藤）就任宫内卿虽宜，然伊藤好欧风……难免造成困惑，不可不察。”从字面意思上看，睦仁担心伊藤博文崇尚西洋礼仪会冲淡天皇的权威，但考虑到睦仁曾经主动断发易服，很明显他这番话是醉翁之意不在酒，再加上伊藤博文本身又是政府的领导人，一旦兼任宫内卿，就等于获得“宫中”“府中”两边的权力，有可能彻底限制天皇与“宫中”集团的权力。

不过，“宫中”集团核心人物元田永孚却另有一番思虑：“诸省卿中，唯宫内卿未得兼参议，是以从来帝室受人轻视之缘由，故自今而始，参议兼宫内卿若能冠于八省卿之上，便是扩张帝室实权之第一紧要。”岩仓具视死后，宫内已经无人能匹敌伊藤博文的影响力，这个时候就应该打破

“宫中府中之别”，借助伊藤博文，把天皇与“宫中”集团的影响力反向扩展到明治政府，让天皇权威进一步得到发扬。

1884年3月21日，伊藤博文正式兼任宫内卿，标志着宫内省改革正式开启。当时宫内省的最大问题，在于“公私不分”，即天皇、皇族私人事务与皇室成员作为国家机关的公共事务界限模糊，导致掌管皇室财产的宫内省依旧遵循古代原则，难以形成近代化官僚机构。伊藤博文就任宫内卿后，马上把前任宫内卿、以清廉著称的德大寺实则转职为新设的“侍从长”，成为天皇的私人顾问；随后设立“内藏寮”（4月），主管皇室财政，原先主管宫内省财政与各项礼仪的“式部寮”改组为专门管理皇室典礼的“式部职”（10月），职权重新得以规划。经过一番改组，宫内省形成“五职六寮四局一职员”①的庞大体系。

就在改革最为剧烈的1884年，伊藤博文与天皇睦仁又爆发了一次剧烈冲突，这就是所谓“森有礼任用事件”。

五　森有礼任用问题的政治斗争

森有礼出身于萨摩藩，在幕末曾前往美国留学，其间因生活困窘而受到当地基督教会帮助，进而对基督教深有感情；明治维新以后，他与福泽谕吉等人结成“明六社”，共同担负日本普通民众的启蒙工作。这种经历让他对于西方文明颇为向往，甚至主张在日本引入基督教。

① 五职为侍从职（天皇侧近）、式部职（皇室典礼）、皇太后宫职、皇后宫职、大膳职（餐饮）；六寮为内藏寮（皇室财政）、主殿寮、图书寮（宫内省公文事宜）、内匠寮（建筑）、主马寮（马车汽车管理）、诸陵寮（皇室陵墓）；四局为御料局（皇室财产管理）、爵位局、侍医局、主猎局；一职员为皇族职员。

持有这种思想，当然会让人备感担忧。1884 年 5 月 7 日，伊藤博文上奏，希望让当时就任英国公使的森有礼回国，出任文部省御用挂（相当于教育与科学部长）。

对于这一任用，元田永孚明确表示反对："森有礼参事院议官兼任文部省御用挂一事，吾甚为忧虑，直接拜会三条大臣（实美）、有栖川左大臣（炽仁亲王），痛切建言：森一直乃宗教家，若涉足教育则将来招致国害，不可不察。""若定用其才，则应转任他官，唯教（育）官不可入。"很明显，作为修习儒学与日本国学起家的元田永孚，认为向往基督教文明的森有礼不应该充任教育系统的主官，以免"带坏"整个日本的教育风气。

虽然天皇的态度没有明文记载，但从 1884 年 5 月开始，睦仁突然以身体欠佳为由回居内宫，任何政务都不予理睬。按照日本古代的行为规范，只要天皇宣布不出门，无论是谁都无权主动进宫汇报政务，这将导致政府难以运转。很明显，虽然伊藤博文给天皇下了种种限制，但"闭门不出"仍然是天皇与"宫中"集团的重要武器：只要对政府提案不满意，那"闭门不出"就有可能延迟政策决定，甚至逼迫当事人改变思路。

6 月 11 日，睦仁终于走出内宫，但依旧不见伊藤博文；6 月 24 日，睦仁越过伊藤博文，直接任命宫内省侍从、原三等侍补山口正定转任宫内省大书记官；6 月 25 日，睦仁突然出门，参与上野至高崎的铁路通车仪式，伊藤博文碍于仪式典礼而无法提出任何政治话题。一连串操作给伊藤博文一个明确信号：不调整政策，就不要再见了。

如果换作他人，大概就要撤回森有礼的推荐信，但伊藤博文没有这样做，因为他想到了另一件事，一项足以拉拢"宫中"集团的政策。

其实，"宫中"集团这个说法并不十分严谨，因为除去元田永孚，其他成员在宫内省任职的时间都非常有限，其真正的存在形态是以元田永孚、佐佐木高行等人为中心的小团体。另外，"宫中"集团的说法也很容

森有礼（1847—1889）

易造成歧义，让很多人以为“宫中”集团的人都是原先盘踞在京都的公卿贵族，实际上如前所述，元田永孚、佐佐木高行等人其实与伊藤博文一样，都是下级武士出身。他们最不满意的事情，并非明治政府是不是“尊皇”，而是明治政府以萨摩、长州系官员为主流，其他藩出身的下级武士未能获得对等的政治待遇，因此他们才找到天皇这棵大树，试图以天皇的名义权力结合自身残存的实际权力闹一闹。

面对天皇的不配合，伊藤博文想到一个绝好方案，即给全国“华族”建立授勋制度，这就是 1884 年 7 月推出的《华族令》。“华族”是明治维新以后的新造词语，囊括旧公卿、旧大名、旧寺社法主等旧时代贵族。一直以来，明治政府都没有一个完整的管理办法来规范华族的构成、等级与继承权等相关事宜，《华族令》就是为解决这一问题而诞生的。

但如今，“森有礼任用问题”闹得如火如荼，伊藤博文就需要给《华族令》再加一点料：给予维新武士一个与旧时代贵族平起平坐的机会。7月7日，《华族令》正式颁布，其中旧贵族大体分为公家华族①、武家华族②两种，共475家；明治维新有功者（勋功华族）虽然只授予34家，且最高爵位为侯爵③，但“宫中”集团的佐佐木高行、吉井友实、土方久元与拥护天皇亲政的谷干城、鸟尾小弥太、曾我祐准、三浦梧楼等军人都获得授勋。借助建立华族制度，伊藤博文与“宫中”集团的关系得以缓和，双方也从对抗转为合作。

伊藤博文的拉拢还未结束。8月7日，日本史上极具戏剧色彩的一幕出现了。当天上午，292名授爵者进入皇宫参拜，集体向着“皇祖神灵”宣誓效忠，表示“永世扶翼皇室尊严”；到了晚上，292名华族之中的263人又偕夫人参加了极为盛大的西式晚宴，天皇睦仁、皇后与四大世袭亲王夫妇均身穿燕尾服，出席宴会。显然，睦仁并不排斥西式礼仪，但他需要让伊藤博文体现出一种尊重传统的态势，这才能让他以及他身边的“宫中”集团放心：明治维新无论怎么改革，都不会伤害他们的利益。

---

① 其中，公爵为旧藤原摄关家及明治维新有功的三条、岩仓两家；侯爵为清华家；伯爵为大臣家、羽林家及东西本愿寺世袭门迹家；子爵为清华、大臣、羽林各家的分家；男爵为维新后列入华族的僧侣神官。

② 其中，公爵为岛津宗家、玉里岛津家、毛利家；侯爵为德川御三家及家禄15万石以上大名，包括琉球国王尚氏；伯爵为德川御三卿及家禄5万石以上大名，包括对马宗家；子爵为维新前其他藩主；男爵为大藩家老家，包括琉球尚氏的两大分家。

③ 勋功华族29家。侯爵2家：大久保利和（大久保利通子）、木户正二郎（木户孝允弟）。伯爵15家：伊藤博文、黑田清隆、井上馨、西乡从道、山县有朋、大山岩、大木乔任、伊地知正治、川村纯义、副岛种臣、寺岛宗则、广泽金次郎、山田显义、吉井友实、佐佐木高行。子爵14家：伊东祐麿、品川弥二郎、曾我祐准、高岛鞆之助、谷干城、鸟尾小弥太、中牟田仓之助、仁礼景范、福冈孝弟、三浦梧楼、三好重臣、桦山资纪、野津道贯、土方久元。男爵3家：菊池武臣、名和长恭、新田俊纯（三人分别为南北朝时代南朝武将菊池武重、名和长年、新田义贞后代）。

日本华族会馆内部

为了继续证明这一点，伊藤博文还在当年年底大价钱收买皇族公卿：12 月 27 日，明治政府一次性给 7 名公家出身的公爵发放总计 36.8 万日元[①]作为“赐金”，以争取旧贵族的支持；随后伊藤博文又把日本银行、横滨正金银行总计 350 万日元的政府股份无偿划归皇室财产，在当年就给日本皇室带来了 23 万日元的利息收入。再到 1887 年，日本邮船的政府股份也归入皇室所有。

---

① 分别为“摄关家”一条实辉 7.5 万、二条基弘 6.5 万、九条道孝（昭和天皇外祖父）3.9 万、近卫笃麿（近卫文麿父亲）4.1 万、鹰司熙通 7.5 万以及明治维新功臣三条实美 3.5 万、岩仓具视之子岩仓具定 3.8 万。

一番操作下来，睦仁对于伊藤博文这位新任宫内卿愈发信任。1885年5月，睦仁没有打招呼，直接驾临伊藤博文宅邸，这意味着双方开始从对立逐步走向合作。至于森有礼就职文部省的麻烦，自然烟消云散。

在安抚天皇与“宫中”集团后，伊藤博文在1885年12月正式启动近代内阁制度，将原来的最高辅政官职“太政大臣”改组为“内阁总理大臣”（首相），伊藤博文成为日本历史上第一任首相，各部门首脑也从原来的“外务卿”“内务卿”“陆军卿”转为“外务大臣”“内务大臣”“陆军大臣”等。

六　天皇权力的规范化与制度化

除去插足政府事务外，睦仁在这一时期还试图染指军队人事权。具体来说，就是想把1884年7月被封为子爵的四名陆军中将——谷干城、鸟尾小弥太、曾我祐准、三浦梧楼任命为军队要职。

比起当时军队的实权派人物、明治维新元老山县有朋，上述四个人名都很不起眼，甚至连很多日本史爱好者也不知道他们是谁。之所以默默无闻，是由于他们虽然有战功，却并不是当时日本军队的掌权派——萨长主流派成员。谷干城、曾我祐准分别出身于土佐藩、筑后柳川藩，受到萨长藩阀冷落；鸟尾小弥太、三浦梧楼出身于长州藩，却与山县有朋关系极差，难以受到重用。1881年“明治十四年政变”中，这四个人集结起来反对“贱卖”，要求“天皇亲政”，之后先后受到降职或被迫辞职处罚，新仇旧恨促使“四将军派”初具雏形。

看到支持自己的人受到处罚，睦仁当然不高兴。1884年7月，睦仁以“炎暑”为由拒绝出席横须贺造船所第二船渠的竣工仪式，这一耗资

谷干城（1837—1911）

曾我祐准（1844—1935）

三浦梧楼（1847—1926）

52.4 万日元的船渠是日本海军未来崛起的根本，但睦仁却表现得很不在乎，只是派遣世袭亲王北白川宫能久亲王代为出席，此后他还拒绝出席陆军秋季例行演习与海军舰船的竣工仪式。要知道，1879 年到 1883 年，睦仁平均每年参加 12 次军事活动，月均 1 次，如今却百般推脱，拒绝军部高层的邀请，睦仁是在用对付伊藤博文的“闭门不出”战术明确传达着对于“军主流派”的不信任与不合作态度。

1885 年 5 月 18 日，日本陆军制定《监军部条例》，在全国设立东部、中部、西部三个监军部，平时负责检阅军人，战时可以直接率领军队出战，权力很大。听闻这件事，睦仁终于直接对军队人事发话。5 月 20 日，睦仁通过侍从长德大寺实则提出要求：“陆军中将子爵鸟尾小弥太、同子爵谷干城、同子爵三浦梧楼之流不是适任监军之人？”

还需要注意的是，既然德大寺实则愿意传达这番话，就意味着不仅睦仁是这么想的，连德大寺实则也是同意的。这句话是以疑问句（或反问句）形式传达的，从字面意义上看，天皇似乎没有提出任何建议；但特意让宫内省高级官员传下这么一句话，目的当然也不言而喻。个中微妙，必须是熟悉日语语言与日本文化背景之人才能体会，而后来的昭和天皇裕仁之所以能逃脱罪责，也与此有关。

睦仁从无带兵经验，但在这个关键时刻提出几名候补人选，明显是要发动“统帅权”，指挥理论上属于自己的军队。6 月 9 日，天皇针对参谋本部[①]发布训令：“以后不应给予参谋本部长以行政事务。”也就是不允许军职人员兼任政府职务，这相当于要求在政府中担任内务卿的山县有朋离任。无奈之下，山县有朋只得在 8 月 31 日辞职，改由皇族有栖川宫炽仁亲王接任。随后到 1886 年 3 月 16 日，“四将军派”曾我祐准成为参谋本部次长，睦仁取得阶段性胜利。

紧接着，军队主流派官员开始反击。7 月 12 日，陆军大臣大山岩要求废止“监军部”，将该部门的大部分职责划归陆军大臣。针对这一提案，有栖川宫炽仁亲王、曾我祐准两名参谋本部最高官员明确反对，提出一旦废止监军，等于是陆军大臣剥夺了属于天皇的“统帅权”。

睦仁也很不满意。“监军”一职在前一年刚刚设立，只是提出几个候选人，陆军就提出“废止监军”提案，明显是在表达对天皇的不满。于是他马上提出“条例改正理应延期”。这么一提不要紧，陆军大臣大山岩马上提出辞职。要知道大山岩是与山县有朋齐名的陆军高官，一旦离任，政府很可能会再次面临西乡隆盛辞职时期的窘境。

睦仁与军队主流派的矛盾如此尖锐，日本政界只能寄希望于伊藤博文

---

① 参谋本部是掌握日本帝国陆军军令的机关，也是天皇行使陆军军权的最高辅弼机关，1886 年到 1888 年也掌管日本帝国海军的军令。该机构成立于 1871 年，原为兵部省陆军参谋局，历经陆军省参谋局、第六局、陆军参谋本部等名称之后，最终定名为参谋本部。与其对等的海军军令机关为海军参谋本部（1888—1889）、海军参谋部（1889—1893）、海军军令部（1893—1933）、军令部（1933—1945）。1945 年 9 月，被美军占领当局废除。

1879 年元老院议官合影，前排正中为有栖川宫炽仁亲王

出来调停。毕竟他身兼内阁总理大臣与宫内大臣两个关键职位，是疏通军政高层与天皇关系的重要管道。于是，7 月 24 日，伊藤博文进入皇宫，以军政双方的代言人身份劝说睦仁放弃自己的要求。

在这一刻，睦仁似乎终于意识到自己能力的边界。的确，他可以用“宫中”集团给伊藤博文和明治政府制造困难，为自己争取权力。但到了军权问题上，根基不稳的“四将军派”还是难堪大用。

更何况军队高层是从幕末战争以来就一直统领军队的军人，拥有极高威望，是无法轻易撼动的。虽然日本陆军省早在 1882 年就发布《军人敕谕》[①]，明确天皇是军队的“大元帅”，但问题在于，维新刚刚开始，还不

① 1882 年 1 月由陆军省发布，要求所有军人尊天皇为“大元帅”，并定下“尽忠节”“正礼仪”“尚武勇”“重信义”“强质素”五条精神，成为战前日本军队的精神原点。

伊藤博文（1841—1909）正装照

到一代人的时间，谁都知道天皇是下级武士扶植起来的，对天皇的忠诚也完全不似二战时候那般疯狂。实际上，就在睦仁与军队主流派矛盾最尖锐的时期，1886 年 4 月 13 日，睦仁出席近卫兵演习，曾有一枚流弹“嗖”的一声划过他的身边，惊得众人一身冷汗——或许这是偶然事件，或许这背后没什么阴谋，但连普通官兵都可以“险些”伤及睦仁，足见天皇在底层军人心目中并不是什么太重要的概念。

有鉴于此，睦仁再次决定让步，不再与陆军争执。而支持他的“四将军派”也彻底走向瓦解：谷干城离开军界，专门担任伊藤博文内阁的农商务大臣，与鸟尾小弥太一样再未担任军职；曾我祐准从参谋本部次长位置退下来，改任陆军士官学校校长；三浦梧楼被发配到熊本镇台担任司令官，随后被打入预备役。

一系列斗争下来，睦仁与明治政治家、军队高层其实是两败俱伤，政府行政效率被严重拖缓，官僚对天皇的敬畏与信任仍难以建立。为了解决这个问题，伊藤博文最终为天皇参与国家政治确立了一项重要原则：无辅弼，不能行政。

这是什么意思呢？从字面上说，天皇是国家最高领导人，这是明治政府的最高权力来源；但天皇不可能熟悉全部政府事务，在具体施政方面，须由专业官僚的“辅弼”才能完成。专业官僚借助天皇权威保障政策得到老百姓的接受与实行，天皇则依靠专业官僚出谋划策，更好地统治国家。

当然，这种冠冕堂皇的说法只是事实的一面。事实的另一面是：日本政府需要一个制度上的天皇为自己的各项政策背书，但并不需要一个担任天皇的普通人端着架子，干预政府制定好的各项政策。“无辅弼，不能行政”的原则最终被写进1889年《大日本帝国宪法》第55条：“（第1款）国务大臣辅弼天皇而负其责任。”“（第2款）凡法律、敕令及有关国务之敕诏，须有国务大臣之副署。”

于是1886年9月，伊藤博文与睦仁达成“机务六条”，明确限定睦仁管辖行政的范围与程度。

第一条规定“内阁会议，除非首相邀请，天皇不得参与”，明确天皇只能听取汇报，而不能参与内阁讨论的过程。第二条规定“天皇若垂询国政，只能召见对应的国务大臣及次官”，是为了阻止天皇身边的“宫中”集团成员介入国政决策。最后一条规定“大臣若想汇报主管事项，即便天皇生病也可进入内宫拜见”，这很明显是为了防止“森有礼任用事件”中天皇“闭门不出”的行为再次发生。

如此一来，睦仁能够影响政府施政的全部可能性几乎完全被堵死，只要首相不想向天皇汇报工作，天皇就不能参与内阁会议；只要国务大臣想好要怎么施政，天皇也没办法召见基层官员颠覆国务大臣的意见；甚至天皇想要闭门不出都不行，因为就算真的生病，国务大臣照样可以来到病床前汇报工作，逼着天皇认可自己的提案。

那么，天皇还能做什么呢？

七 小结

说起来，明治时代中前期的日本权力构成极为有趣：天皇拥有名义权力，但其实际权力并非自身所固有，而是靠着维新志士的军事实力才得以稳固；维新志士虽然拥有军事实力与实际权力，但他们能够压倒江户幕府、夺取日本政治决策权的关键因素又在于天皇的名义权力。那到底是天皇更有权力，还是拥护天皇的维新志士更有权力？

这个问题谁也说不清楚，最好也不要说得太清楚。

如果是天皇更有权力，那国家就要朝着中国式的君主专制走去，这当然不符合日本力求建设一个近代国家的要求，不利于西方社会的认同；但如果是维新志士更有权力，那这个国家又为什么要留下一个劳什子天皇呢？直接改组为共和制不是更好？——但这又是一个很危险的倾向，若真的废除天皇制，你们这些维新志士又凭什么管理国家呢？难道不应该给予底层农民、工人以完全同等的选举权，由国会来管理国家吗？

所以，维新志士，或称明治政治家在这个问题上非常矛盾。他们的实际权力是打仗打出来的，为了不引起新的战争，就要强调自身的合法性，最简单的方式就是假托在天皇的名义权力之上；但他们并不真的希望天皇来实际管理国家，因此又要给天皇参与政治设下大量限制条件，这就造成明治天皇好似出现了两张脸：一张脸是如同路易十四一样的专制君主，一言一行均无可置喙，保障了宪法与法律的尊严；另一张脸却是如同日本古代天皇一样的傀儡皇帝，甚至连生病都要接见国务大臣。

这个矛盾，也自然而然地延伸进“不灭之大典”——1889 年颁布的《大日本帝国宪法》之中。

第四章　宪制君主:“制度天皇”与“人类天皇”（1889—1912）

应该说，想要撰写一本关于明治天皇的书非常容易，只要把明治时代的所有大事都讲一遍，再把天皇的作用体现一下就够了。但是，想要写好一本关于睦仁的书却是难上加难，因为他的事迹与明治史高度重合，如果把无关事项全部删除，整本书就会成为一本《睦仁语录》或者《睦仁和歌集》，因为他的后半生，尤其是《大日本帝国宪法》颁布以后的时光，大抵只剩下言辞。

造成这种情况的原因有很多。一是1890年以后，睦仁的身体情况越来越差，据说他因体型肥胖臃肿，不喜欢外出，也不喜欢各类社交活动；二是“机务六条”与《大日本帝国宪法》把他的权力彻底框住，除去答复国务大臣上奏的提案外，也没有什么其他事可做。至于他曾经仰仗的“宫中”集团，也在宪法颁布以后被伊藤博文尽数收入一个特殊的组织——枢密院，彻底与前台政治绝缘，这也让他不再具有任何实际权力。

显然，睦仁的处境与一般大众对“天皇”二字的理解很是不同，在世界其他国家民众的思维里，“皇帝”（emperor）这个词本身就有一种乾纲独断之感。于是乎，志在与世界接轨的日本人也跟随潮流，把天皇（emperor）在外在形象上打造得乾纲独断，甚至以古典西式称呼“睦仁大帝”（Mutsuhito the Great）来提升明治天皇的形象。这种外在形象的高大与内在实际的缺乏形成了鲜明对比。我们大可以通过明治时代日本的各种成就来赞颂明治天皇的伟大，但一提到睦仁，就只能支支吾吾，把他在不同场合的发言总结成一本语录。

目前，通行的明治天皇传记存在两种风格：要么如同日本宫内省编纂的 13 卷本《明治天皇纪》，把明治天皇传记写成明治史（西方学者唐纳德·基恩《明治天皇》可以看作《明治天皇纪》的一个夹叙夹议 20 世纪版）；要么如同飞鸟井雅道的《明治大帝》或佐佐木克的《明治天皇》等作品，放弃宏观叙事，从一个个历史细节的侧面观察明治天皇。

好在本书并不是一部明治天皇的传记，而是阐述近现代天皇制度的演变过程，针对睦仁几乎没有作为的后半生，本书的侧重点依然是天皇作为普通人的一面，与他作为国家机器、神道“现人神”一面的矛盾。

一　帝国宪法对于天皇权力规定的二重性

提到天皇的权力，稍微了解日本史的人估计都听过一句话：《大日本帝国宪法》第 1 条“大日本帝国由万世一系之天皇统治”。

这句话经常被引用，用来说明近代日本天皇是具有实际统治权的君主。与此相似的条款还有很多，如第 3 条“天皇神圣不可侵犯”，第 6 条“天皇批准法律，命其公布及执行”，第 7 条“天皇召集帝国议会，其开会、闭会、停会及众议院之解散，皆以天皇之命行之”，第 11 条“天皇

浮世绘《宪法发布略图》，杨洲周延（1838—1912）绘于 1889 年

统帅陆海军”，第13条“天皇宣战媾和及缔结各项条约”，等等，几乎是把立法权、开战停战权、司法赦免权、军队统帅权全部划归“天皇大权”范畴。也正因如此，在整部宪法之中，有一个更为重要的条文却遭到忽视。

这个条文就是第4条“天皇为国之元首，总揽统治权，依宪法规定而施行之”①。这一条文非常奇怪：其他条文都在强调天皇权力多么天然正当，此处却明确提出“依宪法规定”。这不禁让人怀疑：既然天皇要遵守宪法，那他的权力到底从何而来？是宪法还是天照大神呢？

这个问题在宪法审议过程中也有人提出：“置此文字时，天皇之统治权似非至尊固有之权，而是依宪法之设置方才出现。”宪法起草者伊藤博文的回复是：“本条乃此宪法之骨子。所谓创设宪法施行政治，便是明记如何规制君主大权、限制其几部分；另君主之权力即便乃自然之物而本无限制，但自身若要施行宪法政治，则必须限制其君主权。故而，所谓宪法政治便是限制君主权之意义。因此，若无本条而此宪法则失其核实，其记载事件悉属无效。”将第4条上升到“宪法之骨子”的高度，足见伊藤博文本身是希望在宪法之中增加限制君主权力的篇章的。

19世纪末期，几乎所有追求立宪的古典君主国都面临一个相似的问题：君主权力到底是“君权神授”还是“宪法授权”？在日本，这个问题没有正确答案，来自不同派别的政治人士会做出不同的政治选择，但对于宪法制定者来说，偏重任何一方都会让另一方很不满意，进而造成国家政治失衡。于是，宪法制定者伊藤博文选择了最稳妥的一种：不反对“君

① 伊藤博文对明治宪法第4条的解释如下：“谨按，统治之大权乃天皇承自祖宗传至子孙……然而亲裁之宪法乃君民俱应遵守之大典，应明确无保留无错漏遵由其条规之盛意……盖总揽统治权，亦即依宪法之条规而行有体之主权，方显主权有体有用，若无用则失之于专制，则体亦难见，有失于散漫。”伊藤博文《帝国宪法皇室典范义解》，第5—7页。

权神授”,但形式上的君主必须对国家根本大法做一个形式上的总体规定,任何一部法律、任何一条法令都不能违背这个“钦定”的根本大法。

换言之,这是把“君权”具象化为一部可操作的宪法,将二者权力融为一体,任何违反宪法的举动也是对“君权”的违反,这就同时满足了“君权神授”与“宪法授权”两个派别的基本需求。

之所以出现这对矛盾,还是由于立法者没有把话说清楚(或者是没办法说清楚)。宪法第1条“大日本帝国由万世一系之天皇统治”中的“天皇”,其实是指延续100多代、处于国家权力最顶点、统治全体国民的“制度天皇”;而第4条需要“依宪法规定”的“天皇”、第55条需要“国务大臣辅弼”的“天皇”,则是指就任天皇职位的“人类天皇”,这个担任天皇的具体人士不能干涉内阁会议与国家法律制定流程,在没有国务大臣辅佐的情况下不能行政,在没有参谋长官辅佐的情况下不能行使军权。因为他只是一个担任天皇的普通人,他也不能违抗由神的时代传承至今的历代天皇所凝结成的“制度天皇”形象。

为了让睦仁提前熟悉这一点,1885年10月,伊藤博文在刚刚完成宫内省改革后不久,就派遣睦仁最信任的侍从藤波言忠前往维也纳,要他也像自己三年前一样,接受施泰因教授①的指导,继而把所学知识讲给睦仁。

藤波言忠到维也纳以后,每天聆听施泰因3小时的课程。这位宫中侍从对于什么宪法、国政丝毫不了解,但也正是这种不了解让他更加详细而客观地用脑子记录了施泰因的一言一语。据说施泰因每讲完一节课,藤波

① 洛伦茨·冯·施泰因(Lorenz von Stein),维也纳大学法学教授。1882年伊藤博文访问欧洲期间,先是在柏林听取柏林大学教授鲁道夫·冯·格耐斯特(Rudolf von Gneist,1816—1895)对于宪法学的讲解,然后从8月8日开始接受施泰因的指导。在伊藤博文看来,格耐斯特的讲解过于艰深难懂,施泰因的宪法思想则更加符合日本改革与发展的实际情况。从9月18日到11月1日,伊藤博文专心听了一个半月的课程,之后才回到柏林听课,其间又在12月22日回到维也纳重新询问施泰因一些问题。

言忠都会从头到尾重复一遍，只有重复正确，施泰因才会进入下一节课。

当然，想要忠实记录，就要牺牲时间。藤波言忠从 1886 年夏秋之交抵达维也纳开始，到 1887 年春天彻底学完课程，已经过去 9 个月的时间，回到日本更是拖到 1887 年 11 月。然后从 12 月到 1888 年 3 月，他分 33 次将施泰因的课程讲给睦仁听，一旦难以回答睦仁的问题，藤波言忠就会记录下来，与当时的翻译沟通解决。

如此往复数次，睦仁终于理解了施泰因关于宪法的学说，也了解到自己所处的位置与应有的形态。

19 世纪的欧洲风起云涌，1848 年革命将自由主义思想撒播到欧陆每一个角落，而大多数同时代的宪法学家也都是自由派，大家希望能描绘出一张“理想国”蓝图，让自己的国家在理想的宪法下发展。与欧洲其他自由派思想家有所不同，施泰因是一个偏于保守派的学者，他认为任何一个国家的宪法都不能脱离现有的社会形态而孤立存在，这让他在欧陆学者之中，尤其是在维也纳这个自由主义勃兴的城市成为异类。但他的出现却让伊藤博文喜出望外：伊藤博文并不需要一个浪漫主义的空中花园，他更需要一个拿来就能用的理论抓手。

施泰因的主要学说是“国家人格说”，即把国家类比为人，认为国家也应该拥有自我意识（Ich）、意志（Wille）、行为（Tat），其中国家的自我意识的代表为君主（天皇）、意志的代表为立法机关（国会）、行为的代表是各大行政机关（各省厅），三者之间需要保持平衡，才能以“国家的自我意识”为基础，将“国家意志”体现为“国家行为”。用更为通俗的话来说，三者存在的目的就是要解决“我们是谁”“我们要什么”“我们怎么做”的问题。

换句话说，天皇的存在就是要让所有人明白“我们是日本人”这个问题，只有这样才能建构起一个获得绝大多数日本人认同的 19 世纪西方

1848 年革命中的柏林三月革命图像

式民族国家。毕竟日本国学已经为明治维新打下了诸多理论基础：日本是一个与天皇相伴而生的概念，天皇象征着上古时期的大和王权依旧绵延至今，如果没有天皇，生长在日本列岛上的国民就可能不会被称为“日本人”，这也是天皇在明治维新时期存在的唯一必要因素——诚然，这个理论是对是错其实是有待商榷的，但不得不说，在明治维新时期，日本国学的这一套对于“日本人”概念的构建是推行成本最低的。

二　日本如何保障“宫”“府”分离？

纵观日本 19 世纪 80 年代的政治斗争，其根源都是政治家与“宫中”集团之间权力划分不明晰所致，用当时的话说就是“宫”“府”不分。那么，在明治宪法颁布以后，两者权力又是如何划分的呢？

很简单，用两部宪法来保障即可。

近代日本虽然有一部名为《大日本帝国宪法》的宪法，但宪法性文件却不止这一部。事实上，同样在 1889 年颁布的规范皇室行为的《皇室典范》也是一部具有宪法意义的文件。比如，《皇室典范》不仅规范日本皇室的继承顺序、礼仪规范，更明确日本皇室的世袭财产（世传御料）与经费来源；而且 1884 年明治政府建立的华族制度也挂在了《皇室典范》之下。换言之，明治国家的一部分立法权、司法权、行政权并非出自宪法，而是出自这部《皇室典范》。

要知道，一国立宪之本意，即在规范国家权力的来源与去向。1889 年版《皇室典范》的讨论与审核在宪法之前，二者在整个日本近代被统称为“典宪”，这就意味着《皇室典范》并不是一部《大日本帝国宪法》的下位法，而是一部拥有同等地位的法律。故此，用两部法律分别规范国家权力的不同方面，就相当于拥有两部宪法[①]。

具体而言,《皇室典范》专门用于管理皇族与华族（贵族），而《大日本帝国宪法》则用于管理“臣民”。只要把“皇族华族”与“臣民”分开，就可以降低天皇与“宫中”集团对宪法是否会削减皇室权力的担忧，同时也可以用《皇室典范》把皇室权力限定在特定范围内。无论范围是大是小，只要有了范围，就可以防止皇权滥用，起码不会干涉明治政府的实际运作。

既然是两部宪法，那就需要有各自对应的管理机构，同时还需要联络性机构。关于皇族与华族的事务由宫内省的各级官员负责，关于臣民的事务则由明治政府的各级官员负责，而两套体系之间的主要联络机构，就是一个长期遭到忽视的重要机构——枢密院。

日本枢密院虽然名字上借鉴自中国宋朝的枢密院与英国王室枢密院（Privy Council），但实际管辖范围却大有不同。按照伊藤博文的初衷，这个机构是负责解决日本内阁与议会之间的冲突[②]的仲裁机构，但到1888年枢密院建立以后，机构职权得到大幅扩充，成为一个专门负责应对天皇的立法咨询机构[③]。

---

① 无独有偶，习惯法体系的英国也是一个有多部宪法性文件的国家。如限制王权的《自由大宪章》《人身保护法》《权利法案》《王位继承法》《议会法》《国民参政法》等文件与法案均为宪法性文件。明治宪法的缔造，不仅学习了普鲁士宪法，也在某种程度上借鉴了英国建立宪法的模式。

② 井上毅认为:“万一政府、议会之间协议不调时，或依圣裁而致大臣之辞职，或致议会之解散，除此两途之外无他，于此场合欲明察国家之大势、国民之感情而抑扬得其宜，非顾问官呈上善良之劝告不能为之，若不求于枢密院则无其他可求之所，正因如此而起案。”

③《枢密院官制》第6条规定枢密院职权职责:“(1)宪法及宪法附属法律解释的相关事宜及预算其他会计上的疑义的相关争议;(2)宪法之改正与宪法附属法律的改正的相关草案;(3)重要敕令;(4)新法草案与现行法律废止改正的相关草案、列国交涉条约及行政组织的计划;(5)前各项所列事宜之外、行政与会计上重要事项须得敕命而受咨询时，或须经枢密院咨询时。”

根据明治宪制理论，日本国所有最高权力均为“天皇大权”，每一份权力均有一个对应机构予以“辅弼”或“咨询”。如国家事务行政权由各国务大臣“辅弼”，司法权由法院“以天皇之名实行”。但在立法权方面，日本并没有让帝国议会成为“咨询”机构，而是将其确定为各项法律议案的审理与“协赞”机构，立法权的最高咨询权则交给了枢密院。

之所以这么做，宪法缔造者伊藤博文也有自己的考量。日本明治宪法的母体之一，即德意志帝国宪法①并没有给国会以法律提案权，主要是担心国会颁布与德国政府乃至皇帝本人相对立的法律，所以只允许政府提出法律提案，国会审理并“协赞”，从而保证所有法律提案均把持在高层贵族手中。

到了日本，帝国议会不仅有众议院，更有各级华族参与的“贵族院”（相当于上议院）。为了获得华族的支持，伊藤博文必须授予贵族院以法律提案权，但帝国议会毕竟由贵族院与众议院共同组成，给了贵族院，就不能不给民选议员组成的众议院。于是，日本帝国议会就拥有了德国人最为担心的法律提案权——如果有朝一日，帝国议会提出废除天皇制或者减少天皇经费，或者废除华族制度的提案，日本帝国得以建立的基础将会严重动摇。

枢密院的出现就规避了这个问题。既然枢密院是天皇立法的最高咨询

① 需要注意的是，德意志帝国并不仅有一套宪法体系，1871 年的德意志帝国宪法与帝国的政治主体——普鲁士王国在 1849 年颁布的宪法是并行的，两套宪法体系并不构成从属关系。日本立宪主要借鉴了普鲁士王国的宪法，同时也参照了德意志帝国宪法的一部分。近代普鲁士王国里，限制国王权力一直是政府要务。1810 年，普鲁士首相卡尔·冯·哈登堡借鉴英国首相制度，建立“宰相制”，迫使任何国家政策都必须拥有首相签字才能生效，阻止君主与身边亲信对国家政治的干预，自身也成为其他国务大臣的“上级”，极大削弱了君主的实际权力。1810 年“宰相制”的影响极为深远，比如 1850 年普鲁士宪法修正案也依然坚持“国王的一切政府文件须经相关大臣副署才为有效”。所以，从某种意义上说，在以普鲁士王国宪法为蓝本的日本帝国宪法也是一部通过普鲁士政体而借鉴英国政体的宪法，而且由于伊藤博文扩大了日本帝国议会的权力，这就让日本帝国政体也有着浓厚的“英式”风味。

机构，帝国议会就无法提出任何与皇室、华族有关的“国体变更”类提案。只要属于《皇室典范》管辖范围，包括与皇族、华族相关的各项法律法令，均由枢密院直接审议确定；至于《大日本帝国宪法》管辖范围的法律法令，原则上也必须经过枢密院这个“终极部门”审核，以防其中夹杂有可能危及天皇地位的文字。这种体制从根本上保证了日本天皇制的稳定，确保天皇职位能够一直延续下去。

除去保护天皇职位外，枢密院也是对于睦仁的一个限制。1888 年，元田永孚、佐佐木高行等“宫中”集团成员均进入枢密院成为“枢密顾问官”[①]，伊藤博文则担任他们的上司——枢密院议长，此后，这些人有任何意见都要堂堂正正地在枢密院会议上提出，并由伊藤博文裁决，这就相当于切断了天皇与“宫中”集团的纽带，进而切断了天皇与立法之间的直接联系。

从某种意义上说，明治宪制就好像难于上青天的蜀道：外面的危险确实进不来，但里面的睦仁也出不去。如果问明治宪制对天皇到底是一种保护还是一种枷锁，恐怕很难有一个确切答案，只能说，它确实是尝试把天皇切割在实际政治之外。

在睦仁与伊藤博文长年的政治交锋中，睦仁不能算完全失败，但也并没有获得与普鲁士君主或者清朝皇帝一样的地位，双方最多是把明治维新之前天皇与政治的关系重构为西方社会能够认可的宪制体系。但让伊藤博文始料未及的是，意在扩大皇权的“宫中”集团并没有完全认输，他们把自己理想中的天皇形象镌刻在了另一份有趣的文件之中，这就是 1890 年 10 月 30 日颁布的《教育敕语》。

---

① 1888 年担任枢密顾问官的“宫中”集团成员：寺岛宗则、川村纯义、品川弥二郎、副岛种臣、福冈孝弟、佐佐木高行、佐野常民、元田永孚。

三 《教育敕语》与天皇的国民形象

《教育敕语》体量不大，可以全文摘录：

> 朕惟（思考），我皇祖皇宗，肇国宏远，树德深厚；我臣民，克忠克孝，亿兆一心，世济厥美，此我国体之精华，而教育渊源，亦实存乎此。尔臣民，孝乎父母，友乎兄弟，夫妇相和，朋友相信，恭俭持己，博爱及众，修学习业，以启发智能，成就德器。进广公益，开世务；常重国宪，遵国法。一旦缓急，则义勇奉公，可以扶翼天壤无穷之皇运。如是，不独朕忠良臣民，又足以显彰尔祖先遗风。斯道也，实我皇祖皇宗之遗训，而子孙臣民所当俱遵守。通之古今而不谬，施之中外而不悖。庶几，朕与尔臣民，俱拳拳服膺，咸一其德。

这段话的原文虽非汉文写成，但其行文却明显是“汉文训读体”，亦即用日语方式重写汉文，因而很容易就能恢复成为汉文。从表面上看，《教育敕语》好似儒学经典的摘抄集合，其实质却是水户学模式——以日本国学为内里，嵌套进一个儒学做外壳。

从文面上看，诏书多次提及儒学的忠、孝、友、信、恭、俭等概念，感觉与明清中国的教育圣谕非常类似[①]。但从构成来看，《教育敕语》却明显是一种日本国学对于上古时代理想日本形态的描述：“皇祖皇宗”与“臣民”之间的互动是日本“国体之精华”，更是“教育渊源”；而所

---

① 明治年间，日本非常流行的启蒙教学书目是以 1397 年明洪武圣谕《六谕》（孝顺父母、尊敬长上、和睦乡里、教训子孙、各安生理、毋作非为）为基础的《六谕衍义》类图书。这类书的出版以 1880—1882 年最为密集，一共出版 8 种《六谕》类书籍，这些书大量作为幼童识字与小学修身教育教材，对明治时代的教育理念产生了重大影响。

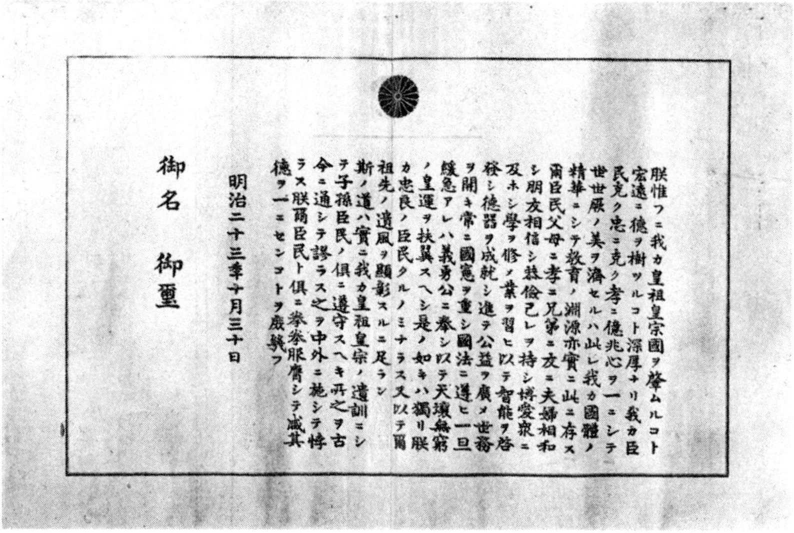
朕惟フニ我カ皇祖皇宗國ヲ肇ムルコト
宏遠ニ德ヲ樹ツルコト深厚ナリ我カ臣
民克ク忠ニ克ク孝ニ億兆心ヲ一ニシテ
世世厥ノ美ヲ濟セルハ此レ我カ國體ノ
精華ニシテ教育ノ淵源亦實ニ此ニ存ス
爾臣民父母ニ孝ニ兄弟ニ友ニ夫婦相和
シ朋友相信シ恭儉己レヲ持シ博愛衆ニ
及ホシ學ヲ修メ業ヲ習ヒ以テ智能ヲ啓
發シ德器ヲ成就シ進テ公益ヲ廣メ世務
ヲ開キ常ニ國憲ヲ重シ國法ニ遵ヒ一旦
緩急アレハ義勇公ニ奉シ以テ天壤無窮
ノ皇運ヲ扶翼スヘシ是ノ如キハ獨リ朕
カ忠良ノ臣民タルノミナラス又以テ爾
祖先ノ遺風ヲ顯彰スルニ足ラン
斯ノ道ハ實ニ我カ皇祖皇宗ノ遺訓ニシ
テ子孫臣民ノ倶ニ遵守スヘキ所之ヲ古
今ニ通シテ謬ラス之ヲ中外ニ施シテ悖
ラス朕爾臣民ト倶ニ拳拳服膺シテ咸其
德ヲ一ニセンコトヲ庶幾フ

明治二十三年十月三十日

御名 御璽

《教育敕语》

有“臣民”之所以要受到教育，其目的不仅在于做一个中国儒学的“忠良臣民”，更是要“显彰尔祖先遗风”。考虑到平田笃胤《灵能真柱》里面关于“幽冥界”的描述依旧流传世间，每个读到这部《教育敕语》的人自然会联想到自己身边可能随时随地有一个祖先从“异世界”观察自己有没有听从天皇之言。

更重要的是，这份诏书还特意强调“子孙臣民”都要遵守，意思是说担任天皇之人（子孙）与其他国民虽有君臣之分，但本质上都属于“皇祖皇宗之遗训”的成员，只是所处位置不同。臣民不可不遵守，后世天皇同样需要遵守，或者说，担任天皇之人应该首先遵守，才能引领“臣民”遵守。这么一来，明治国家以《皇室典范》与《大日本帝国宪法》分别管辖皇室及“臣民”事务也显得更有根据。

起草这份诏书的背景很复杂。一是明治政府在 1887 年至 1889 年遇到重大危机，日本第一任首相伊藤博文由于遭到各派联合反对而被迫辞职，之后第二任首相黑田清隆也因为难以调停对外修约问题而被迫辞职[①]，两位分别出身长州、萨摩系统的文官领袖相继下马，使得日本一时间难以找到称职的首相人选；二是军人山县有朋就任首相（1889 年 12 月）后，希望调整 19 世纪 80 年代日本存在的过度“欧化”情况，希望用日本国学与儒学理论进一步确立天皇的形象，以防西式教育让普通百姓开始憧憬新生的共和政体，进而颠覆天皇制，危害到明治军阀的实际利益。

《教育敕语》的主要起草者除了内阁法制局长官井上毅[②]之外，元田

---

① 黑田清隆内阁面临的最大难题就是“条约改正”，即与外国列强修改不平等条约。但围绕修改条约的具体事项，内阁的各项政策都遭到国会与舆论的批评。1888 年 10 月 18 日，外务大臣大隈重信遭炸弹袭击，被迫截肢，黑田清隆难辞其咎，只得率领全部内阁大臣辞职。黑田清隆辞职以后，日本调整了内阁制度，首相不再是各省大臣的长官，而变成了拉丁语“primus inter pares”（同辈中之首席），也就是成为一个调和型而非领导型角色，客观上降低了首相职权。此后，首相不能直接罢免其他国务大臣，出现意见分歧时只能劝说，一旦出现“阁内不一致”就必须进行“内阁总辞职”，重新组建内阁，这就对日后军部大臣以辞职方式胁迫内阁埋下了隐患。

② 日本法制官僚，历任太政官大书记官、内阁法制局长官、文部大臣、枢密顾问官。井上毅在 1881 年调查研究西方各国宪法订立情况后，初步提出了“英式”“德式”两种提案，二者最大区别在于行政首脑（首相或总理）是由国会最大政党推举产生（英），还是由“天子”直接任命（德）。以井上毅这份文件为标志，日本大体形成“英式”（激进）、“德式”（渐进）两套立宪方向，前者“国王徒拥虚器，其实形宛如我国中古以来政治之实权归于武门无异”，后者“国王不仅统御国民，且理国政，立法之权虽分于议院，行政之权专在国王手中，绝不让渡他人”。按照井上毅自己类比，实行英式制度等于是倒退回幕府时代，只有德式制度才是向着中央集权方向努力。由于井上毅的影响，后世一般认为这一时期日本政治存在“英式”“德式”两派，其中前者是激进派，后者是渐进派。但这套分类方式本来就极为武断，日后的日本宪法也并不基于井上毅所言“英式”“德式”任何一派，用这种虚构的概念来区分政治派系很不可取，严谨的历史学家应予以注意。延伸阅读：拙作《明治国家建造史》，陕西人民出版社，2020 年。

永孚也参与其中。在贡献《教育敕语》之后的1891年，元田永孚这位陪伴睦仁多年的导师还没来得及添上注解，就匆匆走完人生路。于是，东京帝国大学教授井上哲次郎[①]便承担起为这篇艰深难懂的短文作解释的重要使命。

在关于天皇的论述中，这位学贯东西的学者不仅提到“忠”“孝”的儒学本意，更用一种特殊方式阐述“忠”“孝”的内在联系：“国君之于臣民，犹如父母之于子孙，亦即一国乃一家扩充之物，一国之君主向臣民发布指挥命令，犹如一家父母怀慈心吩咐子孙……故今天皇陛下呼唤全国、呼唤尔臣民之时，臣民亦皆怀子孙之于严父慈母之心而谨听感佩。”

从文面上看，这与中国儒学以“孝”模拟“忠”，以父子关系类比君臣关系是一样的，但细品之下，文中却有大量日本原创元素：中国儒学讲求“天人合一”理念，如果人间皇帝不能符合“天意”，就要改朝换代，迎接新天子；但日本宪法都讲求“万世一系”，日本的“忠”“孝”彻底变成了一种绝对化产物。既然子孙对父母的“孝”是自然产生的，那么“臣民”对于天皇的“忠”也是同样的，是从“皇祖神”与神武天皇以来自然而然的公理。

那“一国乃一家扩充之物”这种玄而又玄的说法要怎么实施呢？井上哲次郎在他的另一本思想著作《国民道德概论》(1912年出版，1918、

---

① 井上哲次郎，日本近代思想家，出身背景较为复杂，年少时学习儒学，明治维新以后学习英语及西方学问，大学毕业后在东京帝国大学教授东方哲学史。1884年，他获得官派机会前往德国留学，求学于多位思想史学家，6年后回归日本，恰逢日本在1890年颁布《教育敕语》，受文部大臣芳川显正委托撰写《教育敕语》的解读书目《敕语衍义》。由于他主张恢复日本道德，尽全力批判西方基督教文明，因而成为日本国民教育方面的关键人物。由于这份功绩，井上哲次郎获得大量荣誉，并在1898年成为东京帝国大学文科大学学长（相当于文史学院院长），之后更在1924年担任贵族院议员。不过1927年，他撰写的《我之国体与国民道德》一文中提到日本象征皇位传递的三种神器之中，“剑、镜已经遗失，现存之物为模仿制造”，受到民间批判而遭到下架处理，随后不得不辞去公职。

井上毅（1844—1895）

井上哲次郎（1856—1944）

1928年两次增订）中专门撰写《家族制度与祖先崇拜》一文予以讨论。他首先列出家族的五大要素：（1）祖先，（2）户长，（3）家庭与子孙，（4）自家住宅，（5）动产与不动产；随后又提出，所有以“户”为单位的家族，本质上都是“国家”这个大型家族的成员，天皇好似这个最大家族的“户长”，负责祭祀“国家”这个最大家族的“祖先”，亦即皇祖神（天照大神）与神武天皇以来的历代天皇。在这种体系下，每一个家族都是“国家”这个最大家族的分家，所有家族都要在不同层面上支持国家的发展①。

① 井上哲次郎还顺带批评了一下中国。他认为中国只有“户”这个概念的家族，甚至连皇帝也只是这个国家的一户人家，但整个国家并不是一个大家族，只是诸多“户”构建起来的家族组合体，如果没有相应利益加以整合就会如同一盘散沙，所以中国才会经常出现改朝换代。

之所以这么类比，最主要的原因是当时日本普通人很难接受“忠”“孝”这种艰深的儒学概念，但如果用家族来类比，大家就很容易明白：原来自己对于“户长”的感情（孝），就是全日本所有家族对于天皇的感情（忠）。同样在1912年，日本政府发布的官方教科书明确写道：“我国以家族制度为基础，举国构成一大家族，皇室是我等之宗家。我国民以对父母敬爱之情，崇敬万世一系之皇位，是以忠孝为一不可分。”足见井上哲次郎学说影响之深远。

诚然，以家拟国是一种很好的宣传教育手段，但也很容易造成大家理解的不同。毕竟每个家族的实际运行情况不同，有些户长可能专断独裁，那这些家族出来的成员就会觉得天皇应该是专制君主；有些户长可能给予家庭成员大量自由空间，那成员就会觉得天皇只是一个需要尊敬，但不需要完全服从的象征君主。两者没有对错之分，两者的差异在明治时代也没有完全体现出来，但几十年之后，等到明治时代出生的孩子们纷纷成为国家支柱，这两种对于天皇的认识就会呈现出巨大的社会撕裂。

四　明治时代后半段的睦仁

电视剧《走向共和》里，关于明治天皇的一个桥段让人备感唏嘘：在日本海军向首相伊藤博文抱怨军费不足时，由矢野浩二扮演的明治天皇亲口说出“每年从内库拨30万日元给海军”一言，这笔相当于皇室内廷费10%的巨款让在场众人无不感动，联想起海的对面的老佛爷却在挪用海军军费修颐和园，这也在某种程度上解释了为什么日本能在甲午战争中取胜[1]。

这个极富浪漫主义的“国家崛起”桥段确有出处。1892年第四次帝国议会上，各党派议员都反对通过伊藤博文的扩张海军预算。为了争取预算通过，明治天皇在1893年2月10日召集所有高级官员进入内廷，宣布皇室内廷费每年减少30万日元，以作为海军军费之用。在天皇的号召下，日本各级官员也减薪10%，最终伊藤博文利用天皇权威把“扩军”与“尊皇”两个概念联系在一起，进而推动预算获得通过。

需要注意，虽然削减内廷费确实是由明治天皇宣布的，但这并不代表是睦仁本人的意思。毕竟内廷费多寡取决于宫内省与枢密院，而曾长期任职于这两个机构的明治宪法订立者——伊藤博文、井上毅很早就提出过削减内廷费之事。换言之，这个决定实质上是伊藤博文为了解决尴尬处境而巧妙利用了天皇的地位。

这种巧妙利用一直延续到甲午战争开战之时。1894年6月5日，日本历史上第一次组建起战时大本营。与日本国务大臣负责“国务辅弼”、枢密院负责“立法权咨询”相似，战时大本营主要负责在战时辅弼“天皇大权”之一的“统帅权”，它的出现也是以天皇权威作为军事命令的背书，但同时也限制了睦仁本人对于军事决策的直接影响。也正因如此，我们从各项军事命令与行政“敕令”中能看到一个坚毅果决的明治天皇，但从私下发言中却只能看到一个犹豫不决的睦仁。

6月21日，在听说清朝可能增兵朝鲜半岛（后证明是假消息）之后，睦仁通过侍从长德大寺实则传话，要求调查这番流言的真实性，但在6月

---

① 日本政府削减内廷费的决定是1893年下达的，到1894年甲午战争爆发仅仅一年时间，以内廷费为基础建造起来的军舰并不是甲午海战中的主力。过度重视这番浪漫主义叙事方法，与其说是提升明治天皇的“圣君”形象，不如说是从道德层面反讽“老佛爷动用海军军费修颐和园”。

22日的御前会议[①]上，日本政治家并未理睬睦仁的要求，直接宣布与清朝断绝外交关系；随后7月25日，日本巡洋舰“浪速”在朝鲜丰岛外海击沉清军雇佣的英国运兵船“高升”号，双方战争正式爆发。睦仁多次发布指示，追问各项军事行动有无得到日本中央政府授权，并要求日军暂缓进攻朝鲜半岛，但这些指示无一例外都石沉大海，无人遵从[②]。睦仁非常不满，私下吐槽“此非朕之战争，而是大臣们之战争”，甚至不愿按惯例派使节前往伊势神宫及先帝陵祈求胜利[③]。

之所以对开战事宜如此慎重，是因为睦仁非常担心有第三国会借助对战之机横插一手，让日本与清朝两败俱伤[④]。与前世后世的所有天皇不同，

---

① 御前会议是在天皇的临席下确定重要国策的会议。广义上可以理解为天皇临席的所有会议，狭义上专指针对开战与停战问题举行的天皇、元老、阁僚、军部首脑联合会议。最早始于1894年甲午战争，之后在三国干涉还辽与日俄战争开战问题方面都召开过，之后便是1938年针对卢沟桥事变、八一三事变以来的问题解决、德意日三国同盟的定立、太平洋战争开战与停战等事宜。《大日本帝国宪法》第13条明确规定天皇决定开战与停战事宜，但由于缺乏“御前会议法”的规定，召开御前会议事实上是很难的，天皇为了规避责任也通常不在御前会议上发表言论。另外，御前会议上的决定并不会立即成为国家决定，而是再次对其内容经过正式程序（例如内阁会议）的咨询后再正式做出决定。

② 最重要的一次事件发生在7月28日。当时日本驻朝鲜公使大鸟圭介率军进攻驻在朝鲜半岛牙山附近的清军，睦仁得知消息以后立即派遣侍从长德大寺实则找到首相伊藤博文，要求回报外务大臣陆奥宗光发布给大鸟圭介的命令，深层意思是如果大鸟圭介没有获得陆奥宗光的直接命令就应该停止进攻。伊藤博文得到睦仁的命令后，要求陆奥宗光下令前线停止进攻，但陆奥宗光却以前线事态混乱为由拒绝执行命令，最终导致日本军队与清军在朝鲜全面开战。这也使得睦仁对于甲午战争的爆发非常愤怒。

③ “今次之战争素乃朕之‘不本意’，阁臣等反复上奏战争不可不行，乃许可而已，将之奉告于（伊势）神宫先帝陵甚令朕苦。”《明治天皇纪·第八》明治二十七年八月十一日条，第479—482页。根据日本史学家洞富雄调查，《明治天皇纪》的该段落曾多次进行修改，原文之中“朕素尚和平”“不忍自欺而奉告于（伊势）神宫”等段落均被删除。该段的主旨后被总结为“此非朕之战争，乃大臣们之战争”。

④ 伊藤博文语：“天皇不仅轸念于日清亲善及东洋和平，亦忧虑一旦准备与清国之事，便让第三国有机可乘，因而不能轻易裁断。”《明治天皇纪·第八》，明治二十七年七月十二日条，第456页。当时正值日本与清朝开战前夜，伯爵松方正义来到伊藤博文宅邸，质问为什么不能迅速开战，伊藤博文便做此回答。

睦仁是近现代唯一一位亲身经历战争的天皇，从幕末一路走来，睦仁从未忘记当年西方列强是如何强大，也从未忘记自己在12岁那年被战争的刀光剑影吓晕过去，所以当面对强大的清朝时，在有可能面临西方列强的干预时，他的第一想法很难是"胜利之后如何庆祝"，而是"如果输了怎么办"。

当然，随着8月9日日本正式对清朝发布宣战诏书，就再也听不到睦仁主张慎重的声音，代之以存在于诏书、敕令、敕语之中的"神圣不可侵犯"的明治天皇。9月15日，在伊藤博文的要求下，明治天皇与大本营从东京转移到距离朝鲜半岛更近的广岛，甚至连1894年的第七次帝国议会都暂时转移到广岛召开，塑造出一种"天皇亲政"的既视感。这种观感随着日本在甲午战争中的节节胜利而更为浓厚，天皇的形象不再是过去那个深居皇宫的文弱书生，而是率领陆海军对外作战的"大元帅陛下"。

明治天皇的形象越是伟岸，睦仁的发声就越是难得，甚至日后，当原"宫中"集团成员佐佐木高行建议他借助甲午战争累积的威信废除宪法与议会，重新夺回权力时，他都不再感兴趣①。可以说，随着日本帝国越来越强大，要做的决策越来越多，睦仁却愈感无力。到日俄战争爆发的1904年，睦仁被诊断罹患糖尿病与慢性肾炎的并发症。至此，高高在上的天皇，面对眼前所有的事务，越来越张不开嘴。

于是，在日俄战争爆发之前的2月4日，睦仁只能以和歌形式寄托自己对日俄战争的实际观感："本以为四方之海皆为同胞，世上何故无事起波风？"

---

① 1897年4月10日，明治天皇说："松方（正义）最近对党人（民间选举的政党人士，区别于明治元勋及官僚阶层）非常困惑，经常说宪法政治很难。"佐佐木高行提出建议："没有必要顾虑欧美式的议员政治，如果议会不尊奉钦定宪法之宗旨，以议会政治为目标，就应该见机断然废除宪法政治。"明治天皇回复："不，朕说宪法政治不容易，并没有说目前就废除它，也不想今后废除它，只是在许多事情上担心你们，所以才说宪法政治不容易。"

也是从日俄战争开始，睦仁惊讶地发现，自己身边最能够信赖的人，却是一个脑子有点呆木的武将——乃木希典。

五 睦仁与乃木希典之间的惺惺相惜

对于中国读者而言，乃木希典为人熟知的事情有三件。第一件是西南战争（1877）时候，他作为步兵第 14 联队长率军出战，结果出师未捷，还丢掉了天皇亲手颁发的联队旗，这让他一度想自杀谢罪；第二件是甲午战争（1894）时候，他率军攻克旅顺港，并制造惨绝人寰的旅顺大屠杀；第三件则是在 1912 年明治天皇去世之后，他与夫人双双自尽殉葬。

只从这三件事来看，乃木希典似乎是一位性格刚烈、心狠手辣、愚忠无双的武将，形象上非常符合日本武士道制造出来的标准武士。但是，这个人也有着非常文雅的一面：1904 年日俄战争中，乃木希典率领日本陆军第 3 军攻克俄军占领的金州城，由于长子乃木胜典在这一战中战死，乃木希典悲伤之余，撰写了一首汉诗：

"山川草木转荒凉，十里腥风新战场。征马不前人不语，金州城外立斜阳。"

后来到了整个日俄战争中最为惨烈的拉锯战——旅顺要塞战[①]，乃木希典仅剩的儿子乃木保典也在这场战役中阵亡。虽然阵亡人数比起后来的两次世界大战都相差甚远，却也震惊了日本国民。乃木希典心怀悲痛，在旅顺战役彻底结束后写下另一首汉诗：

---

① 日俄两军从 1904 年 8 月开始，战至 1905 年 1 月，日军发动 3 次总攻击，死伤人数超过 6 万。

“尔灵山险岂难攀，男子功名期克艰。铁血覆山山形改，万人齐仰尔灵山。”①

正因为身怀文学才能，乃木希典才能与睦仁结缘。1902 年 11 月睦仁前往参加九州大演习，途中路过当年乃木希典丢失联队旗的田原坂一带，便挥毫写下一篇和歌“（当年）武士进攻而战斗于田原坂，（如今）松树都已是老木了。”写完后，睦仁立刻让侍从藤波言忠交给乃木希典，同时他还把乃木希典写过的一首和歌稍作改动，也一并拿过去给他看。

或许对于乃木希典而言，在自己曾经的耻辱地获得天皇“御制”和歌一首，并不能算什么褒奖。但从睦仁的角度来看，明治维新以来他接触过这么多高级政治家与军人，为什么不去给其他人写和歌，偏偏要写给这么一个曾经的败军之将，甚至还很耐心地为他改写和歌呢？很明显，这说明两个人的私交非常好。比起其他同时代政军人物，乃木希典这种忠直鲁钝却又稍有文采的武将并不多见，睦仁在早年间虽然经常仰仗“宫中集团”，但进入晚年后，他更愿意把这位战将当作一个可以调侃解闷的对象。

当然，这种宠信也让乃木希典处于一个非常尴尬的位置上——容易被同僚看作一个只擅长诗词歌赋的弄臣。不知是为了让这位宠臣出彩还是出

---

① “尔灵山”为旅顺战役战况最为激烈的 203 高地的日语谐音，也意指“尔等灵魂所归之山”。由于司马辽太郎小说《坂上之云》的普及，乃木希典经常被评价为“不会打仗的将军”，认为他白白葬送上万日本军人才换得一个旅顺要塞。但从军事史上看，日俄战争时期的世界陆军作战已经很接近一战时代的堑壕战模式，能以半年时间、不足 6 万人伤亡（死者为 2 万多人，其中数千人是因罹患脚气病而死）的代价突破沙皇俄国耗费数年时间构建起的防守坚固的要塞已经是难能可贵了。事实上，乃木希典在国际上的名声要远远高于在日本国内，俄军对于乃木希典统率的日本陆军第 3 军更是恐惧异常。另外，旅顺战役受到日本国内政治以及日本海军方面的影响，长期无法集中兵力突破关键要塞，使得战役拖延下来，而旅顺要塞最终被攻克，也是乃木希典实行的迫近作业及挖掘地道战术成功所致。因此，对于乃木希典“不会打仗”的批评是需要重新考量的。延伸阅读：拙作《第〇次世界大战》，中国铁道出版社，2015 年。

乃木希典(1849—1912)

丑，在1894年和1904年两次日本的对外战争中，乃木希典都被安排进攻战略位置最为重要的旅顺港。第一次进攻旅顺，他用了不到一天时间就夺取城池，随后大举屠城；但第二次进攻旅顺却让他的儿子与上万日本士兵埋骨他乡。在日本国内多名高官力主撤换他的时候，睦仁出于个人感情，亲笔写下“不许撤换乃木”一言，硬是让这位有些愚钝的战将坚持到了最后。这固然保全了乃木希典的名声，但他刀下的亡魂、他身边的战友与他心爱的儿子都成了战争的牺牲品。让乃木希典一个人活着，似乎是对他的一种诅咒。

1906年1月，在整场战争结束后，所有日本高级将领集体觐见天皇，并逐一念诵“复命书”，汇报自己在战争期间的工作。据说乃木希典在汇报过程中数度哽咽，准备好的草稿也难以念完。在退出之前，他曾与睦仁进行了一番私密对话：乃木希典要求天皇赐自己剖腹自尽，但睦仁并没有允许，而是要求他“死也要死在朕之后”。

这段对话真伪难辨，但睦仁与乃木希典之间的友谊却是真切异常。不久之后，为了让乃木希典发挥余热，睦仁任命他为学习院（教授皇室成员的高等学府）院长，他很希望乃木希典身上坚毅而直率的精神能够影响后世皇族，尤其是当时刚刚出生的第一个皇孙——那个极富争议的裕仁。

时光倏忽，转眼间日本就进入了20世纪第二个十年。当年那个饱受欺凌的远东岛国，已经焕然一新，接连击败清朝中国与沙皇俄国。到1912年，日本正式与美国修改通商条约，这象征着自1854年以来日本签订的所有不平等条约全部废除，跻身世界一流强国之林。1912年7月30日，睦仁走完60岁的一生，功名荣辱，再也与他无关了。

似乎是为了回报那句“死也要死在朕之后”，9月13日明治天皇国葬之日的当晚，乃木希典与夫人双双自尽，这位在睦仁晚年备受喜爱的愚直武将，也走完了他最后的道路，只留下两句略显蹩脚的和歌，以赞颂明治天皇：

> 大君（天皇）已成神而升神界，谨遥拜您的遗迹。
> 大君（天皇）已离现世，也让我一同跟随您的遗迹。

六 小结

每逢评价明治天皇，大家都会说得大气磅礴，比如“明治大帝”，比如日本式的大国崛起，比如“明治养士”，比如让日本焕然一新的“明治精神”，等等。但本书还是一如既往，希望从睦仁自身的角度来探讨。

史学家与小说家致力于塑造明治天皇高瞻远瞩的伟岸形象，但实际上，睦仁的真实格局完全没那么大，他的行为模式明显充斥着对外界事物的恐惧感。当然，对于睦仁与明治时代而言，这种恐惧感并不见得是什么坏事，因为这可以促使明治时代的政治家谨慎思考，见好就收，通过适时停战获得利益最大化，成为第一个跻身世界列强之林的亚洲国家。有别于昭和前期日本不停地通过扩大战争来掩盖国内矛盾，明治时代的日本还基本能够清醒地认识到国家的真实实力。毕竟，明治时代的掌权者，大都是江户时代受尽欧美列强欺辱的维新志士，而昭和前期的掌权者，却大多成长于连战连捷的明治时代，对“神州不灭”有着超乎现实的自负。所以，“光荣的明治”成长起来的人，自然就缔造出“黑暗的昭和”。

综合来看，这位明治天皇很可能没那么自信，他的心里一直住着那个12岁时见到军刀而晕倒的少年睦仁；他很可能没有那么开朗健谈，他经常会“宅”在皇宫中，几乎不参加社交活动，乃至一生都没有几张照片与画像；他很可能并不理智，毕竟他对抗明治官僚的初始原因是出于对西乡隆盛的感情；他很可能十分软弱，害怕成就了自己的明治元勋会把自己推翻，更害怕好不容易建立的明治国家让清朝中国、沙皇俄国击败。但是，正是这些看似软弱胆怯、看似稀松平常的部分，却成就了睦仁作为一个人的魅力；也正是这作为人的魅力，才让他晚年偏爱的乃木希典愿意把他作为精神依托，甚至愿意为其殉死。

明治天皇与乃木希典双双离世后，另一位幕末以来的老朋友——已经彻底恢复名誉、成为公爵的江户幕府第15代将军德川庆喜[①]，也在1913年

---

① 1898年，这位远离政坛30多年的“末代将军”重新回到东京，受到明治天皇接见；1902年，他获得明治政府授予的公爵之位（明治元勋大久保利通、木户孝允的后人只是侯爵）；1908年，他又以“大政奉还”之功而获颁一等菊花大绶章，荣典已极人臣。1911年，东京历史上第19座日本桥即由德川庆喜题写。

11 月 22 日结束了自己作为政治看客的后半生。这些人的离世，象征着一个属于维新、改革、理想的时代终于走到尽头，日本历史的车轮也驶向下一位天皇所处的大正时代（1912—1926）。

第五章　大正转型：民众运动背景下的皇室（1900—1929）

夹在“光荣的明治”与“黑暗的昭和”中间，大正时代经常显得没有什么存在感，最多是日本文学爱好者会了解一些“大正浪漫”，却很少了解“大正浪漫”出现的政治与舆论基础，即“大正民主浪潮”。

进入20世纪后，由于日本政府独断专横，日本民众掀起一轮又一轮城市暴动。1905年9月，日俄签订停战条约，饱受压迫的日本民众走上街头破坏公共设施，史称“日比谷烧打事件”；1913年2月，为了反对藩阀统治，日本数万民众聚集在国会门口宣布“维护宪法”，刚刚就任62天首相的桂太郎宣布辞职下野；1918年8月，日本宣布出兵西伯利亚导致米价暴涨，日本各地爆发“米骚动”，老百姓纷纷强行买米，打砸政府设施。这场“米骚动”遍布日本1道3府37县369个地区，先后有数百万人次参与，日本官方出动10余万军队镇压，直到9月中旬才告一段落。

数次运动让日本民众认识到自己的力量已经有所增强，日本议会中的政党势力也愈发强劲。“米骚动”结束后，日本内阁也第一次由议会第一大党“立宪政友会”组建，出身下级武士家庭的原敬成为日本第一位“平民首相”。

随着城市人口逐步增多，新闻媒体的规模逐渐扩大，加之崭新的媒体形式——收音机出现，促使民众运动风起云涌，日本皇室为因应时代变化也开始了自身的转变。

一 青少年时期的嘉仁皇太子

如果说父亲明治天皇是临危受命，十几岁就要扛起国家大政，大正天皇嘉仁（1879—1926）则完全不同。父亲去世的时候他已经33岁，正值壮年，除去青年时代以看客身份经历过甲午战争、日俄战争之外，他实际上也没遇到过什么危险的事。总而言之，嘉仁应该算是日本近现代第一个在衣食无忧状态下长大的天皇。

但这位天皇的幼年和少年时代却并不顺利。1879年8月31日出生后，嘉仁立刻全身发疹，好似天花一般，随后一个月时间里一直处于非常危险的状态，到10月4日前后才少许缓解；但紧接着又出现手足痉挛、大便青色等症状，直到当年年底才算平稳下来[①]。考虑到之前的4个孩子全部夭折，不难想象明治天皇看到嘉仁的这个状态时是多么无可奈何。

于是，少许恢复健康之后，1880年3月，嘉仁被送往明治天皇的母

① 负责皇室医疗的浅田宗伯记载：“（嘉仁）诞生后即全身发疹，其形如同天花见点，体质十分虚弱……至九月四日脐带落下诸症平稳，而至同月二十四日又生危险之症候……十月四日少许吐乳，至六日七日大便变为青色而微热……十六日下午三时更发癫痫之症而手足痉挛，一昼夜发作四次……至十一月五日更是增至六次。”

系家庭、公卿中山家抚养。虽说当时在日本皇宫的德国医生贝尔茨[①]将这一举动记载为“日本宫廷奇妙之习惯”，意在避免生母溺爱孩子的现象出现，但从嘉仁幼年的身体情况分析，恐怕是明治天皇不想再目睹亲生儿子离开自己了。恰好这一时期明治天皇正处在失去导师西乡隆盛的痛苦时期，把嘉仁送远一点也比较符合他的性格特征。

幸运的是，嘉仁顺利活了下来。到6岁这年，亦即1885年3月，嘉仁离开中山家，迁居到属于日本皇室的青山御所，开始接受小学教育，随后又在1889年11月被封为皇太子。只不过大病虽免，小病却不断，感冒发烧对于少年嘉仁实在是家常便饭，再加上课业压力实在太大（中学有国汉学、法语、历史地理、理学数学、艺术五门课程），他的学习十分吃力，小学就曾留级。最终到1894年8月，正在上中学一年级的嘉仁同学被迫退学，回到内廷接受专门为他定制的课程，之后他只需要学习国学（和歌、作文、历史地理）、汉学（汉诗、汉文）与法语三门课目即可。

即便如此，到1897年11月的考试中，7道各类课题他仅仅答对3道；12月的考试之中，4道题也只答对2道。从学习成绩来看，嘉仁是个差等生，这一方面是因为他确实不擅长学习，另一方面也是因为他长期受到流感与荨麻疹等小病袭击，无法长时间保持健康状态。疾病导致教育推迟，为了推进教育又必须进一步实行填鸭式教育，再导致身体不好，最终还是继续推迟教育，这个恶性循环让少年时期的嘉仁皇太子苦不堪言。

对于儿子身体与学业双双不争气的现实情况，明治天皇十分苦恼却也无可奈何。或许是为了防止他过早离世以致皇室后继无人，明治天皇从1899年（嘉仁刚刚20岁）就开始为他物色妻子。一开始准备让嘉仁迎娶

---

① 埃尔万·冯·贝尔茨（Erwin von Bälz，1849—1913），生于符腾堡王国，明治时代日本宫廷御用外国医生，在日本总计时间超过29年。

大正天皇嘉仁虽然勉强摆出天皇的架子，但体弱多病始终是他身上挥之不去的阴影

"美貌色白"的皇族伏见宫祯子女王，但考虑到这位女性的身体健康也很成问题，明治天皇就亲自废除这项婚约，改让公爵九条道孝的庶女节子[①]嫁给嘉仁。

或许带有点迷信色彩，这次"冲喜"确实让嘉仁的身心迅速恢复正常。从与节子结婚到1912年即位成为天皇之前，嘉仁再未生过什么大病，他与节子之间更是在5年内生下3个儿子，极大缓解了天皇家三代单传的尴尬局面（孝明、明治、大正三名天皇均为各自父亲的独子）。由于节子非常尽心地侍奉嘉仁、养育孩子，包括嘉仁在内的所有皇族成员都不认为嘉仁需要像过去的皇族一样纳妾，于是，嘉仁也成为日本近代历史上第一个坚持一夫一妻制的天皇。

其实，比起所谓"冲喜"，更可信的说法是，当时负责教导嘉仁的皇族有栖川宫威仁亲王[②]为他找到了一个促进身心健康的好方法——旅游。1900年5月23日，嘉仁夫妇远行至京都附近的伊势神宫、神武天皇陵、孝明天皇陵等地参拜，向先祖魂灵禀报自己的婚讯。这期间，宫内省特地为他安排前往京都附近的学校与医院参观。

---

① 九条节子（1884—1951），即后来裕仁天皇的母亲贞明皇后，为藤原摄关家之一九条家的庶女。与其他皇族女性相比，出身地位并不高贵，但由于小时候寄养在东京西部农村，节子的身体非常强健，甚至因为经常晒太阳、不似其他贵族女性一样白皙而得到了一个"九条家之黑姬"（姬为大小姐之意）的诨名。从后来的实际情况看，九条节子本人享年67岁，一生从未得过什么大病，她的4个儿子（裕仁、雍仁、宣仁、崇仁）除了雍仁因为肺结核在50多岁去世外，剩余3个儿子都相当长寿，而且崇仁亲王（1915—2016）更是日本皇族有记载以来第一个活到100岁的人。

② 有栖川宫威仁亲王（1862—1913）从1899年开始担任嘉仁皇太子的"东宫辅导"一职，随后1901年11月29日开始不再担任原本的海军军职，而是专心担任辅导嘉仁的职务，他提出的主要原则就是"健康第一，学习第二"，将保住嘉仁的身体健康、让他能够从生活中获得快乐作为第一要义。看到嘉仁的成长，1903年5月，有栖川宫威仁亲王辞去东宫辅导一职，并要求废除这一职位。也正因如此，有栖川宫威仁亲王获得嘉仁的极大信任，1913年断嗣去世以后，嘉仁特地让自己的第三子高松宫宣仁亲王继承了有栖川宫家的祭祀。

1900 年结婚时的九条节子

嘉仁与两个儿子，从身形看，右二为裕仁，右三为雍仁

应该说，日本皇室出外访问并不是稀奇之事，明治天皇本人曾经进行过“全国六大巡幸”，从 1872 年到 1885 年之间走访过日本诸多地区。但是，明治天皇到任何一个地方都只是接触几个当地官员与名流，不会与普通百姓接触。相比之下，嘉仁就显得十分平易近人。在京都帝国大学附属医院，一名 14 岁的脊髓病患者与一名 22 岁的烧伤患者从面前走过，嘉仁马上上前搭话询问病情，这种如同普通人一样的行为举止让两名患者非常惊喜，谁也不会想到自己国家的皇太子会这么关注普通人。

后来的事实证明，嘉仁无法从书本之中获得快乐，但却是一个能够从世间见闻中寻找乐趣的人。有鉴于此，宫内省专门给他制定了一整套全国巡游计划，希望能够寓教于乐，让嘉仁在旅行之中逐渐复习自己缺失的功课。1900 年 10 月，他走出东京闭锁的深宫，出发前往日本西部的冈山、九州、四国等地访问，这一玩就是 50 多天，比一开始预定的 30 天多了将近一倍。游览确实有效，1901 年 4 月，对征韩论与西南战争等与九州有关的历史课早已烂熟于心的嘉仁，在专门为他设计的测验之中获得了合格成绩，这对于一直以来不擅背诵的嘉仁来说的确难能可贵。

嘉仁的行程非常随性，他经常打乱设计好的既定路线，走自己爱走的路①。1902 年 5 月 26 日，本来这一天早上要去新潟市物产陈列馆，下午要去当地师范学校参观。但在当天早上出发前，嘉仁皇太子却心血来潮，突然喊着："咱们去师范学校吧！"于是这一天的行程就做了更改。有时候，嘉仁很可能在前往某个目的地的路上突然被什么东西吸引，指挥着人力车向着某个不同方向前进。比如 5 月 29 日在新潟县高田市的物产陈列馆喝到一杯美味的葡萄酒之后，嘉仁强烈要求去看一看这种葡萄酒的原料产地，一个位于城郊村子里面的葡萄园②。

嘉仁大大咧咧的性格自然也让他成为大众关注的重点。每过一个地方，地方媒体都会跟随采访，并将他非常亲民的一面登上报纸，嘉仁看到自己上了报纸也很高兴，还经常要求把有自己新闻的报纸留下收藏，不得不说他是一名极具普通人性格的皇族。只不过，这种普通人性格结合他的

---

① "殿下之市中巡回左折右转，细小道路也不厌其烦，反而非常高兴，通过之时周围民众都尽可能为他让路，他也有意深入视察下民之人情与风俗。"《信浓每日新闻》1902 年 5 月 24 日。

② 对于嘉仁经常调整日程的事情，主管日程的有栖川宫威仁亲王并没有反对，反而是乐见其成。因为最开始为了不让嘉仁与底层老百姓之间的距离感太重，有栖川宫威仁亲王没有给嘉仁配置太多保镖随行。在这种情况下，嘉仁的随心所欲反而在某种程度上成为自我保护的关键点，唯一受累的只有疲于应付的当地官员，但这一点对于宫内省来说也不算什么大事，毕竟这也是对地方官随机应变能力的一种考验。比如 1902 年 5 月 27 日清晨，嘉仁从新潟的居住地后门突然溜出去，一个人跑去不远处的白山公园散步，引得新潟县知事与警察部长拼命搜索，但这一点却是经过有栖川宫威仁亲王的首肯才完成的。

皇太子身份，却成为日本帝国宣传皇族形象的“宣传物料”。比如在1902年10月18日巡游冈山各学校时，学生们集合在一起，面对皇太子齐唱《君之代》两遍，这相当于是训练他们直接对日本皇室表达忠诚。

从1904年开始，明治天皇罹患糖尿病，而嘉仁热爱旅游的行为就让皇太子成为行走的宣传工具，甚至在某种程度上逐步代替父亲明治天皇。日俄战争结束后，嘉仁作为天皇的“名代”继续巡游。1906年5月，他来到明治天皇未曾去过的岛根、鸟取两县（这两个地方至今为止都是日本发展较为落后的地方），当地政府迅速将皇太子“御写真”（大幅装裱照片）“下赐”给各中小学校，他的旅游行为被赋予了极强的政治意义；1906年10月，他来到名古屋参加陆军演习，第一次作为准“大元帅”了解到自己成为天皇以后会有什么样的工作。

更重要的工作当然是1907年访问朝鲜半岛。当时日本虽然已经在事实上殖民朝鲜半岛，并设立“朝鲜统监”管理当地，但名义上的当地政权“大韩帝国”仍有皇帝、皇太子与整套官僚体系，于是第一任朝鲜统监伊藤博文希望借皇族访问来塑造一种“日韩亲善”之感，进而减轻当地人对于日本殖民者的敌意[①]。第一次出国访问，嘉仁好似孩童一样高兴，被朝鲜文化深深吸引，还向随行翻译学习朝鲜语。当比自己小十几岁的“大韩帝国”皇太子李垠（1897—1970）来到日本留学后，嘉仁还经常试图用朝鲜语与他对话，“顽童”色彩显露无遗。

在长期旅行的过程中，嘉仁逐步发掘了自己的“文学才能”，创作了大量汉诗（据称他一生中创作了1369首汉诗）。在登上富山县的吴羽山之后，他把曾经学习过的汉诗文与自己眼前的景色结合起来，创作了一首汉

---

① 可惜，嘉仁作为日本皇太子访问朝鲜半岛起到了反效果。在他访问之前的1907年10月，日军镇压朝鲜军民暴动为170次；1907年11月他从朝鲜半岛离开后却立即增至265次，之后每月朝鲜军民暴动都超过200次。

1907 年嘉仁皇太子在朝鲜半岛

诗《登吴羽山》：

雨后风无秋气温，吴羽峻阪留履痕。
维昔秀吉进正旆，敌将力穷降军门。
吾来此地见形势，中越全景眼中存。
立岳冲空向东耸，神通水涨直北奔。
兵营一路连城中，海湾直接罷秠原。
眺望如此难多得，真是北国好公园。

在中国人看来，嘉仁这首诗充其量是个中等打油诗的水平，但对于用日语学习汉文的日本人而言，已经是难能可贵了，对于从小学习成绩很差的嘉仁来说就更是如此。从某种程度上说，如果小时候不用高压方式对待这位体弱多病的皇太子，而是给予更多关心照顾，让他能够身体康健，再投身学习，他在学习方面并不是没有大成之可能。毕竟每个孩子的发育与成长速度不同，有些人会超前，有些人会落后，硬要用超前者的教育方式督促落后者，结果很可能适得其反。

1912 年 7 月交接天皇之位前的最后一次“行启”中，嘉仁特地从一场军事演习中溜了出来，跑到附近的荞麦店里吃了顿饭。如果只是吃东西倒还好，但当时的荞麦店并不是单纯吃饭的场所，还可以与艺伎一同畅饮，是兼具男欢女爱的场所。这件事不知为何被媒体捅了出来，本来喜欢在报纸上曝光的嘉仁也罕见地向主管舆论工作的内务大臣原敬表示“行启之际，报纸登载的种种事情实在让人烦恼”，多少可以侧证这是真事。

但即便是真事，这也是嘉仁最后一次风流快活了，接下来等待他的，将是与其性格完全不符的繁重工作，以及关于天皇的崭新定位。

嘉仁在皇太子时代的主要“行启”记录

日期	主要目的地
1900 年 5 月 23 日至 6 月 2 日	三重、奈良、京都
1900 年 10 月 14 日至 12 月 3 日	福冈、熊本、长崎、山口、兵库、香川、爱媛、冈山
1902 年 5 月 20 日至 6 月 8 日	长野、新潟、群马、枥木
1902 年 10 月 6 日至 30 日	爱知、和歌山、香川、广岛、冈山、京都
1905 年 12 月	广岛吴港(参加海军仪式)
1906 年 5 月 10 日至 6 月 9 日	岛根、鸟取、京都
1906 年 10 月	爱知、三重、岐阜

续表

日期	主要目的地
1907 年 10 月 10 日至 11 月 14 日	（日本）对马、长崎、鹿儿岛、宫崎、大分、高知，（朝鲜半岛）仁川、京城（首尔）、镇海
1908 年 4 月 4 日至 19 日	山口、德岛
1908 年 9 月 8 日至 10 月 10 日	福岛、山形、秋田、青森、岩手、宫城
1908 年 11 月	埼玉、群马
1909 年 9 月 15 日至 10 月 6 日	岐阜、福井、富山、石川
1910 年 8 月 18 日至 9 月 14 日	宫城、北海道
1911 年 11 月	京都、大阪、兵库
1912 年 3 月 27 日至 4 月 4 日	山梨
1912 年 4 月 22 日至 5 月 6 日	滋贺、三重

二 “天皇机关说”学术论战

当政治从精英阶层扩展至一般国民大众时，天皇应该拥有怎样的地位？这一问题成了两名东京帝国大学法学教授的争论焦点，这次争论也成为近代日本最重要的宪法学说“天皇机关说”的始源。

如前所述，《大日本帝国宪法》第 4 条提出“天皇是国家元首，总揽统治权，根据宪法履行权力”，宪法缔造者伊藤博文也曾经明言“第 4 条乃是本宪法之骨子”。但围绕这句话本身也产生了两种理解差异，进而形成两种截然不同的宪法解释：如果以天皇“总揽统治权”为重，那就是更重视天皇作为“制度天皇”的一面，亦即当时所谓“天皇主权说”；如果以天皇“根据宪法履行权力”为重，那就是更重视天皇作为“人类天皇”的一面，此为“天皇机关说”。“天皇主权说”偏重于“制度天皇”一面，

即位仪式上的大正天皇

认为天皇本人就是国家本身，是国家统治权的最高来源，一切国家决策都应依照天皇本人的意志来实行；而“天皇机关说”则偏重“人类天皇”，无论怎么君权神授，天皇职位对于国家而言都只是一个“机关”（“机构”之意），实际执掌这个机关的人（天皇本人）要遵守日本宪法体系的规定，不能违反“钦定”的“不灭之大典”明治宪法。

由于整个国家的思维受到1890年《教育敕语》的影响，日本政府持续神化明治天皇，加之甲午战争、日俄战争的胜利推动民族主义情绪暴涨，很多基层法律工作者为了塑造天皇神性、让所有法律的来源有根有据，都倾向于以“天皇主权说”为主的宪法解释。对此，1912年5月，东京帝国大学法学教授美浓部达吉提出“天皇机关说”，并批判主张“天皇主权说”的上杉慎吉[①]的著作《国民教育：帝国宪法讲义》，认为“对国民教育而言，这本书非常不合适”，从而引发一场持续数月的论战。

对于上杉慎吉而言，这无异于一种挑衅。虽然两人都是法学教授，但在东京帝国大学内部，上杉慎吉教宪法，美浓部达吉教行政法，本来“井水不犯河水”，如今对峙起来，自然会认为美浓部达吉“多管闲事”。于是，1912年8月，上杉慎吉在《太阳》杂志发表反驳文章《有关国体之异说》，一石激起千层浪。

在大众眼中，“天皇主权”与“天皇机关”两种说法并没有什么本质区别，普通人也很难理解艰深的法律术语与法学理念，更多人能接触到的还是民法、刑法、商法等一般法律。事实上，美浓部达吉最初发表文章，

① 上杉慎吉（1878—1929），东京帝国大学教授，宪法学者。跟随“天皇主权说”的创始人穗积八束（1860—1912）学习宪法，后成为这一学说的主要坚持者。除去批判“天皇机关说”，上杉慎吉也对同一时期的民本主义、无政府主义等思想展开抨击。1925年，支持上杉慎吉的许多学生组成激进右翼团体“帝大七生社”，逐渐转向暴力路线，多次袭击民间左翼的政治集会，该社成员甚至参加到1932年的“血盟团事件”中。

美浓部达吉（1873—1948）

也是在学术期刊《国家学会杂志》上，换言之，这是一次非常纯粹的理论探讨。但上杉慎吉选择的《太阳》是一本面向大众的通俗杂志，很明显他是希望借助国民对于天皇的崇拜心理来鞭挞美浓部达吉“有关国体之异说”：“我认为我国是君主国，美浓部博士却说是民主国！”在日本广泛禁止社会主义的当时，“民主”二字是一个不能提的禁语，一旦公开提出就等于是挑战天皇对于国家的统治地位。

为了应战，美浓部达吉也选择在1912年10月号《太阳》杂志发表驳论《读上杉博士〈有关国体之异说〉》。为了让一般读者能够理解，他在这篇文章里放弃学理辩论，而是用人体类比国家的方法来说明观点：想要运转人体（国家），就需要以细胞（国民）组成的各个器官（国家部门）；而想要决定人体如何运转（决策），就需要核心决策机关——大脑（天皇）。天皇统治国家，正如大脑决定人体运转，但不能说天皇就是国家，就好像不能说大脑是人体唯一的器官一样。

这番理论的基础自然是1882年伊藤博文、1887年藤波言忠求教于维也纳大学教授施泰因的“国家人格说”，即将国家拟人化。“国家法人说”正是在“国家人格说”的基础上，将日本国在国际法的地位定为“法人”。既是法人，那国家的各大职位，诸如政府各部门、各级法院、各级议会就都是国家的“机关”，天皇也仅应被视为国家最高统治机关。所以严格来说，“天皇机关说”并没有否定日本“君主国”这个基本理念，美浓部达吉也在驳论之中明确表态：“我在书中任何一个地方，从未说过帝国是民主国！”

美浓部达吉的理论叙述更加浅显易懂，自然赢得更多普罗大众的认可。另外，随着久居深宫的明治天皇离世、长期巡游的嘉仁即位，不少知识分子与城市民众也对皇室的期待有所改观，认为新的大正时代不应该继续沿袭明治时代的旧传统。1912年底，东京帝国大学为美浓部达吉开设宪法课程，报名人数众多，每堂课都座无虚席，而上杉慎吉一方则听众寥寥。经此一役，“天皇机关说”成了大正时代宪法的主流解释，影响极为深远[①]。

或许是受到“天皇机关说”感召，1913年帝国议会还出现了反对天皇“敕语”的事件。这一时期，日本国会对刚刚上台的第三次桂太郎内

---

① 美浓部达吉以“天皇机关说”观点所著《宪法撮要》成为高等文官考试必读书目，直到1935年日本军部煽动国粹主义舆论，以当年上杉慎吉所言攻击“天皇机关说”为“民主主义邪说”，美浓部达吉被迫辞去贵族院议员的职位，日本政府继而发布《国体明征宣言》，宣布日本国体为“君主制”。

桂太郎（1848—1913）

山本权兵卫（1852—1933）

阁十分不满，意图提出内阁不信任案[①]。为了维护政权稳定，首相桂太郎向嘉仁请旨，以明治天皇服丧期尚未结束为由，禁止帝国议会进行政治斗争。但2月5日，有着"宪政之神"称呼的众议院议员尾崎行雄（1858—

① 事件起源于1912年陆军增设师团事件。1912年11月30日，日本陆军大臣上原勇作提议，希望在朝鲜扩大陆军规模，增设两个师团，首相西园寺公望（议会第一大党立宪政友会党首）因财政问题加以拒绝，于是上原勇作辞去陆相职位。按照1900年定立的"军部大臣现役武官制"规定，陆海军大臣必须由现役大中将担任，一旦军部大臣辞职、军部高层不派人赴任，内阁就会减少阁员，加之西园寺公望不是军人，无法兼任陆军大臣，最终只得辞职。这件事让大众媒体对政府的暗箱操作非常不满，引发民间的"护宪运动"。当年12月19日，政友会、国民党议员在东京歌舞伎座召开"第一次护宪大会"，听众超过3000人。以"打破藩族、维护宪政"为口号，护宪运动就此展开。桂太郎内阁下台后，继任的山本权兵卫内阁修改"军部大臣现役武官制"为"军部大臣武官制"，即预备役、后备役、退役武官都可上位。虽然日本后来的历史上并无预备役、后备役、退役武官就任陆海军大臣的案例，却也在事实上降低了日本军部对内阁的影响。但到1936年，广田弘毅内阁又恢复了"军部大臣现役武官制"。

1954）以更为猛烈的方式炮轰内阁："他们开口就是忠君爱国，好像忠君爱国是他们的专利，但真到做事，他们却狐假虎威，躲在龙椅后面，总想干掉政敌！""他们拿龙椅做挡箭牌，拿敕命做炮弹，把政敌一个个打倒！"很明显，越是压制政党人士，他们的情绪就越是高涨。最终2月11日，第三次桂太郎内阁总辞职，刷新了内阁单次执政的最短纪录（62天），不久之后桂太郎郁郁而终。

应该说，桂太郎只是结束了政治生涯，略有些晚节不保，但嘉仁却是实实在在受到了拖累，自己作为天皇下达的第一份"敕命"便遭到帝国议会反对，那日后的权威更是难以立住。事实上接任首相的山本权兵卫就私下里嘟囔过："到了这位天皇之时，不得不说有山县公（山县有朋）这类人才是对国家有好处的，万一（天皇）我行我素，那对国家实在是件大事。"[①] 要知道，山县有朋与山本权兵卫分别是陆军与海军、长州阀与萨摩阀的最高领导人，但后者却给予前者如此高的评价，只能说嘉仁在政界人士心中已经留下了"我行我素"的印象。

或许正因如此，1913年5月22日，嘉仁时隔十数年又一次高烧不止，要知道前一年明治天皇去世前夕也是这般模样，再加上嘉仁小时候身体不好，整个东京的政治氛围显得非常诡异，好似又有一位天皇要离世一样。虽然嘉仁在6月初就恢复了健康，但繁重的工作与严峻的政治氛围都让这位天皇开始吃不消。

---

① 1912年西园寺公望内阁辞职后，嘉仁曾一度想将首相职位交给萨摩阀元老松方正义，但这时政治局势非常严峻，无论谁就任首相都会遭帝国议会弹劾。所以同为萨摩阀出身的山本权兵卫就对嘉仁如此上奏："此虽为陛下之思想，然而若先帝还在恐会有所不同……如今经常出入侯爵邸（松方正义家）徒让时局更为错综复杂，不得不予以辞退。"最终嘉仁只得选择身边的内大臣桂太郎担任首相，承接这场政治风波，而山本权兵卫最终以收拾时局的角色出现。

三 短暂的“大正时代”与大正天皇

提到嘉仁，大部分日本人都会想起所谓“望远镜事件”：某次出席国会开幕式，嘉仁觉得端坐在宝座上非常无聊，于是把写着“敕语”的文件卷成圆筒，当望远镜一样观看离自己很远的议员。国会毕竟是庄严之地，嘉仁作为一国元首，如此调皮的举动自然让人瞠目结舌。但问题在于，这类关于天皇的政治丑闻如若发生在父亲明治天皇与儿子昭和天皇身上，相关报道想必会迅速遭到“封杀”，可为什么发生在大正天皇身上时却传得这么远呢？

这不禁让人想起另一件事。1913 年 10 月，嘉仁夫妇以天皇、皇后身份首次前往伏见桃山陵（明治天皇陵），得知这个消息，一名《大阪朝日新闻》的记者装扮成宫内省官僚在附近围观，正好偷拍下天皇乘着马车进入陵区与天皇、皇后一同进入陵区的照片各一张，随后登载在报纸上。这件事让主管舆论工作的内务大臣原敬[①]非常不满，虽然当时报纸登载皇族照片不是什么新鲜事，但未经宫内省许可偷拍天皇照片可谓“不敬”，于是就拿着报纸到嘉仁那里告状。

怎知，嘉仁不但没有生气，反而笑道：“连你内务大臣都会烦啊！”完全是一笑了之。嘉仁就是这么一个平易近人的天皇，事实上原敬也经常提到，他向天皇汇报工作时，“殿下会如之前一样递给一支香烟让我坐下”

---

① 原敬（1856—1921），最早是一名在东京游荡的普通记者，后来受到井上馨的赏识进入外务省工作，因为法语水平较好被派往巴黎担任代理公使，独当外交重任。由于在外交与媒体两方面人脉广泛，原敬在 1900 年受到伊藤博文与西园寺公望邀请加入立宪政友会，成为这个庞大政党的干事长，正式涉足政坛。随后长期担任内务大臣职务，任内与当时的皇太子嘉仁过从甚密，备受赏识。进入大正时代以后，他的地位逐步提升，同时受到天皇、元老以及政党等多方人士的信任。1918 年“米骚动”结束后，原敬成为日本第一位平民出身的首相，并组织日本正式意义上的第一次政党内阁。由于他的政策未能满足民间右翼势力的要求，在 1921 年遭到暗杀。

平民首相原敬（1856—1921）

（原敬语）。这种好脾气让嘉仁与明治天皇的形象差别巨大，如果说明治天皇是一个让国民团结、让政府更有合法性的“绝对君主”，那嘉仁则更像一个具有现代皇室意识的君主。

类似事情还有很多。据嘉仁身边主管狩猎的坊城俊良回忆，嘉仁不知道从哪里搞来一只会说人话的九官鸟（鹩哥），之后他就经常听到嘉仁的声音“坊城、坊城”。本以为是嘉仁叫自己，结果过来一问，嘉仁却摆出一副无辜模样，说“我没叫你哦”，这才发现原来“坊城、坊城”的叫声来自笼中九官鸟。坊城俊良笨拙的模样与九官鸟的戏谑逗得嘉仁大笑不止。

其实，嘉仁并不是不尊重坊城俊成，只是不拿他当外人。坊城俊良还回忆，有一次天皇晚宴结束后，嘉仁仍兴致勃勃，就将其招来一同喝酒。兴致高时，嘉仁便喊着：“节子，来给坊城倒上一杯。”所谓“节子”自然是指当时的节子皇后（贞明皇后），让日本帝国的皇后给身边一名普通官员倒酒，不但嘉仁不觉得有什么问题，连节子皇后也不觉得有什么不妥。日本的平民认为自斟自饮是“喝闷酒”的表现，普通人之间也盛行互相倒酒，嘉仁夫妇与平民阶层多有接触，他们的很多行为都体现出平民化的特色。

嘉仁也经常会在处理政治事务时显现出人情味，这导致他极易卷入政治斗争。比如1914年4月第二次担任首相的大隈重信就是一个典型例子。大隈重信是一名历经选举、身经百战的演说家，或许用“巧舌如簧”来形容他并不合适，但起码是一位雄辩之士。当时诸如山县有朋、松方正义等元老来汇报工作，嘉仁都只是例行公事，听完就走；但大隈重信每次前来都会不知不觉聊上很久，嘉仁对大隈重信的垂青可见一斑。不过，这也导致大隈重信与山县有朋等元老之间的矛盾愈发激烈。

这一点在第二次大隈内阁的存留问题上更加明显。1916年6月，大隈重信向嘉仁提出辞职，但由于继任首相还未商议出来，嘉仁就在7月26日下令暂时让大隈重信留任，待继任首相问题谈妥再离任。但在当时，大隈重信与山县有朋围绕继任首相问题存在重大矛盾[①]，嘉仁在这个关键节点留住大隈重信或许是出于人情味儿，但在政治上相当于是以天皇身份认可大隈重信的要求，这无疑是对山县有朋的一种贬斥。于是8月1日，山县有朋特地面见嘉仁，非常严厉地做出下述批评：

① 1916年2月，大隈重信内阁提出的“减债基金还元”议案遭到贵族院反对，导致政权不稳。6月，大隈重信提出辞职案后，想把首相职位移交给当时的议会第一大党——立宪同志会总理加藤高明（1860—1926），实现首相人选的政党化；但由于日本当时已经参与第一次世界大战，山县有朋认为国家应该由一名“不偏不党之人”担任首相，推荐陆军军人寺内正毅。双方在7月前后的想法是建立加藤高明与寺内正毅的联立内阁，这样可以照顾到元老与政党双方的利益，但到7月26日嘉仁未经考虑就批准大隈重信留任，这对外界而言就相当于干扰了后任首相的选择流程，所以山县有朋非常反感。在山县有朋的运作下，加藤高明被排除在政权之外，最终由寺内正毅单独组建内阁，成为下一任首相。延伸阅读：内藤一成《大正五年大隈后继政权问题的相关贵族院及诸势力的动向》。

在此，我认为陛下既然已经下令（大隈重信）留任，那也没有必要垂询（我），只是如此重大之事件，绝不能够轻松断定。想来君主一言甚重，关乎国家至大之事，常应慎重再慎重而不能轻松速断……本次之事陛下已经决定留任，再要撤销决定便是不可能的，但这时候若是垂询臣等，而臣等又有反对之意见便有违敕之嫌，如此，便与陛下登基之际所赐敕语主旨不符，而老臣等也难以尽到辅翼之责。君主之道，庄重威严，举止不可不慎。

这段话说得有些艰深难懂，其实际意思仍然可以用“制度天皇”与“人类天皇”的矛盾来说明：作为“制度天皇”，一言九鼎，所有发布的命令都不能撤回，臣子也不能违抗君主的命令；但作为“人类天皇”，嘉仁必须广泛听从周围意见再做决定，而不是轻率发表意见，否则很容易压制不同呼声，造成决策上的偏颇。虽然山县有朋说这番话的初衷是保护自身利益，但他确实点出了嘉仁作为天皇与天皇应有的状态之间存在差距。

对于山县有朋的批评，嘉仁也非常不满。他当时因为理亏没有说任何话，但之后的 1917 年 4 月，他突然召见山县有朋，询问他什么时候辞职，吓得山县有朋马上递上辞职信；随后他又召见首相寺内正毅，询问山县有朋是不是难得人望，也吓得寺内正毅一身冷汗[①]。虽然这件事最后没了下文，山县有朋继续担任元老，但也能看出如果让嘉仁继续执政一段时间，恐怕会对元老阶层展开攻击。

只可惜从 1916 年开始，嘉仁的身体逐渐出现问题，不仅说话口齿不清，连上下台阶也非常困难。到了 1918 年 10 月 31 日的陆军特别大演习时，

① “先日山县在京中拜谒，（天皇）突然询问（山县）何时递上辞表，山县恐惧而立时递上辞表，窃以为此事或是因为山县老迈难堪大任所致，之后寺内拜见（天皇）之际，（天皇）又问道山县是否难得人望，寺内也非常恐惧。”《原敬日记（七）》，第 155—158 页。

寺内正毅（1852—1919）

嘉仁的骑马动作已经变形；当年 12 月帝国议会开幕式上，嘉仁已经无法完整阅读文件，只能以感冒为由不再出席开幕式。再到 1919 年的陆军特别大演习，嘉仁为防自己出现问题已经特意带上了裕仁皇太子；由于发音困难，他又无法出席 1919 年帝国议会开幕式。连续两年缺席帝国议会开幕式让舆论哗然。之后嘉仁的病情愈发严重，身体情况难以支撑他继续在前台执行公务，只得将大量事宜交给裕仁皇太子代理。从 1920 年开始，嘉仁无法以健康姿态出现在众人面前，这也象征着他的政治生命彻底结束。

关于他的病情，1920 年 3 月，宫内省医生开出诊断书，认为“（嘉仁）幼少时曾患脑膜炎，少有故障，因而影响大脑”。这个说法很快得到接受，到 1921 年 11 月 25 日，即裕仁皇太子就任为“摄政”之时，宫内省公布了嘉仁的病情：

“天皇陛下诞生之后不久，即患有脑膜炎，其后病患常有……践祚后政务多端，轸念于此而劳心费力，结果从大正三、四年（1914—1915）开始便不如起居之前，有欠于姿态端正，步行不安定，言语也有涩滞，此等症状最初甚微，渐次有增进之倾向，大正八年（1919）以后除亲裁万机之外，已不再临御帝国议会之开院式等。避暑避寒之期也随之延长，尽力静养却亦不见轻快。脑力逐日衰退乃至（他人）难以拜见，且其姿态等其他外形症状并非末梢器官故障之因，皆为脑力衰退所致。”（《东京日日新闻》1921 年 11 月 26 日）

应该说，如此长篇大论描述天皇病情，在明治天皇身上是绝对不可能的，甚至在日后的昭和天皇裕仁 1988 年末病重时期也没有报道得这么详尽。按照日本历史学家原武史 2000 年出版的《大正天皇》一书的观点，日本政府试图“封锁”不懂政治的大正天皇于深宫之中，把更有希望与前途的裕仁皇太子抬出来，这才把天皇病情说得这么详尽且惨痛，让日本国民感觉天皇已经不可救药，只能寄希望于后生。

这种说法当然过于小说化，但其中或许也暗含了一部分真实情况。毕竟从 1916 年大限重信辞职一事来看，嘉仁并不能完全理解天皇职位的象征意义，他在当时的社会背景下甚至很难算作一个合格的政治家，在日本逐渐向着世界强国发展的大潮中，他自然就被洗刷下来。或许，以疾病原因告别政治舞台乃至人生舞台，对他来说已经是一种非常体面的方式了，如果他强撑着活到二战时期，恐怕日本政局和他本人的命运都会受到更大程度的影响。

1926 年 12 月 25 日，大正天皇嘉仁走完了自己 47 岁的人生路，比起父亲明治天皇（60 岁）与儿子昭和天皇（88 岁），多少给人“英年早逝”之感。由于天皇的忌日需要哀悼，从 1927 年开始，12 月 25 日就成了国民“公休日”，这就恰好与西方的圣诞节杂糅在一起。昭和时代总共有 64 年（1926—1989），虽然中间有过军国主义的疯狂，但当这些疯狂与二战一同走入泥土，圣诞节却成为日本普通人的标配，某种程度上，这也是大正天皇留给日本国民的一份“礼物”。

从政治角度看，“大正德谟克拉西”（大正民主浪潮）时代涌现出了一大批倡导政治透明、国民自由的民间思想家与改革家，大众媒体的勃兴催生了大量国民艺术家，无线电的普及促使民众运动此起彼伏。相对于这个风起云涌的时代，嘉仁的一生除去四处游历、参加庆典之外，却似乎没有留下任何痕迹，他豁达开朗的性格、朴实亲民的人格就这样被埋在历史的故纸堆中。

毕竟，在他之后，就是更为著名，也更富争议的昭和天皇裕仁。

四 裕仁皇太子的初期教育

之所以把裕仁的成长与嘉仁的一生放在同一章节，最主要的原因，就是父子二人经历的青少年时光几乎没有共同点。

裕仁 1901 年出生后，迅速被送往海军中将川村纯义伯爵家中寄养，这一点与大正天皇嘉仁的经历有点相似。不过到 1904 年川村纯义去世以后，明治天皇考虑到嘉仁少年教育的失败，决定将裕仁接回皇宫抚养。1908 年 4 月开始，7 岁的裕仁进入学习院初等科（相当于小学），并接受明治天皇挚友、学习院院长乃木希典的教育。

从此，裕仁的教育开始迥异于父亲大正天皇。大正天皇小时候基本上只接触公卿中山家的人，这些人觉得明治天皇好不容易有一个孩子成活，对他百般溺爱；而裕仁到读书的时候已经有两个弟弟，皇族规模瞬间扩大，他的身体还算不错，所接触的都是军人与富含军事化的教育。乃木希典在战场上的确显得死板与固执，但到了教育方面，这种死板与固执却反

1902 年的幼年裕仁

嘉仁与裕仁皇太子时期居住的“东宫御所”

过来成为一种优势：他要求裕仁三兄弟尊重权威，无论风雨雷电都必须走路上学[①]，见面必须称呼他为“院长阁下”。

条件优渥但却严苛，幼年生活给童年裕仁很大的影响，到了晚年，裕仁在接受记者采访时还经常回忆起当年与乃木希典生活的点滴片段。当时乃木希典对待裕仁与对待他的两个弟弟完全不同，他每月数次把裕仁叫到自己身边，跟他讲述自己作为军人的心得并以此鼓励裕仁。正因如此，当1912年9月乃木希典为明治天皇殉死后，11岁的裕仁伤心欲绝，乃木希典临死前交给他的手抄本《中朝事实》也被他一直珍藏[②]。

或许是因为母亲贞明皇后的基因好，也可能是这种培养方式有效，裕仁的身体素质与学习成绩都算不错，与两个弟弟一起有条不紊地步步成长。乃木希典去世后，宫内省延续“军人教育”的原则，招来极负盛名的海军大将东乡平八郎和在军事历史方面非常有建树的海军大佐小笠原长生负责裕仁的日常教育。不仅如此，很多曾经参加过日俄战争的将领也都成为裕仁的导师[③]，这些人为裕仁讲授了海量的军事知识与作战经验，这为他日后能够清晰、精准地理解战争走势打下了重要基础。

---

① 当时裕仁的居住地为“青山御所”，位于目前赤坂御所西南侧，学习院初等科位于不远处的四谷，徒步单程需要20分钟，幼童需要的时间可能会更长。

② 《中朝事实》为宽文九年（1669）儒学者山鹿素行（1622—1685）所作。这本书的主旨是揭示当时的日本人沉浸在中国思想中的事实，认为日本人应该对本国历史展开研究，寻找属于日本的精神。其标志性口号即“日本才是真正的中朝（中国），是世界上最伟大的君主国”，这很明显是日本儒学与国学相结合的产物。山鹿素行出生于会津若松市，8岁之前几乎读完四书五经等儒家经典，是一位早熟的天才，也是武士道体系得以构建的重要人物。

③ 裕仁的教师团队里有很多现役军部高官。比如海军理论家、主张海权论的佐藤铁太郎（1866—1942），裕仁的叔父、皇族军人伏见宫博恭王（1875—1946），以及宇垣一成（1868—1958）、奈良武次（1868—1962）等陆军军人。这些军人在后来的日本历史中也都起到了非常重要的作用，如伏见宫博恭王担任海军最高咨询职务——军令部总长长达十年（1932—1941），宇垣一成在20世纪20年代末期主导陆军军事改革，奈良武次出任天皇身边的侍从武官长等职务。

1914年，裕仁顺利从学习院初等科毕业，进入为期7年的中等科，相当于从如今的初一一直上到大二，这自然也是裕仁人生观、价值观形成的重要时期。由于大正天皇即位之后身体状况逐渐恶化，裕仁很早就开始接受帝王教育，他身边的三个主要导师，便是教授伦理学的杉浦重刚、教授历史课的白鸟库吉和教授法律的清水澄。三人从各自专业角度出发，分别将融合了儒学与日本国学的天皇观、国家观，将从古至今国内外君王的兴衰得失，将宪法之中的天皇定位教授给幼小的裕仁。

笔者最为关注的，自然是清水澄[①]。因为在当时的法律界存在"天皇主权说"与"天皇机关说"的激烈论争，清水澄如何把学界争论传达给青少年裕仁，十分值得探究。翻开他在1919年向东宫学问所进献的宪法教材《帝国宪法》，可以看到，他先是按照"制度天皇"的说法提出"以天皇之亲裁为本义乃是宪法之精神"，后又从"人类天皇"角度提出"虽为天皇，然而不能以议会已否决之事为法律"，"若天皇无国务大臣之辅弼而行使大权，（他人）须按帝国宪法之正文，以无畏之态直陈违法之处"，"法规自然有约束人民之效力，而天皇也应重视其制定之法规"。

从就学经历来说，清水澄是"天皇主权说"创立者穗积八束的学生，与上杉慎吉是师兄弟关系，但他又常年担任行政法院与枢密院职务，非常清楚一线法务的处理不能简单依据"天皇主权说"完成，因此他在1915年出版的宪法学著作《国法学》中提出"不必认定'天皇乃国家机关'之言完全错误"。在他看来，"天皇主权说"与"天皇机关说"之间没有

① 清水澄（1868—1947），石川县金泽人，毕业于东京帝国大学法律系，德国留学归来后成为学习院教授。1905年获得法学博士学位。随后进入庆应义塾大学担任法学系教授（宪法和行政法），曾为大正天皇、昭和天皇两代天皇讲授过法律课程，还曾担任行政法院院长、枢密院顾问官、副议长等职务，战败后于1946年6月13日被任命为最后一任枢密院议长，主导将《大日本帝国宪法》修改为《日本国宪法》的全过程。1947年新宪法颁布后，他于9月25日模仿屈原投水身亡。

1919 年 4 月的裕仁

本质区别，二者均承认“天皇是国家最高统治者”这一事实，只是在用词、语法方面有一些不同，造成前者偏向于“制度天皇”，后者偏向于“人类天皇”，进而造成理解差异。

事实上，宫内省在为裕仁挑选法律导师时也充分考虑到了倾向性，他们没有选择美浓部达吉与上杉慎吉这对冤家中的任何一位，以免让外界认为皇室已经“钦点”某个理论作为官方学说。

清水澄最初为裕仁量身定制的教育内容中，天皇是“制度天皇”与“人类天皇”的矛盾统一体，不应偏重于任何一方，也不应偏废于任何一方。法理上可以把一个天皇分为两面，但在实际的政治事务中，天皇必须得拿出兼容两面的态度，以保证国家稳定与立宪君主的应有姿态。

只不过，一旦有了“矛盾的统一”，那么回避责任也就容易了许多。在国家的实际决策中，裕仁大可保持一种“超然”态度，发表一些模糊的意见，甚至不发表意见，机械地认可内阁等各辅弼咨询机构的决议即可；当追究责任时，天皇也可用这种“超然”态度加以回避，这就是后来昭和天皇能够回避战争责任的内在机理。

除去青少年时期的学习经历不同，裕仁与大正天皇的四处游历也截然不同。当年大正天皇是为了缓解身心压力才去游历的，整体氛围非常轻松活泼；但到裕仁身上，由于大正天皇身体越来越差，裕仁随时可能接任天皇，他作为皇太子的“行启”就更像是一种任务。大正天皇用了 12 年才走遍全国，而裕仁皇太子在不到 5 年时间里就走过日本 20 多个县[①]。裕仁走到任何一个地方都谨言慎行，完全按照日程，从不发表自己的观点与意见，这似乎也成为日后裕仁为人处世的标志性态度。

---

① 分别为 1915 年的京都、奈良；1916 年的兵库、大阪、京都、石川、新潟、福岛；1917 年的奈良、大阪、鸟取、岛根、兵库；1918 年的京都、滋贺、伊豆大岛、青森、岩手、宫城；1919 年的长野；1920 年的鹿儿岛、宫崎、熊本、长崎、佐贺、大分、福冈、山口、广岛。

裕仁不越雷池一步的态度也体现在婚姻大事上。1919 年 6 月，裕仁与皇族久迩宫良子女王订下婚约，而到 1920 年初，良子女王的两名兄弟都被诊断出患有色盲，这不免让人担心良子女王会把色盲基因带入天皇家族。对于二人的婚约，无论是裕仁的母亲贞明皇后、皇室长老伏见宫贞爱亲王，还是三名在世的元老（山县有朋、松方正义、西园寺公望），以及首相原敬均明确反对。[①] 为了能让良子女王顺利嫁入皇室，久迩宫邦彦王便把事件散布到民间，宣称日本政界高层存在阴谋人士，意图在大正天皇病弱之际推翻其当年定下的婚约。很快，民间舆论哗然，皇室内部的婚约问题一时间人尽皆知，为了平息民愤，宫内省只好在 1921 年 2 月登报声明“御婚约无变更”。

这一事件的最终解决方案，是所有政界成员不再插手裕仁的婚姻事务。等到把裕仁推举为代行天皇职权的“摄政”之后，再让他本人以父亲大正天皇的名义来决定自己的婚姻问题——后来的历史告诉我们，裕仁并没有对婚约做出任何改变，而是在 1924 年 2 月与久迩宫良子女王、日后的香淳皇后结婚。

① 该事件即为日本史上所谓“宫中某重大事件”。按照通行说法，此事是主管长州阀与陆军的元老山县有朋不希望萨摩阀的血统进入到天皇家（良子女王的母亲久迩宫邦彦王妃是萨摩藩末代藩主岛津忠义之女）而挑起。但从事实来看，当时另一位萨摩阀元老松方正义也反对这次婚约，可见长州—萨摩的派系争斗之说并无任何真凭实据。之所以反对婚约，除去色盲基因问题以外，更重要的一点在于久迩宫邦彦王在得知有人反对婚约后上下活动，把许多有关无关之人拉进来搅局，导致宫中问题政治化、公开化，这让坚持宫中府中有别的首相原敬觉得非常不妥。还有一点，久迩宫邦彦王的父亲正是幕末支持江户幕府的中川宫朝彦亲王，旧公卿出身的西园寺公望深知内情，也不愿意让天皇家有这么一位爱闹事的外戚。另外，裕仁生母贞明皇后出身于九条家庶家、成长于农民家庭，她认为与一个出身于高贵皇族的儿媳不好相处（事实上，贞明皇后与良子日后的婆媳关系确实不好），所以也表示反对。换句话说，当时几乎所有宫廷与政府的高层人士都反对婚约，只有不明内情的民间人士支持，甚至编造出“山县有朋反对”之说。延伸阅读：贺申杰《昭和天皇的婚姻与宫中某重大事件：山县有朋阴谋说背后的真相（上下篇）》，发表于公众号“扶桑漫谈”，2015 年 7 月。

久迩宫全家福。后排正坐的男士为久迩宫邦彦王（1873—1929），前排坐着的身穿和服的女士为良子女王（1903—2000）

裕仁夫妇和长女成子在一起

在婚事问题上，周围人闹得鸡飞狗跳，唯独裕仁本人一言不发。作为皇太子，他无法决定自己的婚姻，除了忍耐与等待别无他法。但从后来的历史看，裕仁与良子（即香淳皇后）共育有 2 男 5 女 7 个孩子（出生年份从 1925 年至 1939 年），可见裕仁应该是很喜欢良子的（良子一直被时人公认具有“古典美”），起码对她没什么不满意。明明很喜爱，却又没有对是否延续婚约做出任何表态，而最终又在时局变化之下得偿所愿，足见裕仁是一个非常懂得隐忍与审时度势的人。

那裕仁就任摄政之后，又有什么样的变化呢？

五 “摄政裕仁”的诞生与宫内改革

说到变化，首先要提到裕仁青年时代另一项非常重要的事情：20 岁时访问英国。

1921 年 3 月 3 日，裕仁乘坐日本海军的英制军舰“香取”号从横滨港出发，沿着冲绳中城湾—香港岛—新加坡港—科伦坡港—塞得港（英属埃及）—马耳他岛—直布罗陀港—英国本土的路线一路行进，到 5 月 9 日正式抵达英国朴茨茅斯军港。为了向盟国英国展示日本皇室的优雅气质，裕仁在远航船上从不放松：西园寺公望的女婿西园寺八郎陪他练习相扑，海军大佐山本信次郎教他法语与欧洲宫廷礼仪，硬是把一个连刀叉都不会用的日本青年打造成了一个喝汤完全不会发出声音的西方绅士[①]。一路上，裕仁即便是路过印度洋这种热带地区，也坚决不用冰块或扇风机降温，以

① 欧洲餐饮礼仪之中最困难的部分，便是如何在保持头部不动且不发出任何声音的情况下喝下一碗汤。但在日本文化中，喝汤（或味噌）的过程中必须发出声音，否则便是对厨师的不满意。两种文化的差异也是裕仁在当时需要攻克的一大难关。

1921 年 5 月 15 日，裕仁与英国首相劳合・乔治（前排左二）等人会面

此磨炼自己的意志。

5 月 9 日抵达朴茨茅斯后，英国威尔士亲王爱德华王子（后来“爱美人不爱江山”的英王爱德华八世）前来迎接，这时候的裕仁已是改头换面、英姿勃发，随着爱德华王子乘坐火车一路抵达此行的目的地——伦敦白金汉宫，英王乔治五世夫妇正在这里等候。面对英国的高规格礼遇，裕仁皇太子发表了一番精心准备的演讲，深为众人所称道，日本军官团对他的培训算是收到了阶段性成果。

对于远道而来的裕仁皇太子，英王乔治五世非常好奇，很希望与裕仁做深度交流。于是 5 月 10 日，当裕仁皇太子结束一天的例行流程之后，乔治五世突然在晚饭前夕来到白金汉宫的裕仁客房，两人只带着翻译互相交谈了整整一个小时。两人具体聊了什么事情，晚年的裕仁在 1979 年 8 月 29 日接受记者提问时以“关乎英国王室的习惯”为由拒绝回答，不过他也提到“（乔治五世）一直在讲英国立宪政治的形态”，“从那以来，我脑中一直思考的就是一个立宪君主制下的君主应该如何做事”。

据史料记载，两人当时谈论的话题主要是“英国之现状、（第一次世界）大战中英国之努力以及其余万般之话题”。作为带领英国走过第一次世界大战的君主，英王乔治五世在战争期间最出名的故事，就是在 1917 年将自己家的德国姓氏“韦廷（Wettin）”更改为英国名称“温莎（Windsor）”，以顺应英国人战时对于德国人的仇恨心态。在一战参战国的所有君主之中，乔治五世的天资不算最聪颖的，但在俄罗斯沙皇、哈布斯堡王朝皇帝、德意志皇帝、奥斯曼帝国苏丹等欧洲君主相继丧失政权后，作为主要交战国英国的君主仍能在位而且受人尊敬，乔治五世的存在也为裕仁皇太子传达了一个清晰的君主形象：如果还是抱有凌驾于国民之上的旧时代君主色彩，早晚会像欧陆各国君主制一样被颠覆；未来的君主要能够发现本国国民的诉求，指明未来的改革方向，选择有才能的政治家，配合舆论倒逼国家政府改革①。

---

① 乔治五世（1865—1936）是一个颇具主观能动性的英国君主。1909 年，自由党首相赫伯特·阿斯奎斯（1852—1928）提出的增加海军预算的法案遭到以保守党人士为主的英国上议院否决，这让他非常恼火，继而寻求订立一套《议会法》以限制充斥着保守党人士的英国上议院。这件事情在乔治五世的前任爱德华七世在位末期闹得不可开交，1910 年爱德华七世暴病身亡后，继任的乔治五世主动介入这场政治斗争，他与首相阿斯奎斯达成私下协议，让他尽管提出限制上议院的议会法案，如果保守党控制的上议院拒绝通过限制自身否决权的法案，乔治五世就会发动自己的国王权力，任命数百名自由党成员为贵族（获得进入上议院的资格）以达成政治平衡。这个传言很大程度上左右了当时的英国政局，上议院保守党人士内部出现分裂，最终同意自由党提出的法案，促成了 1911 年《议会法》的诞生。20 世纪初期，保守党与自由党之间博弈的关键点就在于是否扩大普选权、是否扩大下议院的权力，而乔治五世迎合了政治大众化的要求，支持扩大下议院权力与普选权的自由党，限制旧贵族与旧资产阶级控制的保守党，相当于用自身的名义权力为英国国民指出了未来发展的方向。

英王乔治五世（右）与俄罗斯帝国末代沙皇尼古拉二世（1868—1918），1913 年摄于柏林。由于是表兄弟，两人相貌非常相似，而这位俄国君主的悲惨命运也深深刺激到乔治五世，让他重新思考如何做一个近代化君主

5 月 18 日，剑桥大学法学教授唐纳为裕仁专门讲了一次英国宪法史，从限制王权到议会政治，从民众权利到选举制度，裕仁从各个方面了解了英国宪政体制，也明确了英国国王在政治中的最大作用——如果内阁、议会、政党都无法有效应对政治危机，国王就需要亲自反映民众意见，充当调停者的角色。

短短数月时间，裕仁能否充分理解英国立宪君主制的方方面面，我们很难判断。但这次欧洲之行确实让他总结出一些经验，随行的东宫侍从长、陆军中将奈良武次后来回忆道："对于皇室祖先为神、天皇为现人神等事，充满理性的皇太子似乎并不太相信。国体虽然维持如今现状即可，但天皇若以神之姿态全然游离于国民之外亦为过分之举，皇太子流露出这种感情：（日本）皇室应效仿英国王室之程度，对国家国民达到君临而不统治之程度即可。"①

欧洲游历半年让裕仁收获颇丰，成长也极为迅速，更在民间引起巨大反响。1921 年 9 月 3 日，裕仁回国，不少百姓一开始反对出行，如今却站在横滨港口迎接，"万岁"之声不绝于耳。9 月 11 日，裕仁来到京都，5 万余民众集合在御所外等候。面对涌来的人群，裕仁不再像过去一样躲在车里、拉下窗帘，反而效仿他理想中的英国国王，下令所有民众进入御所外广场，他本人在门口正直站立了数分钟，接受民众山呼万岁。到 11 月 25 日，裕仁皇太子正式就任摄政，代行天皇职权，虽然大正天皇在 5 年多以后的 1926 年才走完人生路，但从政治意义上看，"昭和"时代已经提前 5 年开始。

---

① 《侍从武官长奈良武次日记 · 回顾录（四）》，柏书房，2000 年，第 127 页。但需要注意，这一部分回忆并不是发生在裕仁皇太子前往欧洲之后不久，而是在太平洋战争结束之后，考虑到奈良武次与天皇之间的关系非常亲近，他有可能是为了掩护、帮助裕仁逃脱战争责任而发表这样的言论。严谨的历史学者在引用这一段回忆的时候，应仔细加以甄别。

受到欧洲巡游的影响，裕仁皇太子展现出惊人的西洋化改革欲望。1922 年 1 月 28 日，裕仁向宫内大臣牧野伸显提出改革指示，要求将宫廷女官从豢养制改为出勤制，将女官从身份变成职业，加速皇室近代化[①]。对于这一点，牧野伸显提出“目前完成这一要求仍然比较困难”，实际是加以阻止。在他看来，裕仁受到欧洲旅行影响太多，对改革过于着急，可能会遭到一些反对[②]。

很快，裕仁的改革热情遭到了母亲贞明皇后的反对。由于裕仁担任摄政之后并没有与皇族出身的良子女王解除婚约，这让成长于农村家庭的贞明皇后十分不满。1922 年 9 月 22 日，牧野伸显向贞明皇后做例行报告，其间提到裕仁要出访外国，无法出席 11 月 23 日举办的宫中传统祭祀——新尝祭。贞明皇后没有反对，却当着这位宫内大臣细数裕仁近期的问题，从不会跪坐到怠慢政务、从对体育运动过于热心到自我思考不够，列了 5

---

① 天皇、皇后身边的高级女官分为七个等级，从高到低为尚侍（明治以后没有任命过）、典侍（大正天皇母亲柳原爱子即是）、权典侍、掌侍、权掌侍、命妇、权命妇，其下还有判任女官、女中等职位。大正时代的女官一般为 20 余人、判任女官为 30 余人，其余侍女加在一起有数百人规模。按照大正时代以前的规矩，女官必须是出身于华族、京都宫廷、士族（日本）家的未婚女性，她们终生侍奉皇族而不能结婚成家。

② 牧野伸显（1861—1949），明治维新功臣大久保利通次子，出生后不久就过继给了大久保利通的姨表兄弟牧野吉之丞。1871 年开始在美国费城上了 3 年中学，随后继续在费城大学读书。1880 年退学回国，先后在外务省、内务省等官僚部门工作，掌握大量一线工作经验。由于长州阀元老伊藤博文年轻时受到大久保利通提携，他也对牧野伸显非常照顾，牧野伸显进而与伊藤博文的政治继承人西园寺公望结下了深厚友谊。牧野伸显非但不是一个思想滞后之人，相反他也热衷于调整皇室的定位。为维护天皇制稳定，牧野伸显决定将天皇的定位由“威严君主”调整为“慈爱君主”，全面改善皇族与民众的关系。1921 年 2 月 26 日，宫内省开设面向一般国民的接待室，同时扩大了东京皇宫的游览范围，要求皇宫警察全部取消长剑，改配短刀；8 月，宫内省同意将皇家园林“芝离宫”划拨给东京市政府，成为一般国民可以参观的公园。为了加强与媒体联络，牧野伸显还主动定期召开宫内省记者会，允许普通记者前来旁听并提问。这些举动都是在裕仁准备前往欧洲或旅欧过程中进行的，可以说与裕仁的想法相辅相成。

1919年巴黎和会，日本派出西园寺公望（图中前排中坐者）为首席全权代表、牧野伸显（前排左一）为次席全权代表的谈判队伍，两人也各自带着自己的得力干将近卫文麿（1937年侵华战争全面爆发时的日本首相）与吉田茂（牧野伸显的女婿，1952年与美国签订和平条约的日本首相），而近卫文麿、吉田茂的外孙分别是1994年、2009年出任日本首相的细川护熙、麻生太郎。从大久保利通到麻生太郎，可以看出这是一条跨越门阀派系、政治倾向甚至思想观念的政治脉络

条“罪状”，最后还给这个儿子下了一条著名评语——“神经质”。

看到母亲贞明皇后反对，裕仁暂时放下女官制度改革，但在其他方面依旧我行我素。为了迎合西洋化发展潮流，裕仁专门定制了一张西式大床放在寝室里，同时广泛参与高尔夫球、网球、台球、桥牌等新式运动项目。1923 年元旦，日本报纸上发布了裕仁与良子女王的合影，裕仁并未如传统一样身着军装或者双排扣礼服，而是穿了一身晨装常礼服，显得极为轻便；4 月，他模仿欧洲君主视察殖民地的举动，前往日本占领下的台湾视察，试图淡化当地人的反抗心理，为日本继续统治台湾创造条件；9 月 1 日“关东大地震”发生后，他特意将自己的婚期延迟；1924 年 1 月 26 日，裕仁与良子正式结婚，两人身穿西式礼服的照片跟随报纸的步伐传遍了日本的大街小巷，一时间国民之中出现了“摄政热”。

以结婚为契机，裕仁主动要求不再为自己准备和服、西服两套服饰，而只穿西装以节约财政；同时正式把自己身边的“东宫御所”女官调整为出勤制，女官等级也从十余个级别调整为女官长、女官、女嬬三级，人数大幅减少。为了安抚住母亲贞明皇后的情绪，她身边的女官仍然沿用旧制度。到 1926 年 12 月裕仁正式成为天皇、贞明皇后成为皇太后，宫内省也针对皇后与皇太后分别制定女官条例，在推行新式女官制度的前提下，继续为贞明皇后保留原有女官制度。如此一来，等到贞明皇后百年之后，相应的女官制度自然也就废止。

在一系列改革过程中，裕仁与宫内大臣牧野伸显的关系自是愈发紧密。同一时期，当年叱咤风云的数名元老或元老级官员却已经大半凋零：山县有朋与大隈重信在 1922 年初前后脚去世，松方正义在 1924 年去世；西园寺公望倒是还活着，但也年过七旬，从 1922 年起离开东京，居住在自己位于静冈县的两处别墅中，平常只通过秘书传递消息，他已将自己的政治资源转移给亲信牧野伸显。1925 年牧野伸显转任内大臣，1926 年 12

1921 年，裕仁与三个弟弟（从左至右）崇仁、宣仁、雍仁。由于摄影技术的逐步发展，裕仁青年时期存留的照片非常多

月裕仁成为天皇，这两次变化让两人的私密交谈进一步增多，牧野伸显就以内大臣身份成为“裕仁团队”的第一批核心人物。

所谓“内大臣”，按照法律描述，只需要做“常侍辅弼”与掌管“御玺国玺”两件事。职责描述如此简单，说明这个职位从创立之初就类似于日本各大政界人物的养老职。事实上从明治到大正时代初期，由于明治维新的元老仍掌握国政大权，内大臣并没有什么存在感，比如德大寺实则从1891年一直当到1912年，其作用更像是明治天皇的一个传话筒而已。但进入大正时代中后期，明治元老纷纷离世，宫内与各大国家机关之间出现权力空白，内大臣的地位自然水涨船高，成为外界探听天皇心思的重要官职。能够胜任这一位置的人，自然是天皇最为信任的心腹重臣。

“裕仁团队”当然不能只有内大臣，牧野伸显的前职——宫内大臣也是非常重要的官职，主要负责宫内省作为一个官僚机构的整体运营以及皇族、华族的管理等。由于事务烦琐，一般情况下宫内大臣都会比较忙碌，牧野伸显之所以离开宫内大臣职位，主要是他当时已经64岁，不愿意再操心太多琐事。1925年起接任宫内大臣的是日本法学家与内务省官僚一木喜德郎，他是美浓部达吉的老师，也是“天皇机关说”最早的理念启发者，让他担任宫内大臣自然更能发挥好天皇这个“机关”的角色。

不过，无论宫内大臣还是内大臣，他们与天皇事实上都有一定距离。牧野伸显一般是一两周来到皇宫一次，宫内大臣一般会在自己的办公室里处理工作。如果天皇想见什么人或者出门旅行，就需要有人在天皇身边贴身服务或担任安保工作，亦即“侍从”与“侍从武官”。这两种职位一般都会由数人担任，而两职之长，即所谓侍从长与侍从武官长，自然成为“裕仁团队”的重要成员。其中比较著名的人物，便是1929年至1936年担任侍从长的海军军人铃木贯太郎。这个人，即将在接下来的多个历史事件中扮演极为重要的角色。

1928 年即位仪式上的裕仁天皇

1928 年即位仪式上的良子皇后

六　裕仁斥责田中义一

日本近代史上以“某重大事件”这种隐语称呼的政治事件有两项，分别是1921年的“宫中某重大事件”，即裕仁退婚事件；1928年6月4日“满洲某重大事件”，就是日本关东军炸死奉系军阀张作霖的“皇姑屯事件”。后者也引发日本历史上唯一一次天皇逼退首相的事件——裕仁直接要求首相田中义一辞职。

其实，裕仁对田中义一的不满由来已久。早在1927年6月15日，他曾经垂询牧野伸显：“近来事务官之任免频繁，然而很多情况并非因为其人能否胜任，而是因为其他理由罢免，深感不妥。”担任首相之后，田中义一希望扩大自身权力，便派遣大量亲信担任各地方知事（相当于省长）与警察部长，进而帮助自己所在的立宪政友会赢得下一次众议院选举，这一点不仅激起民间媒体的批判，也招致裕仁的不满。但毕竟田中义一还是首相，牧野伸显并没有让裕仁直接对他表达不满，而是绕了个路，把裕仁想传达的话告诉西园寺公望，等田中义一拜访这位元老的时候自然会得知天皇的想法①。

但田中义一接下来却继续给裕仁添堵。1928年5月底，田中义一希望调整内阁成员②，想让多年以来对自己进行金钱支持的、实业家出身的

---

① 这件事后来的发展十分有趣。西园寺公望也没有直接警告田中义一，而是传达了天皇的“担心”，并让他直接与牧野伸显联络。当年8月18日，田中义一向天皇说明“事务官任免”之事的合理性，但这明显是没有领会到裕仁与牧野伸显让他收手的本意，焦急的牧野伸显只能直接警告田中义一，于是田中义一在8月30日向天皇谢罪。这件事的发展过程显示出裕仁、牧野伸显、西园寺公望等人从一开始都不希望承担“警告首相”这样的责任，以防首相把辞职的原因推给自己，引发更大的问题。这种互相推诿责任的习惯在二战时期几乎到达顶峰，也直接导致日本的失败。延伸阅读：伊藤之雄《元老》，社会科学文献出版社，2019年。

② 内阁成员的调整行为一般叫作“内阁改造”（cabinet reshuffle），但二战前日本宪法体系与目前其他议会制国家有所不同，内阁阁僚之间均为平级关系，首相无权任免其他阁僚，因此，想要调整内阁成员必须事先选好后继者，或是自身兼任该职位。本书使用内阁成员调整这一相对通俗的说法。

田中义一（1864—1929）

议员久原房之助担任递信大臣，但由于久原房之助牵涉行贿丑闻，遭到众人反对，文部大臣水野錬太郎甚至递上辞职信表明态度。裕仁私下垂询牧野伸显，“辞退人格高洁之人，却用劣等之人物实在是无条理”，显示出想要干预内阁人事的意图，但牧野伸显担心天皇出面干预会成为推翻内阁的原因，仍然加以阻止（“至此事终结之前并无必要发布圣虑”）。

5月23日，田中义一觐见裕仁，希望天皇能够同意久原房之助入阁，并阻止水野錬太郎辞职，天皇虽有疑虑但仍全部照办。麻烦随即而来，水野錬太郎对记者明确宣布自己是因天皇命令才留任的。这段话的主旨当然是表达对田中义一的不满，但客观上却把干预内阁人事安排的政治责任推给了裕仁。这是一个非常危险的信号：如果每个大臣都说自己是因天皇命令而任职或辞职，无疑是向外界宣布裕仁仍是一名具有很强控制力的国家君主，那他就要为国家所有正确与错误的举措负责，而一战之后的欧陆各国君主就是他的镜鉴。有鉴于此，田中义一马上声明水野錬太郎发言“虚伪”，而水野錬太郎也因为这次失言被迫真的辞职[①]。

田中义一也不消停。5 月 26 日，他突然找到裕仁询问是否应该辞职（进退伺）。一直以来，首相辞职与否都是由首相本人自己做决定，跑来与天皇商量是前所未闻的，这导致裕仁团队所有人都非常紧张。内大臣牧野伸显迅速与宫内大臣一木喜德郎等人商议，以政治事件“不能累及皇室”为主旨，建议裕仁不要正面回应，同时警告田中义一不能把询问是否辞职之事泄露给大众，以防事端丛生。

谁承想，消息还是不胫而走，引发学界与媒体的批判。5 月 30 日，17 名法学学者联名发布批判信，曾因“天皇机关说”吵得不可开交的美浓部达吉与上杉慎吉这次也站在同一阵线，共同批判田中义一一连串的举动“轻率不谨慎”，有可能“累及皇室”等等。随后日本贵族院的多个大型会派均成为田中义一的反对者。

在这种背景下，6 月 4 日，日本关东军高级参谋河本大作制造“皇姑屯事件”，并把责任推到与奉系军阀对立的国民革命军身上[②]。不过，这个“满洲某重大事件”的真相很快为日本高层所知，元老西园寺公望要求处罚河本大佐，于是田中义一在 12 月 24 日向裕仁汇报“关东军河本参谋计划并犯下整个案件”，同意在军事法庭审判河本大作，并将真相向国内外公布，整肃军纪。

---

① 日本文化中，辞职是一个非常有趣的现象，无论一个高级政治家、官僚或是大企业高管发生任何丑闻，只要他宣布辞职，对他的攻击都会戛然而止，大家会当这件事没有发生并转移话题。所以对很多人而言，辞职是一种推卸责任的上佳法门。这起“水野文相优掟（挽留）问题”在当时引起轩然大波，但在水野錬太郎辞职以后，批判矛头便不再对准他，舆论火力全部转向首相田中义一，这也为 1929 年 6 月田中义一内阁倒台埋下情绪上的隐患。

② 关于“皇姑屯事件”，民间有一种说法认为是苏联间谍所为，但在中、日、俄等国的史学界均未得到认可。这一说法在 2000 年由俄罗斯小说家迪米特里·普罗霍罗夫提出，广受日本右翼人士推崇，多次公开否认南京大屠杀的 APA 酒店集团负责人元古外志雄还曾拜访过这位小说家。

问题在于，田中义一当时的处境越来越差[①]，他事实上已经无法统辖全局，这份对天皇的承诺只是一张空头支票。1929 年 3 月 27 日，陆军大臣白川义则单独上奏，认为虽然能确定肇事者就是河本大作，也同意处分他以正军纪，但出于维护陆军形象而不希望对外公开，更不能上军事法庭审判。裕仁团队虽然不太满意，但也不想因此造成宫内省与陆军的对立，进而动摇自己的地位。于是，裕仁团队接受陆军的请求（当年 5 月河本大作被调回日本并停职）。可是，裕仁与牧野伸显积攒下来的怒气却需要一个发泄口，虽然元老西园寺公望的态度有所反复[②]，处于舆论风口与倒台边缘的田中义一最终成为裕仁想捏的"软柿子"。

6 月 27 日下午一点半，田中义一进宫报告"皇姑屯事件"的处理方案，这一次他辩护说"关东军与爆炸无关，只是警卫疏忽而已"，裕仁指出"这跟之前（1928 年 12 月 24 日的汇报）说的不一样了吧"，田中义一两度致歉"我没有任何借口可找"，裕仁冷冰冰嘲讽一句"没那个必要了"，整个对话就结束了。

---

① 针对前一年出现的"水野文相优掟问题"，1929 年 2 月 22 日，贵族院通过了"关于内阁总理大臣的措施之决议"，相当于对首相田中义一进行弹劾，这在贵族院历史上尚属首次。由于贵族院并不存在解散条例，这一次弹劾并不能让田中义一立刻下台，但这份声明的出台也意味着田中义一内阁日后的任何法律法令提案都不会得到贵族院认可，事实上是在逼田中义一下台。2 月 23 日，《东京日日新闻》也提出"田中内阁应利落辞职"，将田中义一内阁批判为"我国宪政史上少见之恶政"。另外，牧野伸显 3 月 31 日日记也记载："有识者对首相深有不信、轻蔑之念头已达到极端。"换言之，到 1928 年末、1929 年初，推翻田中内阁已经是朝野各方的一致意见。

② 1929 年 5 月 6 日，牧野伸显找到西园寺公望，询问能否直接要求田中义一辞去首相之位，西园寺公望没有反对；但到 6 月 27 日裕仁将要斥退田中义一之前，西园寺公望却明确反对，表示"明治天皇之时代以来从未有此先例，反对天皇与总理大臣之进退直接相关"，意在让裕仁从首相是否退隐的决定之中跳脱出来，以免后世被追究责任。西园寺公望的态度反复与他这段时间的身体状况、情人花子与旁人偷情之事导致精神状态欠佳有关。然而，牧野伸显决定不理会反对意见，认为裕仁在这种情况下必须直接逼退田中义一才能满足国民的舆论要求。

铃木贯太郎（1868—1948）

一木喜德郎（1867—1944）

仅从这段对话，并不能感觉出裕仁是在训斥田中义一，但天皇的态度并不只是通过裕仁一个人说出来的，而是与身边的团队共同发出的。田中义一面见天皇之后非常疑惑，前去询问侍从长铃木贯太郎，想知道天皇到底是什么态度，却只得到“陆军大臣所言并不充分，所以陛下难以接受，甚为遗憾”的答复；田中义一赶忙与陆军大臣白川义则确认，白川义则以为问题在自己，就去找到铃木贯太郎，得到的答复是“田中首相误会了，问题不在陆军”。这句话也是在暗示：既然问题不在陆军，那就是在首相。

一圈哑谜下来，田中义一非常惊慌，6 月 28 日下午再度找到铃木贯太郎，要求再见裕仁，想了解“陛下之御真意”，意思就是要让天皇给一个是否辞职的明确命令。但这一次铃木贯太郎却下了逐客令，拒绝让田中义一面见裕仁。这时候，态度就很明显了，于是，6 月 30 日田中义一内阁正式宣布辞职，并于7月2日递交辞呈。

天皇逼退首相，日本历史上仅此一例，前无古人，后面恐怕也不会有来者。为了让裕仁本人尽可能不要直接发布决策命令，裕仁团队也是煞费苦心，通过不断的哑谜来让田中义一渐渐领会到天皇的意思，最终主动辞职。我们从整个程序的运行可以发现"制度天皇"的决策过程：担任天皇职位的裕仁（"人类天皇"）表达出一个符合周围人预期的个人态度（辞退不得人心的田中内阁），进而由宫内省的裕仁团队不断确认这种态度，这样一来，内大臣牧野伸显作为前外务省高官的影响力、宫内大臣一木喜德郎作为前内务官僚与法学学者的影响力、侍从长铃木贯太郎作为海军大将的影响力都会附着在裕仁的个人态度上，进一步塑造与巩固"制度天皇"所具有的威严。

在这个决策形成的链条中，裕仁的个人意志固然重要，但周遭团队的态度与舆论导向也非常重要。如果"人类天皇"发出的是不符合舆论导向的要求，其团队会首先加以抵制，阻止这份个人意志成为"制度天皇"的决定。这样做，即便天皇决策失误，追究责任也会变得非常困难——被记录下来的裕仁本人说过的话，大都是些没头没尾的语句，只要周围团队集体噤声，事件追责就全无根据。也正是因为惧怕追究责任，裕仁在之后的参政岁月里采取了更为稳妥也更为日本的表达方式：暧昧。

七　小结

大正时代对于日本而言，既短暂，又热烈。这段时间，日本进入所谓"五成农民社会"，亦即全国有一半人口聚集在城市里，这一方面让城市生活更加多姿多彩，另一方面也让社会运动此起彼伏，新锐思想借由杂志、广播、电影等崭新媒介传播开来。后世所称“大正德谟克拉西”时代就此诞生。

1916年，东京帝国大学法学科教授吉野作造在《中央公论》杂志发表《解读宪政本意、论宪政有始有终之路》，针对“德谟克拉西”提出了两种解释方法：一是国家主权法理上归于人民（民主）；二是国家主权活动的基本目标是利于人民（民本）。由于日本宪法确定国体为“君主国”，再主张“民主”（主权在民）思想会遭到政府弹压，为免灾祸，吉野作造便放弃前者，而以后一理念为基础，以“民本主义”作为“德谟克拉西”的日语翻译。

虽然这种翻译在一定程度上消解了“德谟克拉西”原意针对“君权神授”的反诘，但伴随着“民本主义”思想的勃兴，吉野作造对于民众的期待还是变成了现实。大正时代的民众思想逐步开化，明治时代对于“英雄主义”的向往也逐渐淡去，平民阶层成为新的“英雄”，他们站出来，左右了一个崭新的时代。大正天皇嘉仁的后半生与昭和天皇裕仁的青年时代，都是在这样的气氛中度过的，他们非常明白，自己必须适应新时代的发展，必须与国民舆论相结合，必须做国民想做的事。

但这里还隐藏了一个可怕的命题：如果国民想要对外扩张呢？

事实上，吉野作造本人就有着这样的矛盾：他支持东亚各国的独立运动，与中国的孙中山、越南的吕运亨等革命家惺惺相惜，但也认为日本政府在一战期间炮制的对华“二十一条”是“为维护日本利益所不可少”的，完全没有意识到这种舆论的正当性并不能赋予侵略行为以正当性。

还好，吉野作造只是一位学者，但对于裕仁这位坐在天皇宝座上的人物，这个可怕的命题就成为他统治国家前20年挥之不去的诅咒。

第六章　能动君主：裕仁如何一步步参与日本侵略战争（1931—1945）

不得不说，这一章是本书最难写的一章，也是极富挑战性的一章。毕竟不是任何人都能有机会通篇讲述裕仁的前半生，这一部分也理应成为本书的高光点。

要谈昭和前20年（截至1945年）的裕仁，就不能不谈他的战争责任问题。需要明确的是，我们不应该用东京审判的结果来判别裕仁有无战争责任，因为东京审判有其独特的国际政治环境，无法反映二战时代日本每一个战争决策的形成过程，所以很多应当承担战争责任的人甚至没有被逮捕[①]，有

① 典型案例即“九一八”事变的策划者之一石原莞尔。这个极富战略头脑的人才由于在二战期间与东条英机不和而早早被打入预备役，丧失了进一步参与战争决策的机会，这使他在二战结束后非常不受重视。据说他在美军抵达日本后一直在家等待有人上门逮捕，但等了很久也没人来，最后发现自己并没有在美军逮捕的名单当中。他非常气愤，甚至主动要求进入东京关押战争嫌疑犯的巢鸭监狱。东京审判中，“九一八”事变的最终责任由当时的关东军高级参谋、石原莞尔的同僚板垣征四郎承担，这个甲级战犯被判处绞刑。

石原莞尔（1889—1949）

米内光政（1880—1948）

的还受到大肆推崇[①]。如下一章所述，裕仁免予起诉的主要原因是出于政治考量，不能因为东京审判没审他，就说他没有战争责任。

但裕仁的战争责任具体是什么？这是一个非常难总结的话题，即便是在反对天皇制、对裕仁的战争责任有着深刻认识的学者之间，对这个问题也无法完全达成一致。裕仁到底应该承担立宪君主的责任，还是绝对君主的责任，抑或是两者都有？这些问题以笔者未经历史学专业训练的视角和

① 典型案例即侵华战争爆发时的海军大臣米内光政。1937 年“八一三”事变时，米内光政力主派遣军队前往上海“膺惩”中国军队，并力主派遣海军航空兵从日占台湾、长崎等地渡海轰炸南京、上海、杭州等大型城市，主动提出进攻海南岛等大量战略部署，是日本侵华战争中的策化者。但由于他反对日本与德国、意大利缔结三国同盟，要求日本与英美等国媾和协调，反对对美开战，并在 1943 年参与推翻东条英机内阁，以及在二战后迅速处理海军军人投降等问题，被美国人认为是日本军队中的“良识派”，二战后不但没有遭到任何形式的逮捕，反而受到驻日美军的高度礼遇。如后文所述，东京审判期间，米内光政广泛参与到为裕仁脱罪的工作之中，主导原海军出身的证人统一口径，甚至在东京审判出庭时公开袒护、包庇其他战犯，他未受审判也说明东京审判对于日本战犯侵华责任的判别存在严重问题。

知识储备，恐怕难以条条列出。

但起码可以知道的是，裕仁是近代天皇之中参与政治最深、最主动之人，少年以来的帝王教育与国内外巡游也让他的思维更加严谨，塑造出他比起爷爷明治天皇、父亲大正天皇更加强大的政治调度能力。所以，关乎战争与和平的每一步，裕仁都在精准算计，他很明白自己未来有可能会承担某种程度的责任。终其一生他都在试图掩盖自己“人类天皇”的一面，而是将自己打扮成一个处处受限的英式君主形象，这样的话，所有决策责任都会归咎于明治时代以来的“制度天皇”。

但真实情况如何呢?

一 伦敦海军会议与裕仁团队的运作

说到日本走入战争的起点以及“昭和史”的起点，人们大都会想到爆发于 1931 年的“九一八”事变，但在这之前，日本在 1930 年的政治斗争与暗杀行动也极大影响了“九一八”事变时期日本政界主要人士，尤其是裕仁的行为模式。

1929 年 7 月 9 日，滨口雄幸受命成为新任内阁首相。早在上台之前，滨口雄幸就对日本过度干涉中国内政有所不满。他曾指出，“如今中国全国的统一，乃是（中国）国民长期的愿望，（日本）要在可能范围内加以帮助”，只有取信于中国，才能“将贸易伸展到中国全国，尤其是最为富裕的中心地长江流域，增进两国互惠共赢”。显然，滨口雄幸的眼光更加长远，这种思路也受到元老与宫内省的欢迎，田中义一辞职后，西园寺公望与牧野伸显几乎是第一时间想到这位当时议会第二大党——立宪民政党党首能够胜任首相之职。

滨口雄幸上台后立刻发布了包括“金解禁”[①]在内的十条政府纲领。裕仁对这些纲领非常满意，但也会对一些具体的政策做出微调的指示。当年10月15日，滨口雄幸内阁发布指示，要求所有官吏（国家公务员）一律减薪10%，遭到了很多官僚与民众的反对。为了让即将到来的“金解禁”顺利推行，裕仁向侍从长铃木贯太郎表示“‘金解禁’等其他重要政务重叠之际，若引发政变就不好了”，作为海军大将的铃木贯太郎迅速把这个消息私下告知海军大臣财部彪，进而私下传递给大藏大臣（主管财政与金融工作）井上准之助，滨口雄幸内阁同意在10月22日撤回这条降薪指令。不过不久之后，裕仁授意将耗资200万日元建设的初声御用邸推迟建设，多少也是在响应滨口雄幸的紧缩财政政策。

滨口雄幸内阁时期发生的另一件大事是1930年伦敦海军会议问题[②]。

---

① 一战前后，参战各国纷纷陷入财政困境，英、意、法、德、美等国相继禁止黄金自由兑换，日本于1917年9月12日宣布限制黄金输出。一战之后的1922年4月，34国在意大利热那亚召开货币会议，催促各国采取金解禁政策。到1928年，美、英、意、法相继解禁黄金，世界大型经济体之中只有日本没有解禁。但围绕金解禁之后的日元汇率定价问题，滨口雄幸的观点是以一战以前的标准（1美元=2日元）定价，即所谓“旧平价”；但日元在十几年间跌了不少，少部分民间学者的观点是以1928年左右的实价（1美元=2.3日元）定价，即所谓“新平价”。最终日本在1930年按“旧平价”实行“金解禁”政策，日元升值导致国外商品价格相对下降，抑制日本国内经济发展，失业率增加；再加上1929年末的资本主义世界大萧条，日本经济受到严重冲击。

② 1922年世界各主要国家签署关于裁减军备的《华盛顿条约》，将英、美、日、意、法五国的主力舰吨位定为5 ∶ 5 ∶ 3 ∶ 1.5 ∶ 1.5，即日本海军主力舰吨位为美国的60%，显著少于日本海军激进派要求的“对美七成”（70%），当时的海军首席随员、海军中将加藤宽治非常不满，甚至曾在华盛顿擅自对媒体宣布“如果达不到对美七成，日本将会退出会议”，此举遭到当时出席华盛顿会议的全权代表、海军大将加藤友三郎的严厉批评。最终《华盛顿条约》顺利通过，但加藤宽治却把自己的心思暗藏起来，在伦敦海军会议时进行总爆发。“对美七成”是日本海军根据日俄战争对马海战的成功经验制定的一套“渐减邀击（Attrition Interception）作战”的从属品，这套作战方针旨在引诱美国舰队远航至日本近海，通过潜艇、驱逐舰等部队不断骚扰美军而降低美军作战能力，最终在日本近海形成势均力敌的作战态势，以战列舰决战一击制敌。日本海军经过测算，认为日本舰队总吨位必须维持美军的70%，才能完成这套作战方针。延伸阅读：刘怡《逆天而行》，武汉大学出版社，2011年。

“狮子首相”滨口雄幸（1870—1931）

财部彪（1867—1949）

1930年1月，英国召集海军五大国其他成员聚集伦敦，重点商讨巡洋舰与潜艇吨位的比例问题，民政党派出二号人物若槻礼次郎作为首席全权代表出席。经过两个月的反复商讨，最后定下一份草案：日本海军非主力舰总吨位为美国的69.75%，重巡洋舰总吨位为美国的60%，潜艇吨位规模保持在5.27万吨。这个数字依然不足以满足日本海军坚持的“对美七成”愿望。消息传回国内，主张维护大规模舰队的“舰队派”人物，诸如海军军令部长加藤宽治、次长末次信正等人均明确表示反对，末次信正还把草案透露给媒体，舆论瞬间站在海军军令部一边，导致滨口雄幸内阁压力倍增。

在这种局势下，裕仁在3月27日主动要滨口雄幸汇报工作，告诉他“努力为世界和平早日解决此事”（注意：这句话表面上是一种暧昧表态），这份鼓励等于是给滨口雄幸一个来自宫内省方面的支持，同时也是向他传

加藤宽治（1861—1923）

加藤友三郎（1870—1939）

递一个清晰信号：一旦有事，以裕仁为核心的宫内省团队会出面帮助滨口雄幸运作周围的所有事情。（预告：第二年“九一八”事变时，裕仁与宫内省的态度便截然不同，而这也与《伦敦海军条约》的这次鼓励有着密切关系。）

3月31日，愤怒的加藤宽治发动自己的军事上奏权，要求单独面见裕仁。按照惯例，一旦两人会面，天皇就要按照海军军令部长的“辅弼”结果发布军事命令，而由于首相理论上不能干涉军事命令，这一下子就能够把有利于加藤宽治的提案以军事命令的形式、绕开内阁直接发布给一线谈判人员。如果裕仁作为“人类天皇”在这个时候拒绝加藤宽治，那他的拒绝指示就会变成“制度天皇”的正式命令，也就是对于海军军令部长的不信任，加藤宽治必须辞职，这样必然会引发整个海军系统的动荡。

为此，侍从长铃木贯太郎又一次展现自己作为海军大将的实力，他明确警告加藤宽治：天皇与宫内省不能被政治所利用，并以友人身份劝说对方延期面见天皇。加藤宽治将信将疑之际，4 月 1 日上午 10 点，滨口雄幸内阁形成决议，正午时分获得裕仁的裁可。加藤宽治这才如梦初醒，马上申请觐见天皇，但又一次被铃木贯太郎阻拦，硬是拖到 4 月 2 日上午才被允许进入皇宫。但这个时候，接受草案的训令早已传达给伦敦的谈判人员，木已成舟，裕仁也是“唯听之而已”。4 月 10 日，日本正式在《伦敦海军条约》上签字[①]。

侍从长两度延迟军部武官上奏，这从明治时代以来全无先例。一直以来，侍从长职位更像是一个事务性官职，类似天皇身边主管日程的秘书长，明治与大正时代的侍从长一般由原公卿或“宫中”集团成员担任，除去短暂担任侍从长半年的陆军大将桂太郎外，铃木贯太郎是第一个长时间担任侍从长的大将级前军官。考虑到当时绝大多数海军将领的资历或年龄都比铃木贯太郎小（加藤宽治之前的海军军令部长正是铃木贯太郎），虽然他只是一个负责预约工作的侍从长，但海军旧人也不得不敬他三分。所以从某种意义上说，铃木贯太郎是利用自身的政治实力扩大了本属于侍从长的权力范围，此举也被时人批评为“擅权”。

这种宫廷内部操作让舆论哗然，也让刚刚在 1930 年 2 月选举中失去第一大党地位的立宪政友会嗅到机会，政友会干部鸠山一郎明确指出，滨口雄幸内阁干涉了天皇对军队的统帅权，此即“统帅权干犯事件”。

如前所述，在日本帝国宪法体系中，担负天皇“辅弼”与“咨询”

---

① 该条约全称为《限制和削减海军军备条约》（*Treaty for the Limitation and Reduction of Naval Armament*），俗称《伦敦海军条约》，是英国、日本、法国、意大利、美国于 1930 年签署的协议，规范了潜艇战和有限的海军造船活动。该条约于 1936 年进行修改（第二次伦敦海军条约），但日本与意大利因法西斯势力主政而退出了条约。

工作之人并不是“内阁”或“首相”，而是“国务各大臣”，而每名大臣都有其职责边界，互相之间不可越权行事。虽然大部分国务大臣（包括陆军大臣、海军大臣）都是内阁成员，但内阁并不能涵盖全部拥有“辅弼”权的大臣，比如，天皇的“统帅权”就属于内阁之外的参谋本部（陆军）、海军军令部（海军）负责“辅弼”。

但问题又来了，属于内阁的陆军大臣、海军大臣又管辖什么呢？这里需要明确一个概念，即日本军队实行“军政”“军令”分离制度，军队日常招募与训练管理归属“军政”部门——陆军省、海军省管辖，两省长官自然是主管后勤、训练、研发等工作的最高官僚；而属于天皇“统帅权”的“军令”部分，如军事指挥、战略战术的制定、作战情报收集等工作则由参谋本部（陆军）、海军军令部（海军）完成。按照1909年9月12日《军令相关事项》的规定，两部门长官参谋总长、海军军令部长等高级军官拥有直接面见天皇汇报军令事务的“帷幄上奏权”。在鸠山一郎看来，海军军备是否削减一事即属于“统帅权”范畴，参谋总长、海军军令部长均不属于内阁成员范畴，所以内阁无权节制与干涉①。

当然，“统帅权干犯”的说法并没有掀起太大波澜，因为签约成功的

---

① 不过，这种分类过于武断，在实际工作中“军政”“军令”有很多地方根本无法分清。因此，一般来说，陆军、海军各自的系统内部都会互相协调。为了提高效率，陆军省与参谋本部分别在东京三宅坂的两座相邻大楼里（现为日本宪政纪念馆所在地）办公，而海军省与海军军令部干脆就在一栋大楼里面办公（二战后期被炸毁，目前在东京永田町一带仍有纪念碑），双方之间人员交流频繁，高级人才选任也必须在两个部门里面先后任职才行。所谓“统帅权”问题之前根本没有出现过。事实上1886年“陆军纷议”爆发时，当军队高官面对明治天皇想要借助“军令”部门抢夺指挥权时，陆军大臣大山岩还曾经以辞职相威胁，要把检阅士兵的“军令”权力牢牢抓在陆军省手中（此段参见本书明治天皇的相关章节）。换言之，鸠山一郎在1930年的这通提法根本就是无稽之谈，但由于后来的军部高官经常以“统帅权”作为幌子要求内阁妥协，造成军国主义势力扩大，鸠山一郎在二战之后还是被处以“公职追放”（不允许担任公职）处分，这也让他在战后失去了立刻就任首相的机会，只能在1946年让位于吉田茂，直到近十年后的1955年才击败吉田茂担任首相。

消息成功扭转了舆论，媒体也普遍认为签订条约可以限制军备竞赛，保障日本的和平。心灰意冷的加藤宽治在 6 月 10 日向天皇递上辞职信。

但有趣的是，裕仁并没有当场表态，而是在铃木贯太郎的建议下，要求海军大臣财部彪提出意见。如前所述，海军省与海军军令部分管海军的“军政”与“军令”事务，海军大臣与海军军令部部长也属于平级①，任职问题不应互相插手，裕仁此举无异于让海军大臣主管海军军令部长的任职工作。更何况，财部彪是支持《伦敦海军条约》签订的“条约派”、加藤宽治是反对签约的“舰队派”，裕仁如此表态明显是在为“条约派”背书。最终，财部彪推荐的谷口尚真成为下一任海军军令部长，裕仁支持下的海军省无疑是大获全胜。

不过全胜背后即是隐患。愤愤不平的“舰队派”很快把风声透露给媒体。6 月 18 日，政友会旗下的《中央新闻》刊发题为“军令部长之帷幄上奏受到无故拖延，铃木侍从长之专断打破惯例”的文章，将铃木贯太郎在3月30日与4月1日两次延迟加藤宽治上奏之事告知大众。铃木贯太郎、牧野伸显等宫内省人士因此事被批判为操纵政治、误导天皇的“君侧之奸”，也为后来的“二二六事件”埋下了伏笔。

舆论攻击的对象不仅限于宫内省，甚至还有人把目标对准天皇本身。当年 8 月 28 日宫内省报告显示：“不知道是什么团体，有一部分陆军年轻人在秩父宫（雍仁）的汽车行进到某地的时候，一位陆军大佐突然拉开车门进去，声称愿意‘尊奉殿下’。这件事情（秩父宫）殿下事前并不知情。”由于裕仁上台以后接连干预政务，再加上裕仁连续生的四个孩子都

---

① 日本最高级官员为“亲任官”与“亲补职”两种。“亲任官”主要有国务大臣（包括首相、陆军大臣、海军大臣）、内大臣、宫内大臣、枢密院议长、大审院长（最高法院院长）、朝鲜总督、台湾总督等。日本海军的“亲补职”主要有：海军军令部部长（1932 年后为军令部总长）、联合舰队司令长官、舰队司令长官、镇守府司令长官。

秩父宫雍仁亲王（1902—1953）

是女儿，一部分陆军基层军人产生了废黜裕仁，把小他一岁的弟弟秩父宫雍仁亲王拥立为新天皇的企图。此时的雍仁亲王即将从陆军大学校毕业，而且受到陆军基层军人某些激进思想的影响，在很多人看来是代替裕仁的绝好人选。这件事的发生自然让裕仁感受到了威胁。

威胁还不止于此。媒体的宣传促使日本右翼团体的活动愈发活跃，他们攻击滨口雄幸内阁的政策让国内经济疲敝，对外丧权辱国。1930 年 11 月 14 日，右翼激进分子在东京站内枪击滨口雄幸，导致其重伤入院，首相职位由签署《伦敦海军条约》的民政党二号人物若槻礼次郎接任。1931 年 8 月，备受裕仁支持的滨口雄幸因伤去世，日本即将进入一个更为惨烈与动荡的时代。

二 “九一八”事变中的宫内省与裕仁

1931 年 9 月 18 日晚 10 点 20 分，东北奉天柳条湖，一声闷响。

这便是日本关东军制造的“柳条湖事件”。对于这次事件，关东军可谓是机关算尽：爆炸 10 分钟后，会有一辆从长春开往大连的火车经过柳条湖，铁路一断，列车必定出轨，肯定是个大新闻；到时候就嫁祸给东北军。出乎意料的是，炸药虽然炸了，但只有一侧铁轨出现了 80 厘米的轻微损伤，铁轨下的枕木也只断了两条。结果，这点损伤没能对火车产生丝毫影响，关东军只好灰溜溜地看着火车通过。

这场蹩脚的演出就是“九一八”事变爆发的原点。通常，关于“九一八”事变的叙述主要侧重于关东军与东北军两方面，集中阐述日本军部对华侵略野心与东北军不抵抗的全过程。但就日本方面来说，这起所谓“满洲事变”也在日本政坛引发连锁反应，成为“军国昭和”时代的开山之作；日本的政治格局，尤其是裕仁态度的变化都能从事变发生第二天的“九一九事件”里找到原因。

9 月 19 日上午，首相若槻礼次郎从陆军、外务省两方面获得详细汇报，随即在上午 10 点召开紧急内阁会议。就在日本内阁决定“事变要朝着不扩大方向而努力”的同时，驻朝鲜半岛的日本军队司令官林铣十郎中将响应关东军，派遣前锋部队坐上火车开赴鸭绿江中朝边境，抵达新义州后立刻派遣一个大队（营）兵力的日军越境侦查。按照 1908 年《陆军刑法》第 2 章“擅权罪”第 37 条规定，“对于权外之事，司令官无不得已理由而擅自调动军队，处死刑，或无期徒刑，或七年以上监禁”。当时中国东北军无意进攻朝鲜，驻朝鲜日军却无故进入非管辖地，若追究起来，林铣十郎必然会被判刑。如何处理林铣十郎的“越境”行为，到底是按律处罚，还是予以追认，成为日本政坛争斗的核心问题。

为了解“裕仁团队”想法，9月19日傍晚，若槻礼次郎找到贵族院议员、元老西园寺公望的私人秘书原田熊雄，表示“以自身之力无法压制军部”，要求原田熊雄迅速报至宫中重臣。原田熊雄联络到宫内大臣一木喜德郎、侍从长铃木贯太郎、内大臣秘书官长木户幸一[①]三人，希望能得到“统制军部的良策”。按照原田的想法，可以邀请陆军大将、皇族军人闲院宫载仁亲王（军事参议官）出面，以皇族身份稳住陆军，再从静冈邀请隐居状态的西园寺公望进入东京稳住大局。

但是，木户幸一却带头表示反对：“值此难局，首相若总想着他力本愿[②]甚是不妥。”为什么不妥呢？因为首相虽然无法限制参谋总长对陆军的控制权，也无法直接限制前线陆军的行为，但内阁之中有大藏大臣一职，如果他咬死不认可朝鲜日军的越境行为，拒绝提供资金支持，对陆军来说无异于一种限制[③]。于是9月20日一大早，原田熊雄便把“宫中重

---

① 木户幸一（1889—1977），明治维新元勋木户孝允外甥之子，木户侯爵家继承人，曾在农商务省任职，1930年凭借华族身份与元勋后代身份进入宫内省工作，后在1937年到1939年担任国务大臣，1940年到1945年担任内大臣职务，是裕仁中年时期身边非常重要的人物，也是日本步入侵华战争与太平洋战争的关键性人物。东京审判期间，他把自己的日记全部拿出用于证明裕仁并未参与到侵略战争的过程之中，但他的日记最终未受采用，他本人也作为甲级战犯被判处终身监禁。《木户幸一日记》中记载裕仁在二战期间的言行，尤其是1941年下半年围绕开战的诸多言论不见于任何其他一手资料，因而与原田熊雄的《西园寺公与政局》有着非常独特的史料价值。但裕仁本人对这两部史料均有异议，他认为：木户幸一只记结论，不记过程；而原田熊雄只记过程，不记结论。

② 原为佛教用语，本意是指借助如来之力成佛，在日语里引申为不愿努力，只想依靠身边人的帮助实现自己的愿望。

③ 事实上，在“九一八”事变过程中，引爆事变的陆军少壮派军人虽然支持朝鲜日军越境出兵，但并不支持参谋总长直接以“帷幄上奏权”获得天皇的追认。正如少壮派核心人物、陆军省军务课长永田铁山所言：“增兵便要有经费支出，未经内阁承认而以统帅系统单独帷幄上奏，极为不当。”9月20日下午，永田铁山根据参谋本部作战课的《满洲时局善后策》，制作陆军省的《时局对策》：如果政府一定要求事变“不扩大”，陆军也没必要反对，但如果“满洲”出事，陆军可以发动“帝国自卫权”，“临机处置”。也就是说，陆军在这一阶段仍然难以控制大藏省，他们也希望与内阁合作以获取出兵的资金支持。延伸阅读：川田稔《日本陆军的轨迹：永田铁山的构想及其支脉》，社会科学文献出版社，2015年。

若槻礼次郎（1866—1949）

“越境将军”林铣十郎（1876—1943）

臣”的态度汇报给若槻礼次郎：“如今除去动用内阁会议压住陆军之外别无他路。”

“宫中重臣”之所以采取这种态度，直接原因自然是 1930 年《伦敦海军条约》时期，铃木贯太郎动用自身权力压制住海军，随后招致军界与媒体的反扑。如今若是再让闲院宫载仁亲王出面，且不论这位陆军元老是否同意惩罚林铣十郎、引发陆军内部大乱，即便同意，皇族直接参与政治也会让底层陆军军人将矛头对准以裕仁为中心的皇室成员。

恰好，若槻礼次郎的性格非常纤细敏感，对宫内省本就疑虑重重，如今宫内省不愿意主动支持，让他更难具有前一年滨口雄幸强行通过《伦敦海军条约》的决心[①]。9 月 21 日上午内阁会议开始，南次郎一反过去的态度，力陈增兵之必要性，并提出如今已经不可能“回归旧态”，最多只能“维持现状”；到了下午，内阁会议还没有结束，朝鲜军的混成第 39 旅团就正式越过鸭绿江，侵入中国。整个时局让若槻礼次郎备感无力，于是他在 9 月 22 日内阁会议上主动提出“既然已经出兵，那也没办法了”，最终同意提供军费[②]。

首相虽然撑不住了，但从理论上说，这一时期裕仁仍然可以发动自己的“天皇大权”。事实上西园寺公望也在 9 月 21 日传话给内大臣牧野伸显：“无御（天皇）裁可却要动用军队，此事若是陆军大臣或参谋总长上奏，陛下绝不可允许。”要知道西园寺公望一直以来都要求裕仁不要过多介入政治，逢任何请示也不要做出任何回答、发表任何意见，只管给予“裁可”即可，如此方可将裕仁塑造为一个超脱于国家政治之外的英式立宪君主，

① 若槻礼次郎第一次组阁是在 1926 年 1 月至 1927 年 4 月。之所以辞职，是当时日本政府为了援助濒临破产的台湾银行而在国会休会期间发布紧急敕令，结果审核法律法令的最高咨询部门枢密院却以手续违规为由将其否决。若槻礼次郎无法平复这起风波造成的政治震动，只得辞职下台，首相职位也让给了陆军出身的田中义一。而田中义一刚刚上台，便发布了与若槻内阁几乎一样的紧急敕令，却迅速获得枢密院通过。田中义一之前急于获得首相职位，而枢密院议长仓富勇三郎又对政党政治持怀疑态度，双方便合谋倒阁。第一次若槻内阁也成为日本历史上唯一一个被枢密院颠覆的内阁。枢密院与宫内省、贵族院相似，均以贵族或重臣出任高官，比如仓富勇三郎本人曾在宫内省任职，还长期担任过贵族院议员。在这起事件以后，平民出身的知识分子若槻礼次郎便对政治失去兴趣，甚至于将后辈滨口雄幸提拔为党派首脑，并在 1929 年底就任日本首相。第二次就任首相时，西园寺公望曾评价他“没有首相的器量”。

② 围绕这件事，若槻礼次郎在回忆录《古风庵回顾录》里以一种似是而非的方式加以解释：“不出兵倒是也无所谓，一旦出兵又不给军费，那士兵恐怕一天也待不下去……如果就这样撤兵，那么一个师团兵力恐怕会遇到毁灭之灾……日本（在中国东北的）民众一定会遇到麻烦。”整部回忆录中，若槻礼次郎用大量篇幅介绍青年时代的求学与官场经历，对于这起震惊世界的“满洲事变”却只用“不听话的军队”一小节匆匆带过，甚至对于原因的解释也显得似是而非。或许某种意义上，他并不想对这次政治失败过多提及，也不想在一本注定出版的书上指责尚在人世的其他当事人。

木户幸一（1889—1977）

而且天皇也不会因为政治决定而受到追责。但对于这次“九一八”事变的“越境”出击事件，西园寺公望意识到以既有制度根本无法阻止军队进军，唯有指望裕仁发动“天皇大权”，才能让好战的一线军人彻底停下来。

不过围绕这个话题，宫内省其他重臣却有不同看法。从皇太子时期跟随裕仁的侍从武官长奈良武次认为：“（参谋）总长或许深知内阁决议主旨与（天皇）意图（事变不扩大）而做出一些处理，然而前线军队已是骑虎之势，难免脱离指令。”陆军军人奈良武次这番表态无疑是为陆军说情，同时也说明他的立场已经不完全支持“事变不扩大”。要知道，前一年裕仁的权威之所以能够影响海军，主要原因是海军大将铃木贯太郎坚决反对海军军令部长的提案；但如今奈良武次偏袒前线官兵，裕仁的态度自然很难影响前线的陆军军人。

1928 年，步兵第三联队长永田铁山大佐（右二）正在为裕仁（左二）讲解。左一为侍从武官长奈良武次，右一为秩父宫雍仁亲王。奈良武次很早就与“九一八”事变的幕后推手、陆军少壮派的核心人物永田铁山交往密切，这也让军部感受到来自宫中的支持

刚刚批评首相“他力本愿”的木户幸一更是进言：“如今有情报显示，军部认为此事（天皇不同意越境出兵）是侧近者之智慧（亦即宫内省的人教唆），因而非常愤慨。有鉴于此，今后除非不得已之场合以外，不发御掟（即天皇不应有实际表态）为宜。”这种说法当然是希望裕仁能够多考虑身边团队的安全，一旦裕仁有任何与军部不同的思想，底层军人或许不敢直接对裕仁做什么事，但不能保证不会袭击宫内省的裕仁团队成员。他还指出“元老（西园寺公望）上京之事可能会激化军部态度，在状况无变化之时，如今不上京为宜”。正因如此，西园寺公望直到事变已经基本解决后的 11 月 1 日才来到东京，元老缺席也让裕仁失去了最大的政治靠山。

到底是发动“制度天皇”的权威，制止林铣十郎的“越境”出兵，还是仍然扮演“人类天皇”的角色，让自己免于承担责任？我们并不知道裕仁的心路历程，但结果是，他在 9 月 22 日批准了参谋总长金谷范三的要求，只留下一句“吸取教训，多加注意”这样不痛不痒的话，追认朝鲜日军“越境”出兵为合法行为。虽然之后的内阁会议决定“事变不扩大”，但因为没有对朝鲜日军加以限制，实际形同废纸。

从后来的历史看，“九一八”事变之后的“越境”出兵开创了一个非常恶劣的先例：无论东京中央政府如何不同意，无论有多少政治家与军官反对，只要前线能够先斩后奏，取得战功，东京的中央政府就会予以追认。裕仁本可以选择“制度天皇”一面，主动终结战事，惩罚肇事者，但为了不让近在眼前的宫内省团队受到攻击，为了不让自己挑起阻止战争的重担，甚至为了免除被底层军人攻击的风险，裕仁最终选择了“人类天皇”的一面，让自己再度躲回明治宪法体系给他设下的免责安全区里。

从一个普通人的角度，我们当然可以理解裕仁追求免责的想法；但从一个国家元首的角度来看，他没有尽全力阻止破坏国家制度的举动，没有与对外侵略路线作斗争（甚至还有助长），这本身就是一种对国家、对天皇职位非常不负责任的态度，而这种态度也基本贯穿了裕仁的前半生。

不仅如此，随着战况的推进，日本军队在10月进逼东三省南部，派遣飞机轰炸张学良所在的锦州，日本内阁“事变不扩大”的决议遭到严重挑战。裕仁方面也迅速放弃“事变不扩大”立场，在10月9日提出空袭锦州乃是“如今状况而言当然之事”“关东军如今兵力是不是很少？”“如有必要可以扩大事件”。

在裕仁的默许下，对于若槻礼次郎内阁的攻击愈发严重。10月17日，日本陆军宪兵队逮捕陆军中下层军官组成的“樱会”成员。先前，“樱会”首领桥本欣五郎试图发动军事政变，推翻若槻礼次郎内阁，建立以陆军中将荒木贞夫为首相的亲军政权。这起“十月事件”虽然以泄密与逮捕而告失败，但由于陆军内部的包庇，桥本欣五郎仅被处以禁闭20日的处罚，其他参与者也基本没有受到什么像样的处罚。眼见如此，内阁迅速出现大量反对首相的声音，造成内阁难以维持，最终若槻礼次郎内阁在12月11日全体辞职。

三　裕仁团队的分崩离析

进入1932年，“九一八”事变之后的军国主义热潮迅速传染开来。“一·二八”事变（日本海军侵略上海）、“血盟团事件”（原大藏大臣井上准之助、三井财阀总帅团琢磨遇刺）、“五一五”事件（首相犬养毅遇刺）等恶性案件相继爆发，眼看自己一手制造的烂摊子越扩越大，裕仁也备感压力，甚至开始失眠。

三年内更换四任首相，日本政局急需稳定。1932年5月19日，元老西园寺公望再度来到东京，对下任首相人选的选择提出了自己的想法[①]，于是裕仁通过侍从长铃木贯太郎发布了关于次任首相的七条指示，明确要求不能亲近法西斯思想。

表面上看，裕仁似乎是在反对军国主义。但什么是法西斯思想呢？1932 年世界上唯一成功的法西斯国家——意大利王国，其突出特征是一个前基层军官（墨索里尼）靠着新媒体（广播）获得影响力，通过军事政变无限扩大行政权，压制议会，架空意大利国王。考虑到当时日本陆军基层军官存在非常类似的思想，在裕仁的话语体系里，“不能亲近法西斯”的实际意思就是反对陆军基层军官的军事政变，反对暗杀，反对架空天皇权威，维护明治宪法体系。

这一时期，由于裕仁逃避责任，身边众人也呈现出不同态势。5 月 18 日下午四点到五点一刻，秩父宫雍仁亲王与裕仁谈了一个多小时，这个仅仅比裕仁小一岁的弟弟明确要求裕仁“亲政”，甚至必要之时可以“停止宪法”，两人之间发生了很大争执。要知道，“停止宪法”是日本右翼思想家北一辉[②]名作《日本改造法案大纲》的著名主张，在步兵第 3 联队担

---

① 西园寺公望留下的关于首相人选的“七条原则”：（1）首相人格高尚；（2）革除当前政治弊端，整肃陆海军军纪，主要取决于首相的人格如何；（3）不再过问到底是合作内阁还是单独内阁（即是否由一单独党派组建内阁）；（4）近法西斯者绝对不可；（5）必须拥护宪法，否则无颜面对明治天皇；（6）外交以国际和平为基础，灵活处理国际关系；（7）明确事务官与政务官之区别，提高工作要求。根据这七项要求，最终决定由海军军人斋藤实担任首相。

② 北一辉曾在青年时期热衷于中国民主革命，崇拜宋教仁，认为明治维新是一场不彻底的改革，应对日本在明治时代以来的既有体制进行根本改造。1923 年出版的《日本改造法案大纲》是其最著名的著作。关于天皇，北一辉认为应该塑造“国民之天皇”形象，发动“天皇大权”停止宪法三年，颁布戒严令，废除国民与天皇之间所有的官僚体系（包括但不限于枢密院、贵族院、华族制度等）。该书因为内容具有煽动性而遭到内务省查禁，但在青年基层军官之间不断传抄，成为日本 20 世纪 30 年代大量颠覆性革命运动的始源文件。1936 年“二二六事变”结束后，北一辉因为煽动军人被判处死刑。

犬养毅（1855—1932）

斋藤实（1858—1936）

北一辉（1883—1937）

任中队长的秩父宫雍仁亲王明显受到了相关思想的影响[①]。如果接受秩父宫雍仁亲王的建议，就意味着裕仁必须亲自下令毁掉明治以来的宪法体系，亲自站在前台承担属于绝对君主的责任，裕仁肯定无法做到。加之先前坊间传言有人妄图拥立秩父宫雍仁亲王为新天皇，裕仁对皇弟的这番发言自然甚为警惕[②]。

压力还不算完。1933 年 1 月 3 日，日本陆军突然占领山海关，将战火延伸至东三省之外的热河省（承德一带），当时日本外务省方面正与国

① 1931 年 11 月 30 日，秩父宫雍仁亲王进入步兵第 3 联队担任第 6 中队长，与该部队步兵中尉安藤辉三交往密切，而安藤辉三就是日后 1936 年“二二六事变”的带队人物之一。据说秩父宫雍仁亲王还曾前往北一辉宅邸拜访。

② 会后不久的 5 月 28 日，裕仁特地找到侍从武官长奈良武次，要求把秩父宫雍仁亲王调到其他部队。9 月，雍仁亲王被调任至参谋本部第 1 部第 2 课（作战课）；1935 年 8 月，又被派往青森县弘前市的步兵第 31 联队任第 3 大队长。1936 年“二二六事变”爆发之际，秩父宫雍仁亲王紧急乘坐火车回到东京，通过步兵第 3 联队原同僚森田利八大尉告诉带头闹事的军官团体尽快自尽谢罪，受到裕仁的肯定。

际联盟商讨如何处理“九一八”事变[①]，陆军突然攻击东三省以外地区自然给外交工作造成重大麻烦。1月9日，裕仁询问：“如今召开御前会议（处理陆军进攻热河省问题）会不会有效？”所谓御前会议，就是由天皇临席，内阁与军部高官聚集在一起商讨对策，但元老西园寺公望闻讯后却提出：“若御前会议决定之事无法照办，则会有污陛下之德。”毕竟，对“九一八”事变的妥协，已经为陆军一线官兵提供了自行其是的先例，御前会议形成的“君命”也可能有所不受。

而且，在裕仁没有承担“九一八”事变的责任后，陆、海军纷纷发现了天皇的软肋，于是分别拥戴闲院宫载仁亲王、伏见宫博恭王两名皇族军人出任参谋总长、军令部总长职位，两人均年长于大正天皇，长辈的压力促使陆、海军两个参谋部门对天皇有着更大的话语权。2月4日，闲院宫载仁亲王要求天皇许可“热河作战”计划，裕仁以“不越过长城”为条件给予裁可。在当时很多日本人的意识里，只要不越过长城就依然算是所谓“满洲事变”的后续，而不是新挑起战事，裕仁自然是希望用这种附加条件的裁可在国际联盟方面蒙混过关。但2月8日，首相斋藤实明确提出“热河攻略会使国际联盟关系变得困难”，于是裕仁赶忙指示闲院宫载仁亲王撤回先前的裁可，不料这位长辈丝毫不给面子，在2月10日简

① 针对“九一八”事变，国际联盟委派李顿调查团来到中国，并于1932年11月发布报告书，虽然否定傀儡政权伪满洲国的正当性，但也提出在中国东北建立自治政府，实现东三省非军事化等建议。换言之，在西方列强主导下的国际联盟对日本做出了巨大让步。12月召开的国联大会上，日本代表松冈洋右以过人的英语能力发表演讲，同时播放了南满洲铁道公司拍摄的纪录片，大力宣传日本“合并”台湾与朝鲜半岛之后促使当地生活条件获得何种飞跃。英国外相约翰·西蒙私下找到松冈洋右，提出一份对日方做更多让步的妥协案：将“九一八”事变与伪满洲国的争议从国际问题转化为地区问题；联合几个与中国利益相关的国家，共同建立委员会；所谓“满洲自治政府”成立后，聘用日本人作为军事顾问。谈判工作事实上朝着有利于日本的方向进行。但由于日本陆军进攻热河省，造成国际舆论不利于日本，日本为了避免受到国际联盟的惩罚而不得不在1933年2月24日宣布退出国际联盟。

闲院宫载仁亲王（1865—1945）

伏见宫博恭王（1875—1946）

短表示“无法中止”。很明显，裕仁这种态度的反复已经招致军部高层的反感，就连跟随裕仁多年的侍从武官长奈良武次也威胁道：“热河作战的中止……如果是以陛下命令而中止，稍有不慎难保不会引起更大纷扰，成为政变的起因。”

其实，奈良武次很明白裕仁在担心什么，于是又在 2 月 20 日安抚道：“无论有无陛下允许，热河作战最终都无法阻止，绝非陛下之责任。”这句话算是给裕仁吃了定心丸，他再也没有提出任何异议。日本关东军占领热河后，违反命令突破长城，到 5 月底一直推进到北平、天津郊县地区，而裕仁也并未有实质性的制止措施。就在中国军队进行长城抗战之际，4 月 6 日，“九一八”事变爆发时的关东军司令官本庄繁中将接替奈良武次，就任侍从武官长，这在某种程度上也是一种态度：天皇正式认可“九一八”事变以来的战果。

前线陆军一而再再而三突破裕仁的限制，裕仁作为“人类天皇”的权威愈发降低，此消彼长，对于“制度天皇”一面的宣传却越来越明确。1935 年 2 月，在准备溥仪访问日本的日程中，陆军特意安排裕仁与溥仪一同出席阅兵式。按照国际惯例，军旗要向主客两方敬礼，但陆军公然违反这种惯例，只安排军旗向裕仁敬礼，却不向溥仪敬礼。

针对这一点，裕仁向本庄繁抱怨：“宾客（溥仪）接受朕之敬意而不接受军旗之敬礼，难道军旗比朕还要尊贵吗？”本庄繁立刻反驳说：“无论和平与战争，军旗均为天皇之表征……国军之忠勇实在于威严之军旗者多，因而对军旗之信仰不可有一分减少。”这段话有着双重含义：一是向日军扶持的伪满洲国“皇帝”溥仪敬礼有损军旗威严；二是暗指军旗是“制度天皇”之象征，承载着明治时代以来的国家传统。相比之下，“人类天皇”裕仁登上天皇宝座不到十年，层级上确实是要低一些。更关键的是，经过“九一八”事变，只靠裕仁的个人魅力已经无法凝聚军人信仰，因此只好尽可能削弱裕仁的个人形象，让军人信仰于“天皇”这一抽象化概念。

如此一来，所有与裕仁“人类天皇”形象有关的宣传物全部被拿掉。1931 年以前，各大报纸经常出现裕仁热心于生物学研究，或是游泳、打高尔夫的新闻，这种形象在 1933 年以后近乎绝迹，代之以身着大元帅军服的威严照片。

也是在 1935 年，强调“人类天皇”的“天皇机关说”与其提倡者美浓部达吉成为整个日本知识界的攻击对象[①]。裕仁在青年时代受到清水澄讲

---

① 1935 年 2 月 18 日，日本贵族院议员菊池武夫男爵发表演说，批判天皇机关说，随后 2 月 27 日美浓部达吉进行反驳，然而并未被接受。随后 3 月 4 日，日本首相冈田启介明确在议会宣布不支持天皇机关说，美浓部达吉的著作遭到禁止。8 月 3 日与 10 月 15 日，日本政府两度发布“国体明征声明”：“我国统治权之主体在天皇，此乃我国体之本意，为帝国臣民绝对不可动摇之信念……所谓‘天皇机关说’有悖于我神圣之国体，愆其本义之甚，须严格铲除。”美浓部达吉不得不在 9 月辞去贵族院议员职务，之后还在 1936 年受到民间人士的殴打。

1935 年在东京站等待溥仪之时，裕仁曾调皮地对着照相机咧嘴一笑，这张极富个人色彩的照片当时被禁止在报纸上登载，直到二战之后才被允许发布

1925 年，裕仁与良子和女儿。这种生活化的照片在 1935 年之后越来越少

义中“天皇机关说”理论的影响，并不想攻击美浓部达吉。然而本庄繁却在3月29日强硬指出：“军中以天皇为现人神来信仰，若依照机关说则与一般人同等对待，这对军队教育及统帅方面极难。”5月22日，海军侍从武官出光万兵卫提出建议：“陛下有必要暂从高处静观臣下之议论，超越此等学说而持大观。”至此，陆、海军军人都明确阻止裕仁干涉这起“天皇机关说事件”，难获支持的裕仁自然也无法再说什么。

更让裕仁受打击的，便是当年12月26日内大臣牧野伸显的隐退，这位前后追随他15年的股肱重臣一直是裕仁的左右手。但从日本国内气氛逐渐转向军国主义之后，牧野伸显的处境越来越危险，甚至被民间右翼称为“元老重臣之大谋叛者”。裕仁十分不舍，通过侍从长铃木贯太郎给牧野伸显传话，要他“即便在外也要协助我”。到此，1930年在《伦敦海军条约》签署问题上支持裕仁的宫内省成员几乎全部离任，只剩下铃木贯太郎一人。

但就连铃木贯太郎也保不住了。1936年2月26日，大雪纷飞之夜，以安藤辉三、野中四郎等人为首的23名军官率领1500多名士兵高喊“昭和维新”，兵分多路袭击各大军政高官宅邸，刚刚辞去内大臣的牧野伸显、刚刚担任新任内大臣的斋藤实、侍从长铃木贯太郎等人均被列入刺杀名单，最终牧野伸显因居住在外而提前逃走，斋藤实当场死亡，铃木贯太郎身中两枪后被送入医院抢救。日本民间右翼与基层军官从1930年积累的“清君侧”思想在这场“二二六事变”爆发的瞬间达到了顶点。

面对突如其来的事变，裕仁既惶恐又愤怒，他身边的侍从武官长本庄繁的女婿山口一太郎，竟然为暴动军队配给作战用的实弹。围绕这次暴动，以本庄繁为核心的一派希望尽可能减轻对肇事者的处罚，起码不进行武力镇压。但问题在于，这些底层军人高喊着“尊皇讨奸”，却肆意攻击裕仁器重的几位大臣，说明他们尊崇的是那个抽象化的“制度天皇”，根本不是裕仁这个实实在在的、作为人的天皇。面对本庄繁的包庇，裕仁

“二二六”事变时期的军人会馆

在事变期间明确表态：“如此凶暴杀戮朕之股肱老臣之军官等辈，即就其精神而言，岂有丝毫可饶恕之处？”进而威胁道：“朕可以亲率近卫师团临御现地！”

面对裕仁的强硬表态，陆军高层最终磨磨蹭蹭地在 2 月 29 日逮捕所有肇事军官，事件得以平息。不过，裕仁在 3 月 4 日希望颁布的训诫敕语还是遭到本庄繁的“调整”。

裕仁原案：“杀害最可信赖的肱股重臣及大将，好似勒紧朕之首级，备感苦恼，甚为遗憾；且其行为违反宪法，有悖于明治天皇之敕谕，有污国体，伤其明征，深为忧虑。值此之际，应充分肃军，确保再无此失态之举。”

经过本庄繁“调整”的最终版本：“近来，陆军反复有不祥之事件，遂引发如今日之大事，实乃违背敕谕、有污我国历史之事，甚为忧虑。于此，应深入探究其原因，扫除此时部门内之祸根，使将士相一致，各自

本庄繁（1876—1945）

专心本务，不再有此失态。”

两相对比，本庄繁几乎把裕仁带有情绪化色彩的文字全部删除，更换为更加软化的语言模式。裕仁自然非常不满，于是本庄繁又一次摆出“制度天皇”大旗——“我国体乃万世一系之天皇奉皇祖皇宗之遗训统治国家”，因此，当裕仁这个“人类天皇”与“制度天皇”相违背时，陆军有权按照“皇祖皇宗之遗训”拒绝。虽然本庄繁很快就因为女婿参与政变而引咎辞职，但陆军大臣寺内寿一同样拒绝向下传达这份敕语。经过反复商议，3 月 26 日，陆军省只同意把本庄繁调整过的敕语发布给师团长级别的高级军官，裕仁想要直接训斥陆军的举动最终遭到封杀。

很明显，从“九一八”事变爆发之后，身为天皇的裕仁并没有承担起国家最高统治者的责任，没有从一开始节制陆军的越轨行为，他作为国家元首的统治生涯也因此走向失势。军部高官如同明治初年的维新志士一样，只希望天皇是一个“在高处静观”的“制度天皇”，最好不要有太多自己的意见。若是性格懦弱的明治天皇、不谙世事的大正天皇遇到这种场景或许会选择屈服，但裕仁明显不想屈服，他仍然希望能够大权在握，于是在下一个阶段，他转而寻求合作。

四 裕仁通过战争重拾权柄

裕仁第一次试图调整自身定位，便是在1937年日本侵华战争全面爆发时期。

1937年7月11日，亦即中日两国军队爆发全面战争之后的第四天，裕仁召见参谋总长闲院宫载仁亲王，询问他：“如果苏联从背后攻击又如何？”回答是：“陆军认为他们不会的。”裕仁又指责说：“这是陆军的武断吧。”这时候闲院宫载仁亲王用自己的老资格回击一句：“要这样也没有办法。”表面上看，裕仁对参谋总长的质询没有什么效果，但从这一刻开始，裕仁事实上已经悄然改变了自己的处事策略：从一个对军队处处诘责、高高在上的天皇，转变成一个提醒军队注意的建议者。

裕仁之所以提到苏联，是因为在稍早一点的6月30日，日苏两国军队发生过小规模摩擦[①]。三年后的1940年7月11日，裕仁曾向内大臣木户幸一透露：“卢沟桥事件爆发之前，我总觉得与中国无论如何必有一战，

① 即“干岔子岛事件”。1937年6月19日，数十名苏联士兵在黑龙江中游的干岔子岛登陆，要求当地居民撤离，并用十几艘船只封锁航路，与日本控制下的伪满洲国政权起了冲突。6月30日，日苏两军小规模交战，各击沉对方1艘小艇。虽然这起事件让日苏两国关系紧张起来，但双方并没有立即进入战争状态。不久之后“卢沟桥事变”爆发，日本将全部注意力集中于华北与华东战线。

然而另一方面仍未准备好对苏作战，所以就在想能不能先与中国方面妥协媾和。”与其说裕仁是在诘责参谋总长，不如说是在提醒陆军有可能出现的情况。只不过，1936 年以前的裕仁意在直接指挥政界高官与军队，军部高官对他的言辞总有着一定的提防。

8 月 18 日，裕仁先后召见军令部总长伏见宫博恭王、参谋总长闲院宫载仁亲王，分别询问：“能不能在中国华北或上海某一侧倾注主力发动作战？”面对“八一三”事变之后的中国战场，裕仁有着很多自己的想法，但为了不冒犯两位伯父级的高级军官，裕仁用了疑问句来表达自己的态度。在整场战争中，用疑问句表达态度或者倾向性几乎成为裕仁的标配。

随即，裕仁开始寻求召开“御前会议”，鼓动“政战两略合一”。所谓“政战两略合一”，就是要借助侵华战争的机会，终结日本内阁（政略）与军部（战略）长期以来的分离形态，让辅弼天皇的所有大臣都坐到同一张桌子旁谈论问题，提升问题解决的效率。一旦成功，每逢谈论国家大事，裕仁就不需要犹豫先接见首相还是军部大臣，也不会再担心内阁是否干涉了属于军部的“统帅权”辅弼职权，毕竟大家都是一起觐见天皇，一起商议事务，一起做出决定，共同制定唯一的国家战略。

对于如何组建御前会议，裕仁首先垂询元老西园寺公望。11 月 11 日，年迈的西园寺公望托人传来自己的意见：“照理说陛下的意志应该就能限制前线（军队），但实际上若是限制不住怎么办呢？”“要点是君权不能有瑕……若如今一定要召开御前会议，那也是如同陛下常亲临的枢密院会议那样的御前会议，一定注意不能只靠（天皇）敕裁、亲裁（来进行决策）。”根据“九一八”事变以来的经验，裕仁的意志甚至是中央政府的命令经常会被前线军官无视，如今若要统一决策程序，要点就是重塑天皇命令的权威性，唯一办法就是回到明治时代的老办法：让国务大臣、军部高官主持会议并通过决议，再用天皇命令的形式向下传达，让政治家与军人的实际权力与天皇的名义权力相结合，塑造出不可违抗的“天皇大权”。

11月19日，首相近卫文麿在宣布成立大本营[①]之后，又宣布一项联络机制，即内阁成员与大本营成员的“随时会谈”机制，就是后来大名鼎鼎的“大本营政府联络会议”。如果某一次会议需要形成或有可能形成决议，那么作为决议的官方形式，就要邀请天皇出面，确认决议的有效性。在御前会议上，天皇可以按惯例不发表任何有意义的言论，如此一来，天皇就好似立宪君主一样只是确认国务大臣或军部高官的建议。一旦将来追究起来，天皇作为形式君主就可以免掉全部责任。

1938年1月11日，裕仁第一次参加了正式的御前会议，负责将两天之前大本营政府联络会议关于中国战场问题的解决方针予以正式通过。按照首相近卫文麿的要求，裕仁在整场近70分钟的会议中一言不发，为近卫文麿内阁对待中国的强硬态度做出背书。但会后的1月15日，裕仁还是召见闲院宫载仁亲王，询问大量关于中国战场的话题，比如中国华南地区的抗日部队、中国华北地区的傀儡政权、中国各地普遍存在的游击队等。如前所述，这些问题表面上是询问，实则是一种提醒与建议。

有了御前会议这一决策体制的加持，裕仁对于军队的影响力越来越强，这在1938年7月的张鼓峰事件[②]中也有所体现。闲院宫载仁亲王与

① 如前所述，大本营是战时日本最高统帅权机构，无特定邀请只允许军部武官出席，首相与大藏大臣等内阁成员受到特别邀请方可参加大本营会议，一般而言只能旁听，不能提出意见。在甲午战争与日俄战争中，大本营均于宣战之后设立。在日本方面看来，1937年的“卢沟桥事变”并不是正式的战争状态，而是一种与“九一八”事变相似的事变状态，但由于中日两国在事实上进入了全面战争阶段，日本被迫在1937年11月18日制定新的《大本营令》，即允许在事变时期建立大本营。该大本营在设立之后一直运转到二战战败为止。1945年9月13日，大本营正式遭到废除。

② 苏联方面称“哈桑湖事件”。1938年7月底至8月初，日苏两军在图们江下游的张鼓峰发生冲突，日本驻朝鲜军隶属的第19师团派遣9000人左右的兵力猛攻苏军3万人，失败而回，损伤人员超过一个联队（死526人，伤914人）。最终，日本与苏联于8月10日在莫斯科签订停战协定。

1938 年 1 月 8 日，裕仁乘坐爱马“白雪”检阅陆军。这一阶段日本媒体对外展现的裕仁形象越来越脱离生活气息，基本是以正装姿态出席各类活动

陆军大臣板垣征四郎准备在 7 月 20 日向天皇申请攻击苏军的命令，事前二人都觉得一定能申请下来，便在 7 月 19 日提前发布命令。但 7 月 20 日进宫后，裕仁突然询问板垣征四郎有没有征求其他阁僚同意，板垣征四郎仓促回答"外务大臣与海军大臣都赞成"，裕仁一听就知道是假话[①]，立即训斥道："陆军做事实在是太不像话了！'满洲事变'之柳条沟也是这样，本次事变最初的卢沟桥也是这样，前线不服从中央命令而独断专行……今后没有朕之命令一兵一卒都不能动！"

如此愤怒，裕仁自然是想起了"九一八"事变之后军队如同脱缰野马一样的历程，而板垣征四郎恰好就是"九一八"事变的策划元凶，裕仁是在趁机发泄。随后 7 月 21 日，在裕仁修改下的进攻命令获得很大调整：前线军队必须慎重行事，严防引起纷争，避免刺激苏军。虽然之后日苏两军还是在张鼓峰附发生冲突，但日军确实如同命令要求，作战失败之后重新维持在过去的日苏军队边界线上，获得裕仁的赞赏。

经历过 1936 年以前军部的反击之后，裕仁开始抛弃自己作为"人类天皇"的一面，积极主动调整自我行为，以满足内阁与军部为自己设计的"制度天皇"形象。他作为一个中间人，把内阁与军部捏合在一起，在军队具体事务上提出自己的观点与建议，最终通过御前会议把属于政治家与军部高官的权力统揽在"制度天皇"之下，形成一种"政战两略合一"的决策合力。只要大本营政府联络会议的形式还在，决策合力就会一直延续下去；但随着时间的推移，组成合力的其他部分——无论是政治家还是军部高官都会发生变化，而唯一不变的就是担任天皇的裕仁。最终，对形

① 事实上就在 7 月 19 日陆军发布命令的同时，外务大臣宇垣一成、海军大臣米内光政、内大臣汤浅仓平等人迅速进宫，向裕仁表达自己的意见：在与苏联进行外交商议之前不要付诸武力。所以当板垣征四郎提到"外务大臣与海军大臣都赞成"云云，裕仁立刻明白板垣征四郎在撒谎。

成决策合力拥有最大影响力的人，只能是裕仁。

1939 年 1 月 4 日，近卫文麿因无法在短期内结束战争而被迫宣布辞职；继任的平沼骐一郎内阁希望尽快让日本与德国、意大利签署三国同盟条约，但由于 7 个多月后德国与苏联突然签订互不侵犯条约而受到打击，又一次宣布辞职。这段时间里，裕仁开始主动参与军队人事调动，在 7 月否决了“九一八”事变主谋者之一石原莞尔、“二二六事件”同情者之一山下奉文的升职请求。

随即，陆军军人阿部信行就任首相后，裕仁又亲自表示支持，指出：“一直以来内政外交甚为混乱，根源都在于陆军难以节制……朕有自立于一线解决此问题之决心，卿定要妥善辅佐，陆军大臣从畑（俊六）、梅津（美治郎）两人中选定。”这不仅是在宣布自己将亲自主政，甚至替首相把大臣都选好了。最终陆军大臣由侍从武官长畑俊六出任。

不过，阿部信行内阁好景不长，到 1940 年 1 月 14 日就因为难以在帝国议会通过庞大的军费预算案而辞职。这一次裕仁再度发力，指示由原海军大臣米内光政担任新首相。由于米内光政比较亲近英美等国，此次内阁吸引了大量试图与美国谈判的政治家与军部高官，米内光政也给美国人留下很好的印象。因此，裕仁在二战之后口述的自辩书《独白录》中特地提到，“米内光政不如说就是我直接推荐（担任首相）”①。

日本战时决策体制存在很多模糊不清的地方，当时的日本人就曾试图

① 讽刺的是，由裕仁推荐的陆军大臣畑俊六却成为这次米内光政内阁倒台的关键。1939 年 9 月 1 日，纳粹德国对波兰等国宣战以后，迅速在一年时间内踏平西欧各国，让日本政军各界震惊。为了分享纳粹德国的胜利果实，闲院宫载仁亲王亲自要求陆军大臣畑俊六在 1940 年 7 月 16 日发动“帷幄上奏权”，单独向天皇辞职以推翻倾向于英美等国的米内光政内阁，从而让亲近陆军的近卫文麿第二次成功组阁。东京审判中，畑俊六因为推翻米内光政内阁而遭到审讯，但作为证人出庭的受害者米内光政却公然袒护畑俊六，认为畑俊六是受到陆军高层指示而被迫辞职的。

阿部信行（1875—1953）

畑俊六（1879—1962）

改革。1940年7月22日，近卫文麿第二次成为日本首相，随后便开启解散既存政党、建立“大政翼赞会”的新体制运动。到8月15日，所有既存政党全部主动解散，以响应近卫文麿的设想。

“大政翼赞会”建立的初衷，是希望模仿德国纳粹党、意大利法西斯党，在日本建立“一国一党”，塑造一个如同希特勒、墨索里尼的独裁者以加快决策效率。但问题在于，日本明治宪法第1条规定“大日本帝国由万世一系之天皇统治”，设立独裁者（本义是无限扩张行政权的政府首脑）来代替天皇统治国家，是违宪的。

更重要的是，裕仁的权势越来越大，近卫文麿第二次担任首相的政治背景已经与第一次时显著不同。对于“大政翼赞会”的构想，裕仁不止一次询问“是否违宪”，近卫文麿进而提出所谓“宪法运用”的意见书，通过“欧洲各国宪法有着根本性的面目一新”来暗示日本也应该修改宪法，于是裕仁很老狐狸地表示：“宪法修改之事若有必要，按照正规手续修改即可，我并无异议……但回顾我国历史，经常有源、平之两大势力对峙之事……我国之中（政党）想要统一甚为困难。”这段话明着是在说历史，实际上是对“独裁者”思路的警告[①]。

趁着侵华战争时期日本政局的变动，裕仁利用“御前会议”，牢牢把握住每一次可以提出建议、影响战争决策的机遇，显著提升了自己的影响力与实际权力。11 月 24 日，日本最后一位元老西园寺公望走完了 91 岁的漫长人生，不久之后裕仁也迈入 40 岁大关，他脱离了初入政坛时的稚气与意气，各项阅历与经验也逐步成熟，开始领导日本帝国走入战争泥潭。

五 下令对美开战

弱小的日本为什么敢跟实力十倍于己的美国开战？这个问题聚讼纷纭，日本的妄自尊大、美国的孤立主义与关注欧洲、世界局势变幻莫测都是答案。其实，对于挑战美国这个事情，裕仁一开始也是抱持着严重的怀疑态度。

1941 年 1 月 23 日，新任参谋总长杉山元上奏天皇，要求批准日本与

---

① 1940 年 10 月 12 日，近卫文麿在首相官邸召开“大政翼赞会”的启动仪式。一般来说，这种成立大会都要发表一篇完整的立党宣言，阐明立党宗旨与纲领。但近卫文麿却在不到 20 分钟的演讲中申明：“本人愿日夜坚持对圣上（天皇）一人奉公之诚，如此想来，本日决心不发表纲领与宣言。”着实让在座人员大吃一惊。“大政翼赞会”由此成为日本历史上迄今为止唯一一个没有发布行动纲领的党派。如此一来，近卫文麿也不可能成为希特勒、墨索里尼一样的独裁者，而是只能沦为强势君主之下一个协调各方政治势力的中间人。延伸阅读：伊藤隆《通往大政翼赞会之路：近卫新体制》，讲谈社，1969 年。

泰国之间的军事协定。泰国当时由军事独裁者銮披汶·颂堪把持，表现出亲日态度，但由于泰国位于英属缅甸与英属马来亚附近，日泰结盟极有可能会引起英美等国关注。于是，裕仁没有立刻批准，而是在1月24日以“不要刺激英美而惹出重大后果”为前提，指示军部高官将问题提请大本营政府联络会议审议，政府与军部围绕这一问题达成决议后，裕仁随即表态：“为应对今日世界之大变局，抱持宋襄之仁（妇人之仁）造成什么后果便不妥了。”

1941年上半年最麻烦的事情，莫过于外务大臣松冈洋右的各种奇行怪举。他在4月主持与苏联签订《苏日中立条约》，但对于驻美公使野村吉三郎与美国总统罗斯福、外务卿赫尔私下谈判一事，却表现出明显的反感，尽全力阻挠日美谈判顺利进行。随后6月22日德国与苏联开战，日本决定趁机进军法国维希政府控制下的印度支那南部，考虑到此举将对美国控制下的菲律宾构成一定的威胁，美国方面可能进行反制，日本政府也开始制订对美作战计划。此时，松冈洋右又跳出来，主张南北两个方向同时开战，裕仁非常不满，最终把恼人的松冈洋右赶出了内阁[①]。随后，裕仁在7月30日要求参谋总长杉山元停止针对苏联的“关特演”[②]计划，集中更多力量进入东南亚地区。

美国对日本军事行动的反应异常激烈。就在日军进驻法属印度支那南

---

① 由于日本战前宪法规定首相与各国务大臣均为同级，因此不能在松冈洋右坚持留任的情况下强迫其辞职。于是1940年7月16日，裕仁与近卫文麿商定，首先由近卫文麿内阁集体进宫向天皇辞职，裕仁接受辞呈之后再任命除松冈洋右之外的所有人重新就任原职。从名义上看，这是第三次近卫内阁的开始，但从实际意义上说只是把松冈洋右剔除出政界。

② 全称“关东军特种演习”。1941年7月2日，御前会议通过《伴随局势发展的帝国策略大纲》，决定一旦苏德战争朝着对德国有利的方向进展，便动用武力解决北方问题。以此为基础，7月7日下达“关特演”大动员令后，13日从日本本土动员300个地区的部队，16日决定集中14个师团为基干的驻满洲朝鲜部队充当战时定员，并从内地动用了2个师团，在中国东北北部集结了庞大的兵力。随着形势的发展，日本最终放弃进攻计划。

近卫文麿（1891—1945）

松冈洋右（1880—1946）

部之后的 7 月 25 日，日本在美资产全部遭到冻结；8 月 1 日，美国宣布对日本实施全面石油禁运，战争的阴云愈发浓厚起来。日本军政部门原先准备在 9 月 6 日召开御前会议，但就在前一天晚上，裕仁突然把参谋总长杉山元、军令部总长永野修身、首相近卫文麿三人召入皇宫询问意见。

这次对话非常著名。裕仁首先对杉山元大加训斥，质问他担任（陆军）大臣之时曾说蒋介石很快就会投降，结果不也没成功吗？随后以极大声音质问："（对美开战）绝对能赢吗？"这两句问话与其说是疑问句，不如说是反问句，裕仁用非常具有攻击性的态度表达自己的不满以及对未来的担忧。

比起杉山元，永野修身的情商水平明显更高，他首先以"事无绝对"

作为开篇，紧接着以日本历史上的大坂冬之阵[1]为例，暗示日本即便能求得一年半载的和平，未来也可能会遭到灾难，如今“应求二十年五十年之和平”。之后，裕仁的情绪稍有缓和，但还是大声回答：“啊，我知道了！”

这段著名的“天皇与两总长之夜谈”就这么戛然而止，历史上是否有更多交谈还有待考证，但从有限的记载来看，两位新任总长的态度都十分谦和，甚至可以说是谄媚，较之五六年前的闲院宫载仁亲王、伏见宫博恭王要低调很多，这也从侧面说明裕仁的决策地位有了很大提升。

9月6日上午9点40分，御前会议召开前20分钟，裕仁又一次召见内大臣木户幸一询问意见。木户幸一提到一句非常重要的话：“陛下在会议最后应警告众人，本次重大决定乃赌国运之战争，统帅部亦应全面协助外交工作以至成功。”相比之下，1931年“九一八”事变时期的木户幸一要求裕仁“不发御掟为宜”，如今却主动要求天皇发言，这说明通过数年战争，裕仁的话语权已经不再弱小，常年作为御前会议形式主持人的他，在事实上已经拥有了推动会议决策的能力。

御前会议召开期间，日本围绕对美是进行外交谈判还是开战展开讨论[2]，枢密院议长原嘉道询问：若外交不成功之时，是否可以理解为开战？

---

① 1614年冬天，日本江户幕府初代将军德川家康率领军队进攻丰臣秀赖的大坂城，由于大坂城城防结构完整，围城一个多月都没能攻克，最终德川家靠着火炮攻击大坂城天守阁而摧垮了丰臣秀赖之母淀夫人（浅井茶茶）的信心，双方以丰臣家拆毁大坂城城防为条件签订停战协议。但在大坂城城防被拆除后，德川家康却出尔反尔，在1615年夏天再度进攻大坂城，失去城防的丰臣家遭遇灭顶之灾。永野修身引用这一典故是想劝告裕仁要趁着日本还有一战之力抓紧与美国决战，否则会失去机会。延伸阅读：拙作《日本战国武将记》，陕西人民出版社，2019年。

② 1941年9月6日御前会议的主要议题是“帝国国策遂行要领”的审议工作，主旨是讨论是否对美国、英国、荷兰等国开战以及何时开战、如何开战等问题。会后决定：“（1）帝国为完成自存自卫之态，不辞对美开战之决心，大体于10月下旬完善战争准备；（2）与上述平行，帝国尽一切外交手段于美英，以求贯彻帝国之要求；（3）上述外交谈判若在10月上旬时期仍无可能贯彻我之要求，立即决心对美开战。”

1940 年裕仁检阅陆军

对此，海军大臣及川古志郎点头认可，但主管军令的两位总长都不说话。于是，裕仁第一次发布自身意见：

“我每日都在念诵明治天皇的御制诗：‘本以为四方之海皆为同胞，世上何故无事起波风？’你们怎么看？”

从字面意思理解，这段话似乎是在质问“人类之间为什么要打仗”，亦即否定战争。问题在于，这段御制诗创作于日俄战争之前，当时明治天皇担忧弱小的日本挑战强大的帝俄可能失败，但最终日本成功战胜帝俄，跻身世界强国。结合日本显著弱于美国的背景，裕仁说出这段话，到底是支持战争还是反对战争？这个问题至今无人能说清，恐怕裕仁自己也很难说明白。

裕仁天皇史无前例的发言，无疑让两位总长感到压力，双双附议及川古志郎。最终，日本确定一个原则：如果对美外交工作不能在10月中旬之前奏效，那就要准备战争。

原则定下之后，9月9日与10日，裕仁两次召见杉山元，询问“北方压力如何”，他担心苏联会趁日本与美国开战之机对日本发动总攻。与1937年裕仁对苏联的担忧不同，日本与苏联在这一时期已经有了条约保障，而且双方没有发生军事冲突。到这时，裕仁的担心不再是一种单纯的提醒或建议，而是上升为一种对国家战略的细致考虑。

自从“新体制运动”失败以来，近卫文麿几乎失去了统辖日本政局的能力，他在历次内阁会议、大本营政府联络会议与御前会议上也几乎缄口不言。围绕对美外交工作，他很希望能够与美国总统罗斯福直接开展首脑会谈，但10月2日，美国国务卿赫尔却明确提出：只有日本首先从中国大陆撤兵，才有可能重新探讨日美首脑会谈的可能性。但撤军一事又遭到陆军大臣东条英机的反对，于是10月16日，近卫文麿内阁由于无法处理对美谈判，又未能做好对美开战的准备而宣布辞职。

在继任内阁人选上，近卫文麿与东条英机都推荐了皇族军人东久迩宫稔彦王，此人同时也是良子皇后（香淳皇后）的叔父，与裕仁关系十分亲近[①]。这说明，近卫文麿与东条英机都很明白接下来无论是战是和，裕仁本人的态度会起到重要作用，而首相仅仅是国务大臣之首班，缺乏实际的调度指挥权力。让一名皇族军人，同时也是裕仁的亲戚担任首相将有助于大本营、政府迅速统一意见。

但是，木户幸一却十分清醒，他想到未来一旦失败有可能带来的追责问题："万一以皇族内阁突入日美战争，事件何其重大……万一未获得预期之结果，皇室很可能受国民之怨恨。"于是在10月17日决定首相人选的重臣会议上，木户幸一明确提出应由陆军大臣东条英机担任新任首相[②]。

在精于算计的东条英机内阁推动下，日本政府与军部从10月23日开始对有关战争的11个重点项目进行审查，并在11月2日连同两位总长一起向裕仁汇报。裕仁询问："大义名分如何考虑？"意思是提醒东条英机不要忘了寻找开战理由，他甚至提出："考虑一下罗马教皇来收拾时局如何？"很明显，裕仁已经在考虑对美战争的停战事宜，希望借用罗马教廷的信仰魅

---

① 东久迩宫稔彦王不仅是良子皇后的叔父，他的三儿子盛厚王日后还迎娶了良子皇后的长女成子内亲王为妻，这番操作虽然有点近亲结婚之嫌，但东久迩家在二战后却顺利延续下来，目前家主东久迩征彦（1973年生，东久迩宫稔彦王曾孙）仍育有两名男子。从某种意义上说，东久迩家的皇室血统比当今天皇家族还要纯正。

② 遭到撤换的还有另一位裕仁身边的旧人及川古志郎（1883—1958）。他曾在1915年至1923年担任东宫武官，与当时的裕仁皇太子关系很好，为了避嫌也在太平洋战争开始之前离开海军大臣职位。及川古志郎在1944年8月开始担任倒数第二任军令部总长，但由于此时日本海军几乎全军覆没，他也未能发挥任何作用。

东条英机（1884—1948）

力为日美战争斡旋[①]。11月5日，御前会议正式确定对美开战的大体方略[②]。

① 裕仁寻找中间人角色的努力也与日俄战争曾经由美国作为中间人调停有关。当时许多日本人都认为，日美战争依然是殖民主义时代日俄战争的一个翻版——双方的主要战役都集中在殖民地，日方会倾尽全力，敌方受困于交通运输而不会倾注全力，日本就可以在短时间内占据上风，从而引发敌国国民产生厌战情绪，引起暴动，最终在一个合适的时间点结束战争，保证日本利益最大化。毕竟，如果当年帝俄国内没有爆发1905年革命，如果日俄战争不是打了一年半而是打了如同太平洋战争一样长的四年半，日本恐怕也会输得一败涂地。事实上整个太平洋战争期间，日本政府并没有掩盖日本国力弱于美国的事实，反而特意宣传敌人如同当年的帝俄帝国一样"十倍强大于己"，希望激发国民所谓"大和魂"，让"个人主义"盛行的美国民众厌战反战，逼迫美国政府重回谈判桌。

② 11月5日日本御前会议对9月6日御前会议的《帝国国防遂行要领》进行重修审议，确立五条原则：（1）发动武力之时期定为12月初，陆海军做好作战准备；（2）对美谈判按照甲案（日中战争结束后两年以内从中国撤回军队，承认在中国的自由贸易，德意日三国同盟如何运用由日本决定）、乙案（日美两国约定印度支那以外的东南亚地区与南太平洋均不得以武力侵犯，美国缓解对日经济制裁）进行；（3）与德意强化合作；（4）发动武力之前与泰国建立紧密的军事关系；（5）对美谈判以12月1日0点为限，若成功则停止发动武力。

开战前夕，裕仁的注意力完全集中在未来战争的可能性上。整个11月，他几乎都在召见身边的有识之士探讨战争对策，除去东条英机、木户幸一、杉山元等几名高官，11月29日，裕仁一股脑儿召集8名曾经担任过首相的重臣举行“恳谈会”，悉心听取每个人的想法。由此可见，裕仁并不像后来的《独白录》所言，“开战之际，我裁可东条内阁之决定乃是立宪政治下立宪君主不得不做之事”，相反他是非常主动地参与和了解战争相关的各项情况并予以指示。

1941年12月1日，开战前最后一次御前会议召开，日本决定向美国、英国、荷兰等国正式宣战。12月8日凌晨，日本陆军进攻荷属东印度的哥打巴鲁，而海军则以6艘大型航母为主力轰炸珍珠港，日本帝国正式踏上了走向灭亡的不归路。

六　天皇主动要求结束战争

谁也没想到，战争一打就是4年。

按照战争开始前的设想，日本大致能在最开始的一年多时间里取得优势，而美国则会在全面开启工业生产能力之后于“昭和十八年（1943）后半期”发动反击。历史上，日本军队确实是按照这条路一路输下去的，从1941年12月突袭珍珠港，到1943年11月美军开启全面反击的23个月里，日本军队在太平洋战争中还不落于下风。但美国并没有任何停战之意，二战时期的战争形态早已是投入全部国民力量的“总体战”，彻底摆脱孤立主义、走向国际主义的美国肯定不会“见好就收”，高喊“勿忘珍珠港”的美国民众更不会允许政府轻易回到谈判桌前，美国会倾尽全力摧毁日本能够维持战争的所有体系，包括军队、运输船、工业设施、民宅

1941 年 12 月 7 日，裕仁全家福

甚至他们赖以自豪的明治宪法体系，直到日本宣布无条件投降为止。

裕仁很晚才认识到这一点。甚至1945年3月10日美军出动334架B-29轰炸机，用燃烧弹烧毁东京土地的四成之时，裕仁仍然认为战局有可以挽回的余地，需要一次胜利让日本向盟军争取更好的谈判条件。然而战况越来越差，5月7日纳粹德国宣布无条件投降，5月25日明治皇宫遭美军炸毁，这让重视天皇传统的裕仁非常落魄。6月8日，御前会议再度召开，会议虽然要求日本继续保持战争，甚至准备进入“本土决战”，木户幸一却在这一天明确提出：“为了臣下万民，请求天皇陛下之勇断（结束战事）。”裕仁又一次走到了命运的十字路口。

幸好，裕仁还有一个帮手。似乎是讽刺一般，1930年支持裕仁在《伦敦海军条约》签署工作之中积极表态的侍从长铃木贯太郎，从4月7日开始担任首相，这位引导裕仁走上主动干预政治路线的老臣，也即将引导日本走上无条件投降之路。

6月22日，在首相促成下，“最高战争指导会议”[①]正式召开。裕仁一上来就提出：“前几天的御前会议中，确定本土决战的路线方针，然而另一方面，收拾时局（亦即以和平方式结束战争）也必须考虑，各位所见如何？”这次会议中，海军大臣米内光政、外务大臣东乡茂德两人提到如今盟军之中的苏联仍未对日宣战，可以通过苏联作为中间人斡旋战争。会议结束后不久，7月13日，日本政府向苏联大使馆提出派遣近卫文麿为特使前往谈判，但这一时期苏联已经确定要对日开战，遂于7月18日予以拒绝。

后面的故事大家已经耳熟能详：7月26日，中美英三国要求日本立

---

① 1944年8月开始，原大本营政府联络会议正式更名为最高战争指导会议，由首相、外务大臣、陆军大臣、海军大臣、参谋总长、军令部总长等6人组成，在重要会议时刻也会邀请其他国务大臣或参谋次长、军令部次长一同列席。

1945 年铃木贯太郎内阁集体照，第一排中立者为铃木贯太郎，第三排右二为 8 月 15 日战败日自杀的陆军大臣阿南惟几（1887—1945）

即无条件投降的《波茨坦公告》发表，铃木贯太郎内阁仍寄希望于苏联斡旋，两天后声明“无视”《波茨坦公告》；但他们在表示“无视”概念时使用的“默杀”一词被一部分美国媒体翻译为“reject”（拒绝），招致美国政府决心对日本进行猛烈一击；8 月 6 日与 9 日，美国向广岛与长崎投下原子弹；8 月 8 日苏联正式对日本宣战，同样认可《波茨坦公告》的原则。日本帝国距离战败已经越来越近了。

8 月 9 日深夜 11 点 50 分，“最高战争指导会议”在位于皇宫吹上御苑的地下防空工事内召开。围绕日本是否继续作战的问题，外务大臣东乡茂德提出“国体护持案”，亦即要求盟军保证日本明治维新以来的“国体”，以此作为投降条件；但陆军大臣阿南惟几表示反对，除去“国体护持”以外，他还提出“自主撤军”“由日本处罚战争责任人”“盟军不占领日本本土”三个条件。很明显，陆军提出的四个条件绝对不可能获得盟军方面的同意，于是裕仁指示以东乡茂德的提案与盟军联络。从会议结束的8月10日起，日本内阁开始为天皇准备停战诏书。

会后，裕仁用极为缓慢的语速向木户幸一表达了自己的意见：“都说什么本土决战，最为重要的九十九里滨的防备都不健全，决战师团的武装力量也不充分……军方说装备已经非常完备，然而实际上有些士兵连刺刀都配不上。这种状态进入本土决战到底会怎么样？我实在是非常担心……为了把日本这个国家完整传给子孙，唯有尽可能让更多国民生存下来……为了拯救国民全体，为了维持国家，只能忍下那些难以忍受的事情。”

日本的“国体护持案”通过瑞典、瑞士两个中立国分别传递给美国。8月12日，美国国务卿詹姆斯·贝尔纳斯（James Byrnes）发来回复，再度明确了《波茨坦公告》的要求，亦即不答应日本方面提出的任何条件，再度敦促日本无条件投降。对此，陆海军都非常气愤，主张拒绝谈判、继续作战；然而作为天皇的裕仁却并没有反对，毕竟他明白陆海军所言“冒渎天皇之尊严”并不是指裕仁这个“人类天皇”，而是明治时代以来延续下来的“制度天皇”。对裕仁来说，在日本面临灭顶之灾的危难关头，能否让自己的生命延续下去比机械地维护天皇制度要重要得多；一旦谈判破裂，军人还可以慷慨赴死以求自我实现，他裕仁该怎么办？会不会遭遇一战时期奥斯曼帝国、奥匈帝国甚至俄罗斯帝国君主那样的下场？

8月14日，裕仁召开了人生中最后一次御前会议，发表了一篇非常重要却很少受到关注的演讲：“关于‘国体护持’一事，我相信对方会认可，所以没有什么不安。对方或许会说什么政体取决于国民之自由意志，这也就是外交上的用语，适当了解即可，不要抱有过多疑惑。虽然（盟军）保障占领一事让我非常不安，但正因如此，如果继续战争，结果可

1945 年 3 月 10 日东京大空袭后，记者深尾晃三在东京仲见世地区拍摄的悲惨景象

1945 年，核爆之后的广岛

能更加无法护持国体，只有玉碎（死亡）一条路。”

应该说，在日本高官为了各自部门的利益争执不下时，裕仁的发言成为日本决定无条件投降的重要推手。

8 月 15 日，裕仁录音的《停战诏书》向全国公布：“朕深鉴世界之大势与帝国之现状，欲以非常之措施收拾时局，兹告知尔等忠良之臣民：朕代表帝国政府向美、英、中、苏四国发布通告，接受其共同宣言。”

应该说，这段话极具迷惑效果，对于欧美等国而言，他们当然知道“共同宣言”就是《波茨坦公告》；然而日本普通民众根本不清楚“共同宣言”是什么，唯一能了解的，就是天皇考虑到“世界之大势与帝国之现状”，要“收拾时局”，结束战争。只要对民众避谈“无条件投降”一词，恐慌程度就会降低，很多誓死不降的军人听到这番话，也会认为天皇是在深思熟虑以后“主动”停止战争，而非被动投降。

这种文字游戏，或许美国人很明白，但他们也不是那么在乎，因为下一步，有更加重要的事情去做——改造天皇制。

七 小结

聊到裕仁的二战生涯，历来看法分为两个极端，要么认为裕仁是与希特勒、墨索里尼相同的法西斯独裁者，要么认为他是一个被逼无奈的英式虚君。但无论支持哪一种主张，都需要明白裕仁对政坛的影响力从来不是一个固定值，他的权力会根据时局与具体事情、具体人物的变化而变化。

之所以能够发生变化，裕仁的主观因素起到了非常重要的作用。从 1921 年担任摄政以来，裕仁展现出远强于父亲大正天皇的政治能力，甚至连有着“大帝”光环加持的爷爷明治天皇也远远不如他有自信。当同样面临以小敌大之时，明治天皇只敢在背后颤巍巍念出“四方之海”诗歌，而裕仁却可以在御前会议上面主动念诵这首诗，直接向陆海军两位总长施压。不得不说，越是在战事激烈、不确定性骤增之时，像裕仁这种时常保持自信心与积极作风的人物就越能树立威望。毕竟从滨口雄幸遇刺之后，日本政坛就再未涌现性格强韧之人，再加上刺杀频仍，即便是坐在首相位置上的人也越来越不敢挑战舆论底线，如此，整个国家的政治家与军部高官就会很自然地以天皇为中心行事。

明治时代以来的日本教育也起到了至关重要的作用。明治天皇与大正天皇面对的政治家与军人主要还是幕末培养起来的维新志士，大家都明白天皇只是一个由中、基层武士拥戴的共主，所以山县有朋才有自信接连训斥两位天皇；但当元老逐渐凋零，明治时代出生的孩子逐渐进入国家中枢，从小受到的尊皇与忠君教育让他们对裕仁这位“日本帝国之大家长”有着天然的崇敬，起码是想让自己成为国家的忠臣。

也正是因为这样，无论是支持还是反对战争，战后几乎所有日本高官都主动站出来希望帮助裕仁逃脱战争审判，而最终，他们也成功了。

第七章　战后脱罪：裕仁天皇如何逃脱战争责任？（1945—1989）

“朕与尔等国民之纽带，乃结于始终相互信赖与敬爱之上，而非生于单纯的神话传说，也非基于天皇乃现御神，日本国民不应自认比其他种族更为优越因有注定统治世界之观念。”

1946年1月1日，美军占领下的日本政府发布“关于新日本建设的诏书”，也称《人间宣言》(日语“人间”为“人类”之意)。虽然通篇诏书中都未出现“人间”“宣言”两个词，但并不妨碍驻日美军通过这份诏书表达自身思路：战前的军国主义宣传已经结束，日本天皇不再是帝国日本的“现人神”，所有日本国民都要在崭新制度下寻求生存之道。

针对《人间宣言》的起草工作，昭和天皇曾说过两句很有意思的话：“后水尾帝患病需针灸，然而医生不能给现神针灸，只能让位才能接受治疗。”“德川氏将家康神化为东照宫，家康所定之事全为神君所定，继而不再改革，以至于最终破灭。”这两句话的字面意思很容易理解：裕仁已经不再想做“现神”，也不希求维持“明治大帝”所定的宪制体系。但有趣的是，历史上的后水尾天皇与德川家康是同时代人，德川家康通过军事力量开创的江户幕府彻底将皇权架空；而时过300多年，驻日盟军总司令道格拉斯·麦克阿瑟也以军事力量进驻日本，裕仁也面临着后水尾天皇的境况。

在这个关键时候回顾这段历史，裕仁恐怕也是对自己能不能继续维持天皇地位心有戚戚。

一　美军对日本天皇的态度

从结果来看，天皇是保下来了，可问题也来了，驻日盟军总司令麦克阿瑟曾经深受日本军队之害，甚至在太平洋战争开战不久就灰溜溜逃出菲律宾，逃往澳大利亚，那么，手握改造日本大权的他为何要留下昭和天皇呢?

有一个数据很有趣。从1945年9月美军开始进驻日本，到1946年1月《人间宣言》发布之前，驻日盟军总司令部共收到1488封信件，其中有337封信件与天皇有关，且大多数要求保留天皇制。这些信件大多冗长不堪，充斥着“你们敢动陛下一根手指头我就要刺杀麦克阿瑟”“我们再也忍受不了美国的统治了”等等威胁性话语。为验证民意，1946年2月，美国授意日本媒体进行了一次舆论测试，其中91%的人支持保留天皇制，美国人据此认为天皇对于日本普通民众非常重要。

数据当然是真的，但问题在于，保留天皇制度的想法并不是从1946年才开始出现，甚至也不是麦克阿瑟本人的意见，而是当时美国官僚体系的共同看法。

1942年4月，太平洋战争打响不到半年，美国情报协调局（COI，中

1946 年 8 月 26 日，麦克阿瑟（右二）抵达日本东京西侧的厚木飞行场，这片机场迄今仍由驻日美军管辖

央情报局前身之一）便根据手头资料对战后如何改造日本做了一个草案，其中认为天皇是和平的象征，但国内极右翼与军部势力把天皇与外界完全隔绝，逼迫天皇打响战争，战后应以天皇为核心重建日本；9月，美国专门研究东亚的学者赖肖尔（Edwin Reischauer）向陆军提出建议，认为应该组建一个“以裕仁为核心的傀儡政府（puppet regime）”。

更为正式的报告出台于1943年5月，美国国务院远东问题研究组提交报告《日本天皇的地位》（*Status of the Japanese Emperor*），通过梳理日本近代以来的历史阐述日本有所谓“二元政治体制”，一边是幕府时代军人政治的延续，一边是近代试图发展议会制的自由主义政治家，而明治宪法体系就是在两派的斗争之下逐渐成形的，所以天皇的定位就是一个表面上拥有最高统治权，实际上处处受到限制的立宪君主①。应该说，这份报告充分体现了英美法系中对于惯例而非成文法典的重视，所以他们也很自然地认为，日本天皇制可以改革但不应该全盘废除。

其实，即使在日美战争刚刚爆发之际，美国仍将日本视为英国一类的立宪君主国，无论是美国军方、民间学者还是国务院都认为天皇制并不是一个需要完全废除的制度。在后来的战争宣传中，美国也没有像批判希特勒、墨索里尼等法西斯头目一样批评天皇，而是把矛头对准了打响战争的首相东条英机。

1945年6月11日，美国国务院、陆军、海军三部门协调委员会（SWNCC）发表第150号文件，明确“妥善利用天皇”，“天皇即便退位，

① 该文件认为，废除天皇制之利主要有：一是修正日本的极端民族主义的倾向，并铲除其衍生的各种势力；二是未来的日本政府看待国家间关系更为理性；三是防止军部分子再次通过天皇掌权。废除天皇制之弊主要有：一是难以寻求合适的日本领导人参与废除天皇制后的政府；二是有可能引起日本人民的愤恨、不合作甚至反抗。延伸阅读：曲梦晨《二战期间美国关于战后日本天皇制政策的制定》，《史学集刊》2017年第5期，第118—127页。

在没有明确证据的情况下也不要作为战犯提请审判”等原则。这份文件几经修改，最终版本（150/4）在日本投降后的9月22日以国务院公报形式公开发布。因此，麦克阿瑟日后保留天皇的举动并不是心血来潮，而是美军从战争一开始就确定下来的战后改造政策。

对于美国的打算，裕仁必然不甚知情，他的第一想法还是先与美军取得联系。9月27日，裕仁主动拜访临时设立的美国大使馆。从存世照片可以看出，裕仁身着标准的英式早礼服，系着短领带，笔直站立在右；高出裕仁一头的麦克阿瑟却十分随意，穿着松松垮垮的卡其色军装常服，摆出一副“稍息”姿势站在一旁。麦克阿瑟并不是故意蔑视天皇，他回国参加美国国会的听证会也是这种打扮，甚至还经常会违反美军制服规定戴上一顶菲律宾军帽（麦克阿瑟是菲律宾军队元帅），日本投降当月就与裕仁见面，表明他是认可天皇的。

麦克阿瑟1964年出版的回忆录透露，这次会面时，裕仁上来就说：“我来拜访您是要把我自己交给您代表的盟军各国审判，我国国民在进行战争的过程中，我对政战两方面的全部决定与行动应负全责。”麦克阿瑟非常感动，认为天皇是“日本最顶尖的绅士”，他本来不想送天皇出门，但会谈结束后却忍不住目送裕仁上车。

不过，麦克阿瑟这本回忆录一向被批评有夸大事实之嫌，其中某些具体桥段有可能失真，裕仁在后来也从未肯定过这份回忆录的相关内容[①]。根据当时担任翻译的外务省官员奥村胜藏（1903—1975，后官至外务省政务次官与驻瑞士大使）回忆，裕仁在会见麦克阿瑟时没有提到“负全责”，

---

① 1975年8月23日，裕仁访美期间接受采访时，针对记者关于麦克阿瑟回忆录的提问做出如下回答：“与麦克阿瑟司令官曾有约定，我们谈过的话不对任何人公开。”据记载，裕仁在美军占领期间共与麦克阿瑟见面10次，两人的会谈记录几乎完全没有公开，只能从相关人士的回忆录中找到只言片语的记载。

麦克阿瑟与裕仁会面

而是说“围绕这场战争，我曾经积极躲避，然而最终战争仍然爆发，实乃我平生最大遗憾”；“不用说，我与日本国民均已经充分认识了战败的现实，今后为了在和平基础之上建设新日本，我会尽自己所能贡献一份力量”。

无论哪种说法是真实的，可以肯定的是，裕仁与麦克阿瑟之间达成了某种程度的默契，即便麦克阿瑟没有为帮助裕仁逃脱战争责任打包票，起码也对裕仁以及天皇制的存续提供了某种程度的支持。奥村胜藏也提到，两人刚开始对话时，麦克阿瑟对天皇直呼“你”（you），而要求翻译的时候则会说一句“告诉天皇”（tell the emperor），随着两人的谈话愈发坦诚，麦克阿瑟也似乎对天皇有了些敬意，最终以“陛下”（your majesty）相称。

为了讨好美国人，宫内省定期向麦克阿瑟与美军高级官员发出宫廷活动的邀请函，包括在皇宫赏樱花、打萤火虫、采竹子、观看传统武术比赛、在皇宫里打鸭子等。日本式的鸭子狩猎不是用枪支，而是在宫廷之中用一种用丝线制成的渔网捕捉飞行的鸭子，这种异国风情让过惯了平民生活的美军高官十分高兴。日美双方有了交集之后，麦克阿瑟便开始帮助裕仁逃脱战争审判。

二 裕仁天皇的免责之路

1945 年 9 月 18 日，日本战后第一任首相东久迩宫稔彦王（从 8 月 17 日至 10 月 9 日担任首相总计 54 天，是日本历史上最短命的内阁）第一次接受外国记者采访，当有记者提出“天皇是否也是战犯”时，这位首相明确提出“天皇陛下并非责任人，战争只是依据侧近之部分军人而计划实行”。显然，这番说辞并不能说服众人，毕竟《大日本帝国宪法》早就规定天皇有开战与停战的权限。日本国民之所以停战也是由于听到天皇的诏书，那么开战的责任理应由天皇承担。

不过，美国人却在水面之下暗自思索着如何为天皇开脱。这时候，麦克阿瑟的重要谋士邦纳·费勒斯（Bonner Fellers）准将就显露出自己的作用。早在 1943 年 11 月，作为情报协调局的后身——战略情报局（OSS，中央情报局前身）的宣传专家，费勒斯就来到菲律宾，专门从事对日宣传工作。在他的帮助下，麦克阿瑟的军队对日军俘虏采用了崭新的教育模式：天皇热爱和平，但军国主义分子背叛了天皇，为了一己私利发动战争，只有帮助美国把日本军部打倒，才能保全天皇。这种“清君侧”思维与很多日本中下层士兵的想法非常贴合，促使很多日军俘虏转而协助美军，使美军顺利获得相关军事情报，终结二战。

1945 年 10 月 2 日，已经抵达日本的费勒斯给麦克阿瑟撰写了一份备忘录，指出太平洋战争开战诏书“显示出天皇无可免除的责任”，但同时也提到日本“大众对裕仁有着异乎寻常的敬爱之心”，而且天皇的停战诏书“让数万乃至数十万的美国人免于死伤，让战争比预定更早结束”。如果现在就让裕仁作为战犯接受审判，日本的“统治机构有可能崩溃，全国性动乱也在所难免”，这将大量牵扯驻日美军的精力。

在美国的支持下，11 月 5 日，日本在 1945 年的第四任首相（战后第二任）币原喜重郎针对天皇的战争责任问题颁布决议，称天皇“轸念于对美谈判之中和平妥协”，“开战决定乃至完成作战计划等事项均遵从宪法运用上的惯例，因而无法推翻大本营、政府所定下的决定”。很明显，这份提案已经开始偏重于“宪法运用上的惯例”，亦即按照美国人所能理解的口吻来探讨天皇的战争责任问题。

经过周密准备，1946 年 1 月 25 日，麦克阿瑟向美国陆军发送了有关天皇的长篇绝密电文：“如果将天皇指控为战犯，将会引起日本国民无法

东久迩宫稔彦王（1887—1990）

币原喜重郎（1872—1951）

想象的震动，这一结果将会带来无法平息的混乱……政府各大机构将会崩溃，文化活动将会停止，混沌无秩序将会继续恶化，山区将会出现游击战……在我看来，如果近代以来导入民主主义的希望逐步消失，国民必然会分裂，也必然会有坚持共产主义路线的强势政府产生。”

随着二战的结束，东欧的共产主义政权如雨后春笋般建立起来，美国也对自身在东亚的利益有所担忧。这一时期，盟军大量成员国也提出“审判裕仁”的要求，除去中华民国明确将“日皇裕仁”列为起诉对象外，澳大利亚也因战争期间多次受到日军袭击而对指控天皇持积极态度。为了保证战后改革顺利进行，麦克阿瑟不得不用长篇电文表明自身态度，最终获得认可。美国政府随即联络英国、法国、苏联等，以各种方式确保盟军各国不再对天皇提出诉讼请求。

一方面要说服其他盟军成员国，另一方面麦克阿瑟也派遣费勒斯设法让日本人“出力”。1945 年 9 月到 1946 年 3 月，费勒斯私下对 40 多名日本高官进行“传唤”，并指导各相关人士统一口径，共同帮助天皇逃脱审判。费勒斯最著名的对话发生在 1946 年 3 月 6 日，原首相米内光政来到驻日美军总部。面对这位美军颇为器重且十分敬重天皇的海军大将，费勒斯开门见山，提出希望东条英机能够如下表态：“开战前的御前会议上，即使陛下反对与美作战，我决心已定，要强行推动战争。”米内光政表示同意，并认为对美开战责任确实应该转嫁给东条英机与岛田繁太郎（开战时的海军大臣），随即保证道：“仅就岛田而言，我确信他已经做好了承担全部责任的准备。”

米内光政作为日本海军不多的受到美国认可的人物，在战后一直是联络各路海军军人、庇护天皇的重要人物。不久后，原海军省改组的第二复员省开始围绕审判制定对策。他们销毁了大量战时相关文件，并以模拟法庭的形式将战前所有海军高官一一过审，让所有人统一口径，将开战的战争责任全部归于陆军，同时将各具体部队所犯下的战争罪、反人类罪归咎于当地指挥官，以求保护天皇免予起诉或减少量刑。

裕仁本人也非常努力。1946 年 3 月 18 日至 4 月 8 日，他先后召集 5 名宫内省官僚口述自己对战争的回忆，前后累计讲了 8 小时，笔录整理后成为现在非常著名的裕仁回忆录《独白录》。随后，这份回忆录被翻译成英文，通过费勒斯传递给驻日美军。

在回忆录中，裕仁把自己彻底塑造成一位信仰“君临而不统治”的立宪君主，他声称自己在 1929 年训斥包庇刺杀张作霖事件肇事者的首相田中义一后，受到元老西园寺公望的批评，之后只要是“内阁上奏之事，即便自己持反对意见也会给予裁可”。针对 1941 年决策对美开战事宜，裕仁更是反复申明自己爱好和平，并不想卷入战争，但“如果当时我反对开

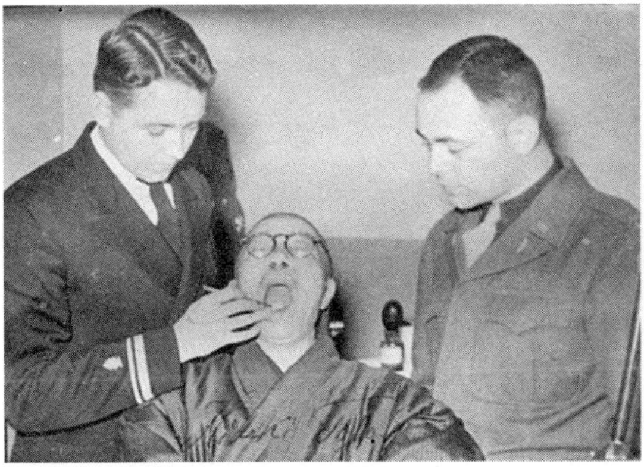

自杀未遂而遭到逮捕的东条英机

米内光政

战决定的话，国内必会有大动乱，我信赖的周围人都会被杀，我自己的生命也没有保证。这还算好的，但即便如此还是有可能进入战争，那会有比这次战争（二战）更加悲惨的事情发生，很有可能陷入无法停战的境地，日本可能会就此灭亡”。

1946 年 4 月 3 日，经过一系列的运作，驻日美军最高决策机关——远东委员会（FEC）决定将不起诉日本天皇列入“谅解事项”，并同意“从战争罪起诉中删除日本天皇”。对于这个“谅解事项”，日后东京审判的审判长威廉·韦伯（William Webb）隐晦地在报纸上表达了不满：“(是否起诉天皇）不在我的管辖范围之内，天皇不在审判之列的决定毫无疑问是基于所有同盟国的最佳利益而做出的。”随后，检察官团体特意在天皇的生日 4 月 29 日提请诉讼，某种意义上也是对驻日美军做出无声的抗议。

有趣的是，就在大家都觉得尘埃落定之时，东京审判中的东条英机却突然“说漏了嘴”。1947 年 12 月，辩方律师曾质询东条英机：“木户侯爵

（幸一）是否有过反对天皇希望和平的发言呢？”东条英机毫不犹豫地回答：“据我所知，肯定没有，不仅是他，全日本国臣民都不可能反对陛下之意做什么事情，更何况是高官呢？”

这句话明显是把天皇放在了一个不利的局面上：既然无人敢违抗天皇命令，那天皇完全可以阻止战争爆发，但他并没有那样做，这就成了他应该受审的铁证。于是 1948 年 1 月，检察官约瑟夫·基南（Joseph Keenan）抓住机会明确质询：“你之前反复说过天皇爱好和平，但又说日本臣民不会不遵从天皇的命令，是吗？”这时的东条英机已经警觉起来，立即表示：“陛下到最后的一瞬间都在期盼着和平，这场战争的责任只在我一人，天皇陛下与其他人都没有责任。”

虽然这次“说漏嘴”让昭和天皇乃至麦克阿瑟都非常紧张，但最终还是顺利搪塞过去，无论舆论界与史学界如何批判昭和天皇，他继续担任天皇已经是板上钉钉。

三　新宪法对于天皇权力的规定

虽然帮助裕仁躲过了战争审判，但作为第二次世界大战时期的日本君主，于情于理，裕仁都不可能再高坐“国家元首”之位了。

从进驻日本开始，围绕新宪法的讨论就已逐步开始。盟军认为《大日本帝国宪法》是一部“以普鲁士专制政治为父，以英国议会政治为母，由萨（摩）长（州）接生婆接生的雌雄同体生物”。美军希望，日本新宪法应在《大日本帝国宪法》的基础之上，剔除其专制主义因素、凝合民主主义内核而成。1946 年 2 月 10 日，驻日盟军总司令部根据麦克阿瑟提

1946 年枢密院会议。这次会议决定了日本修改宪法事宜，也是这个自明治时代延续下来的机构的最后一次会议

出的三条原则[①]制定了宪法草案，其后经过少许修改与翻译调整最终在当年 11 月 3 日获得通过。1947 年 5 月 3 日，新的《日本国宪法》正式施行，从那时起到现在，这部宪法没有一字一句的变化。

关于天皇的定位，美国人借鉴了 1931 年英国“西敏寺宪章”前言的一句话，“王冠是联合王国所属国自由联合之象征（symbol）”。新宪法第 1 条将日本天皇定义为“日本国与日本国民团结的象征”。所谓“象征”，即表示日本天皇不再是某种政治制度中的必需之物，而是一种精神层面的

① 即“麦克阿瑟草案”。1946 年 2 月 3 日，麦克阿瑟命令幕僚起草宪法草案，同时提出了制定宪法的三项原则：（1）保留天皇制，但其权力须受限制，并从属于人民的最高意志；（2）放弃战争和一切战备；（3）废除一切封建制度。总司令部政治局在极其秘密的情况下着手起草，同月 10 日完成，13 日转交日本政府。

存在：战后新日本的主权在全体日本国民，这意味着国民在现实政治层面上并不需要一个凌驾于其上的统治者（天皇），但在精神层面，所有日本国民仍然需要一个日本国自我意识的“象征”，意识到自己是“日本人”，否则这个国家可能会分崩离析。

既然战后日本采用“国民主权”，那天皇就不再具有“国家元首”的地位，虽然仍保留了“世袭”权（第2条），但天皇的国事行为必须经过内阁批准，由内阁负责（第3条），与此同时，“天皇只能根据本宪法行使国事相关行为，无权参与国政”（第4条）。在新宪法体系下，天皇不再具有任何政治权力，国家最高统治权归于内阁总理大臣（首相）。内阁总理大臣须由国会推举，而国会由国民选举产生，一个完善的代议制与责任内阁制政府就此形成。

《日本国宪法》颁行后，天皇再无权力参政议政，甚至不再拥有普通日本国民能够获得的天然权利。如天皇与皇族不能去民政部门登记户籍，只能在宫内厅保管的《皇统谱》中列上名字；如果要出国，也没有私人护照，只颁发“皇族”官职的公务护照。此外，日本皇族没有选举权、被选举权、收养养子、婚姻自由、信教自由等权利，如果觉得憋屈，想要脱离皇族，主要方式也如《皇室典范》第11条所规定，“须经皇室会议决议而离开皇族身份”。

只要是皇族身份，就不能享有普通日本人所拥有的自由，这就是日本天皇乃至全体皇室成员至今依然受到的严格限制。从某种意义上说，战后整个日本皇室像是被全体国民豢养的“金丝雀”。1947年，脱离皇族的裕仁长女成子公主（东久迩成子）曾感慨地说，虽然战后日本社会一度物资短缺，生活艰苦，但是“能第一次像普通人一样生活，感受到普通人的喜悦，这让我备感难得”。

既然是接受日本国民的供养，皇族人数就不能太多。1947年10月13

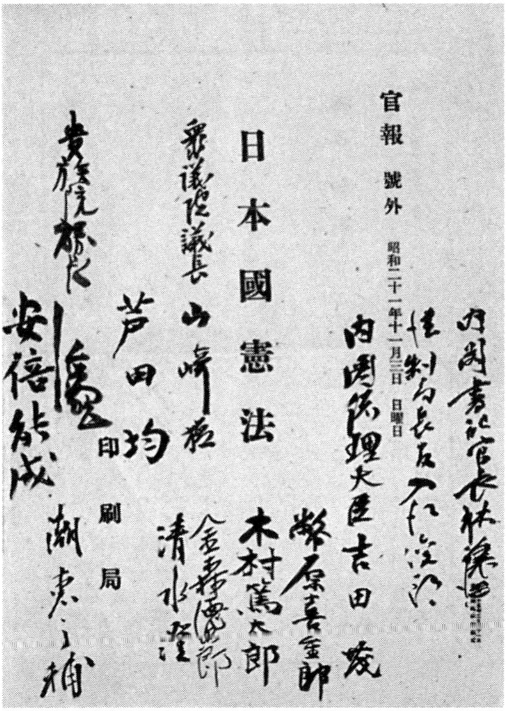
官報 號外 昭和二十一年十一月三日 日曜日

内閣書記官長 林讓治

法制局長官 入江俊郎

内閣総理大臣 吉田茂

幣原喜重郎

木村篤太郎

日本國憲法

金森徳次郎

清水澄

衆議院議長 山崎猛

芦田均

印刷局

貴族院議長 徳川家正

安倍能成

潮恵之輔

1947 年日本宪法颁布时的官报扉页

裕仁三弟高松宫宣仁亲王（1905—1987）

裕仁四弟三笠宫崇仁亲王（1915—2016）

日，根据皇室会议决议，除裕仁与三个弟弟（秩父宫、高松宫、三笠宫）的直系亲属以外，其他11宫家51名成员全部脱离皇族，成为平民①。这一次“皇籍离脱”虽然显示出日本皇室的进步思潮，却也为日本皇室继嗣埋下了隐患，数十年过去以后，皇室目前只有一位未成年男性皇族（悠仁亲王）。

至于皇室财产，新宪法规定“皇室让渡、受让、赐予财产必须经过国会决议”（第8条），同时“全部皇室财产属于国家，全部皇室费用必须计

① 1947年脱离皇族的11宫家51人分别为：伏见宫（4人）、山阶宫（1人）、贺阳宫（8人）、久迩宫（10人）、梨本宫（2人）、朝香宫（6人）、东久迩宫（7人）、北白川宫（4人）、竹田宫（6人）、闲院宫（2人）、东伏见宫（1人）。所有脱离宫家之人均以原宫号为姓氏，如前任日本奥委会主席竹田恒和，就是原战前竹田宫恒德王的第三子。目前原山阶宫、梨本宫、闲院宫、东伏见宫、北白川宫已无传人。

上预算并经国会决议”（第 88 条）。说白了，就是日本皇室没有私人财产，从一砖一瓦到一针一线全部属于国家。这还不算完，就在新宪法颁布的 1947 年，驻日美军又大举改革，将包括目前东京新宿御苑在内的 17 块、共计 170 多平方公里的土地全部划出皇室财产范围，归入其他部门管辖。截至目前，日本全国的皇室财产只剩下 15 块、总计不足 20 平方公里的土地（皇室陵墓占了近一半），全部由 1949 年 6 月进行民主化改造的宫内厅管辖。

四 裕仁留任与战后日本政治

二战之后，日本国内一度盛行“天皇退位论”，也就是让裕仁退位，由当时还是少年的明仁担任新天皇，象征日本走进了一个新时代。

1948 年 7 月 9 日，新任宫内府长官田岛道治曾与裕仁就是否退位进行过商讨。不过，裕仁并没有退位之意，而且提出三条理由：一是“退位有可能动摇帝制”；二是“皇太子（明仁）年纪尚幼且无适合担任摄政之人（当时裕仁的三个弟弟都曾是军人）”；三是“SCAP（驻日盟军）能否允许”。前两条暂且不论，只说第三条，麦克阿瑟确实在 10 月 25 日向时任首相吉田茂明确表达过反对天皇退位的意见。当时的驻日美军正想方设法稳定日本政治、经济，一个熟悉的天皇在位对他们有益无害。

另外，裕仁的留任还给日本带来了一个副产品——日本战后政治家难以再度实现军事化，这也是美军允许裕仁继续担任天皇的重要原因。裕仁在公布新宪法时明确发布敕语：“日本国民自觉放弃战争，寄希望于实现以正义与秩序为基调的永久和平，恒常尊重基本人权，基于民主主义治理国家。”裕仁作为天皇的权威以及对政治家的影响是从战前延续下来的，一旦他为“放弃战争”做出承诺，战后政治家出于对裕仁的尊重，就无法在裕仁在世期间修改宪法，重新走上战争道路。恰好，裕仁又是一个极为长寿之人，他的存在能让人永远铭记战后日本是怎样从战前日本的惨剧中一步步走来，警示着一代又一代的日本国民要遵守宪法，不能破坏和平。

客观来说，虽然1947年颁布的日本宪法明确规定天皇不能实际参与政治，但由于裕仁天皇身份的特殊性，他仍然与战后日本政治有着一定的关联。

首先便是日本与美国的安全保障条约问题。1947年5月6日，裕仁与麦克阿瑟进行第四次会面，明确向美军提出"为了日本的安全保障，作为盎格鲁–撒克逊代表的美国应当掌握其主导权"，并得到了麦克阿瑟的保证。这一时期，日本国内的左翼运动风起云涌，而同一时期中国人民解放战争正如火如荼地进行着，朝鲜半岛北部也在苏联的扶持下开始进行社会主义改造，这让对共产主义理念非常敏感的麦克阿瑟与裕仁有着相似的危机感，裕仁当然希望在战后日本的改造中更多追随美国而非苏联。7月22日，外务大臣芦田均向裕仁汇报外交工作时，裕仁依旧如同战前一样发布指示："日本最终还是要与美国同调，与苏联合作实在非常困难。"

1949年11月，裕仁与麦克阿瑟第九次会面，麦克阿瑟认为即便日本与盟军各国日后能够签署和平条约，美军仍有必要驻扎在日本，裕仁表示同意。当时日本舆论的主流是要求日本与盟军签署和平条约以后，美军全面撤出日本，这种看法导致首相吉田茂根本不敢在公开场合支持美军。不过1950年8月，裕仁突然给美国国务卿顾问约翰·杜勒斯（John Dulles，1888—1959，后来就任美国国务卿）发去消息，批评日本国内拒绝给美军提供基地的呼声，某种程度上对吉田茂起到了援助与掩护作用。美国方面眼见日本天皇与首相均支持美军驻留，这才迅速启动和平条约谈判工作。1951年9月8日，日本与盟军的资本主义阵营国家签订《旧金山和约》，同时日本也与美军达成第一份《日美安保条约》，两份条约的生效宣告日本在1952年4月28日起恢复独立主权。

战后著名首相吉田茂（1878—1967）

鸠山一郎（1883—1859）

很明显，裕仁关于日美安保问题的发言已经明显超出了日本新宪法规定的范围，但这些发言都是在很隐秘的情况下进行的，而且裕仁的表态也是在顺应当时日本主流政治家与驻日美军的看法，其发言更多是对现实政治的锦上添花。

事实上，不听从裕仁指示的人也不在少数，比如1930年曾经咆哮日本内阁“统帅权干犯”的鸠山一郎[①]就是一个范例。1955年8月20日，

① 当年曾经炮轰“统帅权干犯”这件事情让鸠山一郎在二战以后受到很大冲击。1946年5月3日，鸠山一郎以“协助军国主义发展”为名进入“公职追放”名单（不允许担任公职），这让他丧失了在当年成为首相的机会，只得让给吉田茂，两人达成“公职追放”之后把首相职位交还给鸠山一郎的君子协定。不过1952年鸠山一郎的“公职追放”结束之后，吉田茂已经不可能归还首相职位，于是鸠山一郎拉上大量结束“公职追放”的日本政治家回归政坛，成立了日本民主党，并在1955年赢得大选。

鸠山内阁的外务大臣重光葵访问美国之前曾向天皇“内奏”，裕仁曾私下告诉他，“日美合力反共十分必要，（美国）驻屯军不可撤退”。但鸠山一郎不但没有“反共”之意，反而在1956年促成日本与苏联恢复外交关系，签订《日苏共同宣言》，成功改变了吉田茂时代以日美关系为唯一主轴的外交方针，也为苏联关押日本军人的大批回归打下了基础。鸠山一郎成立的日本民主党以“修改和平宪法”与“恢复军备”为初心，在与吉田茂成立的自由党合并之后，这个初心也进而延续到现代日本第一大党自由民主党身上，对裕仁所仰赖的“和平宪法”构成了一种抵触。

二战结束后，根据传统，日本政治家依然保持着对天皇的“内奏”制度，而且有趣的是，不仅是保守派政治家愿意坚持这种制度，甚至以左翼政党日本社会党为主的片山哲内阁也多次进行“内奏”。每次“内奏”过程中，裕仁都会如同二战时期一样，蜻蜓点水般给一些模棱两可的建议，但有时候也会引起麻烦。比如1973年5月，当时的防卫厅长官增田惠吉在“内奏”之后向媒体公布了裕仁给他的建议：“保护国家乃是大事，不要效仿旧军队之恶，但要取旧军队之善。”由于当时恰逢国会审议两部与防卫厅相关的法律，不免让人感到裕仁又要像战前一样干预政治。于是，时任首相田中角荣立刻撤换了增田惠吉，而且给“内奏”下了一个新的定义：“内奏是为了给象征之陛下提高教养而随时进行之公事任务”，天皇“没有发布任何有可能影响国政之言”。

面对来之不易的和平，裕仁终于放下自己执政前20年的称霸美梦，开始享受起平静的战后生活。日本战后经济迅速腾飞，诸如电视等各种新兴媒体也逐渐普及，但除去一些重要仪式外，裕仁很少出现在国民面前，从二战时期那个整天问来问去的“能动”天皇变成了一个诸事不闻的“静态”天皇。国民最常看到的影像，就是天皇静立于皇居的某一株樱花旁，呆呆地望着远方。

1956 年 11 月的裕仁天皇夫妇

五　裕仁的晚年出访

1969年元旦，日本皇居恢复元旦的“一般参贺”制度，即允许一般国民进入皇居长和殿前广场，裕仁等全体皇室成员会站在长和殿外面的平台上，向大家挥手致意。不过就在当年，原日本军人奥崎谦三向裕仁射击小钢珠，被当场逮捕，为此，长和殿平台加装了防弹玻璃。三年后，奥崎谦三出版的手记《向天皇射击》获得热卖，小小地火了一把。某种意义上，袭击天皇反而成了奥崎谦三的一种营销手段。

终其一生，裕仁遇到的袭击事件并不算少。1924年还是摄政皇太子之时，他乘坐的车辆就遭到民间极端人士难波大助的射击（虎之门事件），所幸毫发未损；1932年初，他的车队遭到朝鲜独立人士投掷炸弹；1945年东京大空袭时，裕仁更是直面战争造成的恐怖。与这些历史事件相比，1969年的这次“小钢珠”事件只能算是小儿科，但不知道是不是这次袭击事件让裕仁回想起了什么，随后一段时间里，他开始以象征天皇身份频繁出现在公众视野中。

首先是1971年9月27日至10月14日再度访问欧洲的英国、比利时、联邦德国等国家，途中为了与美国总统尼克松会谈还专门从阿拉斯加转机，算上中间停靠地总共访问了8个国家（另外4个为丹麦、法国、荷兰、瑞士）。这是裕仁继1921年之后时隔50年又一次访问西方国家，也是战后天皇第一次出行，自然引发各国政要与媒体的关注。不过这些关注基本都是围绕裕仁的战争责任问题，比如联邦德国对裕仁的报道就是“希特勒的盟友”。

第一次前往欧洲时，裕仁停留时间最长的地方是英国。但与上一次来访时的举国欢迎不同，这一次英国人并没有给他什么好脸色。欢迎晚宴上，英国女王伊丽莎白二世特意强调“过去英日两国关系并不是一直保持

1971 年裕仁访问欧洲之前，与尼克松夫妇会面

和平状态”，对裕仁作为天皇的战争责任做了一定的提醒；随后裕仁在英国皇家植物园栽种的树木也在植树后的第二天被砍倒。二战时期日本军队曾在亚洲战场大量虐待英美等国俘虏，而裕仁却没有因此受到审判，这让很多欧洲人在情感上无法接受。

更不能接受的是荷兰人。二战期间，日军入侵荷属东印度，曾拘捕13 万名荷兰军人与平民，致使荷兰人对日本人的敌对情绪一直延续到战后。10 月 8 日裕仁抵达荷兰后，荷兰政府几乎没有做过多接待，愤怒的民众纷纷高举“战犯”标语站在裕仁车队的必经之路上表示抗议，并向裕仁乘坐的汽车投掷鸡蛋与保温瓶表示不满，甚至汽车前挡风玻璃都出现了裂纹。对于这些，裕仁事后提到“其实一部分举动我已经得到事先汇报，有了一些心理准备，并未特别惊讶”。

当然，这次访问欧洲也不全都是不好的回忆。就在访问上述国家之前的10月4日下午3点，裕仁乘车来到巴黎近郊的讷伊（Neuilly），专门拜会了隐居于此的英国温莎公爵、原英国国王爱德华八世，也就是50年前那位在英国军港迎接裕仁的英国王子。50年间，温莎公爵“爱美人不爱江山”的传奇故事早已传遍全球，但这也让他与英国王室关系甚为紧张，乃至于常年旅居巴黎[①]。与这位老友重逢，裕仁不禁心生感慨，还特地互赠照片一张以纪念多年以前日本与英国两大君主家庭之间的友谊。

这次出访让裕仁更加坚定了进一步出国访问的想法。1972年9月5日，裕仁接受记者提问时表示，自己在50年前访问欧洲的时候与一位美国海军地中海舰队司令官之间有着访美约定。对于访问美国一事，日本宫内厅一开始担心会有左翼人士前来抗议而加以反对，于1973年5月公开宣布访美设想中止。但随着1974年11月美国总统福特访问日本[②]，作为回礼，日本内阁最终同意天皇在1975年9月30日至10月14日期间访问美国。

访问30年前的交战国，自然受到很多人的关注。为了解答公众疑惑，降低国外媒体对于裕仁的敌意，宫内厅特地在9月举办了4次记者招待会，广泛邀请世界各国记者前来。裕仁明确表示，自己访问美国并不仅仅是为了回顾过去，更是“感谢美国政府与国民（对于战后日本）的莫大援助”，“希望与美国增进友好关系”。

---

① 1936年爱德华八世退位的原因，一般认为是“爱美人不爱江山”。但目前有研究认为爱德华八世的退位也与他亲近纳粹德国的政治倾向有一定关系。1937年10月13日，已经退位的温莎公爵不顾英国王室反对而受邀前往德国，甚至与希特勒会面，敬纳粹军礼等。二战爆发后，他一度拒绝返回英国，而是在1940年之后前往西班牙、葡萄牙等中立国生活，最终英国政府任命他为远离英国的巴哈马总督，使得他能够远离战场，直到二战结束以后才回归欧洲。

② 需要注意，1974年福特访问日本是日本历史上第一次迎接美国现任总统来访。1879年日本明治维新政府曾接待过离任美国总统格兰特；1960年曾试图邀请当时的美国总统艾森豪威尔访问日本，但由于当年日本与美国签订新的安全保障条约造成国内爆发大规模反对游行而被迫作罢。

1922 年爱德华王子（前排右一，即后来的爱德华八世与温莎公爵）回访日本，与裕仁（前排左一）、贞明皇后（中间白色礼服者）一同游览新宿御苑

世界各国记者自然不会放过这个询问战争责任问题的大好机会。9 月 22 日，一名记者就问道："军部领导者当年将日本引入无益而错误的冒险之中，您对这一点有没有自己的看法？"对于这个问题，裕仁似乎又回到了战前的老狐狸状态，他没有直接批判，而是说："与当时事情有关系的人仍然在世，如果我现在说什么话就会成为对当时军部领导者的批判，我并不想这么做。"对于裕仁而言，国际法层面已经不会有人去追究他的战争责任，与其跟过去的"军部领导者"彻底划清界限，倒不如留个面子，以防激怒一些在世故人，反过来咬出更多细节，对他的地位没有任何好处。

或许由于这一次的准备工作比较充分，裕仁在美国各地获得热烈欢迎。10 月 2 日，美国总统福特以国宾礼正式会见裕仁，10 月 3 日裕仁向阿灵顿国家公墓的无名战士墓碑献花，随后又在10月4日访问纽约洛克菲勒大厦等著名建筑。10月8日，裕仁被安排前往洛杉矶迪士尼乐园，这位从二战时代走来的头发花白的天皇与洋溢着青春气息与美式文化的米老鼠出现在同一个相框里，既突兀又有些别致。据说在迪士尼乐园里，裕仁还特地购买了一块印有米老鼠标志的手表，这在当时成为一段佳话。

回国以后，裕仁又一次召开记者会。面对记者的激烈提问，裕仁接连以各种标准答案应付各路记者。如被问到“为什么决定停战”，他便说“继续战争只会让国民陷入更加悲惨的境地”；当被问到“您是否参与到日本开战的决策过程中”，他又以《大日本帝国宪法》为幌子，提到“内阁会议的决定我是不能推翻的”；而被问到“您如何看待自己的战争责任问题”时，裕仁干脆推说自己“对于文学表达方面研究不太多，没太听明白，回答不了这个问题”。一方面受限于日本新宪法，裕仁不可以在公开场合过多表露自己的政治态度；另一方面裕仁也不希望节外生枝，因此关于战争责任的话题，他只要能够糊弄，就会尽可能糊弄过去。糊弄来糊弄去，一辈子也就糊弄完了。

进入20世纪80年代，日本进入超高速发展阶段，曾经的战争阴云也被快速丰富的物质生活所冲淡。虽然日本年号仍然是“昭和”，但越来越多的人已经对前20年不甚熟悉，只对后40年记忆犹新，在这种情况下，曾在二战期间叱咤风云的裕仁也逐渐成了落伍之人。1987年2月3日，裕仁的弟弟高松宫宣仁亲王去世，这让裕仁备受打击，身体情况也越来越差。1988年9月19日，裕仁突然吐血后卧床不起，病情愈发恶化，最终在1989年1月7日以88岁高龄去世，这也创造了日本有信史记载以来天皇的寿命纪录与在位时间纪录。

六 小结

战前，明治宪法用一个形而上的日本传统来塑造“制度天皇”的权威性，同时也赋予“人类天皇”很强的自主权和能动性，造成两者之间产生了非常显著的矛盾，促成天皇形象与天皇权威的不断变化。战后，日本“制度天皇”不再具有任何实权，“人类天皇”也不被允许发动任何自主权与能动性，完全被宪法锁死。换句话说，通过“象征”这一词语，战后体系中的“制度天皇”与“人类天皇”达成了某种程度上的合流：“制度天皇”的限制就完全等同于“人类天皇”的边界，“人类天皇”的每一句发言都不再拥有任何实际政治意图，只是作为国家“象征”的“制度天皇”意见，且不具备任何强制性。

战后初期的裕仁显然对这种转变不太适应，仍旧靠着权威余波维持着一些影响力，他在战前累积下来的号召力也确实影响到包括《日美安保条约》等战后日本的基本决策，但随着青年一代逐步成长起来，也随着裕仁自身的年龄增加、体力下降，天皇权威对于政治的影响力也越来越低，日本天皇形象最终又回归到明治维新之前，乃至光格天皇之前的状态。

每当提到裕仁，几乎所有人都会关注他的战争责任与战后表态等问题，应该说，从战前开始，裕仁就不是一个有勇气站出来承担主要责任的人物，如以他少年时代所受教育来看，这是他一生中的可耻之处。虽然他在战后曾经提到自己应该承担责任等等，但由于缺乏行动支撑而更像是一种惺惺作态。为了尽可能不被人抓住把柄，据说在公开场合听到各种汇报时，他都会念叨一句“啊，这样啊”，以示知晓却又不做评判。可以说，战后的裕仁是在以一种非常谨慎的态度揣摩自己的每一句发言。既想靠着战争获得开疆的满足感，又不太想承担相应的风险，这种矛盾状态也一直持续到裕仁的战后生活之中。

某种程度上，这种思路也言传身教给了他的儿子——战后第一位以“象征天皇”形象出现、2019 年退位的明仁（1933 年生）。

第八章　现代天皇："象征天皇"做了什么事？（1952—2019）

"陛下越是努力在外慰灵，就离我们靖国神社越远……明白地说吧，这个陛下就是要干掉靖国神社啊！"

2018 年 6 月 20 日，靖国神社宫司小堀邦夫操着一口老炮儿关西腔，在靖国神社的一场内部会议上对当时仍然在任天皇的明仁大加批判[①]。本来只是泄泄愤，谁承想有好事者录了音，直接递给媒体，搞得舆论一片哗然。要知道从靖国神社建立那天起，天皇就是他们必须尊崇的对象，虽然战后日本实行政教分离，但靖国神社依旧坚持二战时期的政治正确。作为靖国神社宫司，小堀邦夫这番发言自然是"不谨慎"，于是他只好在 2018

① 靖国神社在二战结束后很长时间内没有受到关注。从 1945 年到 1975 年，昭和天皇一共去过 10 次靖国神社参加二战纪念等仪式，明仁在皇太子时代也曾经去过 5 次。但自从 1978 年靖国神社把甲级战犯合祀进靖国神社以后，昭和天皇与全体皇族就不再参拜靖国神社。之后，首相中曾根康弘在 1985 年以首相身份正式参拜靖国神社，中国、韩国等二战中受到日本侵略的国家立即表示抗议，也使得靖国神社成为一个影响日本政治与外交的重要问题。从 1975 年之后，日本再无皇族参拜过靖国神社，明仁天皇也是近代以来第一个在任期间未曾参拜靖国神社的天皇。

年 11 月 1 日辞职。

虽然只是小插曲，但也凸显出一个问题：天皇与靖国神社这两个二战期间关联密切的词语，如今早已分道扬镳。

1989 年即位以后，明仁从未参拜靖国神社，每逢二战整十周年就会走出国门去纪念：2005 年明仁来到美国塞班岛，为死难者纪念碑献上花圈，致以哀悼；2015 年 4 月，明仁来到当年日本统治下的帕劳群岛，前往二战日美两军曾经激战两个多月的贝里琉岛[①]祭祀。之后的2016、2017两年，天皇相继前往菲律宾、越南等日本曾经侵略的国家，与当地人一起纪念战争死难者。这种纪念活动既有着纪念意义，也表现出日本天皇与周边国家睦邻友好的诚意，受到国际社会的广泛赞誉。

明仁宁可选择遥远的塞班岛、帕劳群岛，也不愿意去靖国神社，使得这个以纪念战争为主题的神社的发展在近年来受到巨大制约，小堀邦夫私下里对天皇表达不满也是一种气急败坏的表现。

那么，明仁为什么不愿意去靖国神社呢？这与他的生平经历有着密切关系。

一　美军大空袭与美国家庭教师

作为一名 1933 年出生的日本人，明仁在少年时期先后经历了举国上下一片反美、美军对全日本进行大空袭、战后美军对日本的改造等巨变，战争与和平的经历让他的思想与价值观受到反复冲击与洗礼。

---

① 1944 年 9 月 15 日至 11 月 27 日，美国海军陆战一师登陆贝里琉岛，1 万多名日本士兵展开为期两个月的游击作战，几乎全员阵亡，只有 34 人幸存，美军伤亡总计也超过 1 万人，战况极为惨烈，史称贝里琉岛战役。

据明仁的同学，从幼儿园时代就相识的“学友”(同学)、原日产旗下公司的董事明石元绍[①]回忆，二战结束之前，少年明仁在学习院所受教育与裕仁十分相似，都是以未来的“大元帅陛下”作为目标加以培训。因此，当时的明仁虽然为人和善，但还是比较“自我中心”，直到二战结束以后，明仁的这点特征才有所改观。

对于明仁的改观，明石元绍认为有两个人很重要。首先是二战以后，学习院重新聘任雷吉纳尔德·布莱斯(Reginald Horace Blyth)[②]进入学习院大学教书。据说有一次讲课时，布莱斯教授突然将铅笔转落到地下，然后询问明仁:“铅笔掉了，谁来捡一下呢?”明仁回答:“谁离得近谁捡吧。”但随后布莱斯教授慢慢说道:“你现在是皇子，必须(向他人)提供公共服务，所以请你捡起来。”通过这个极具生活化的案例，布莱斯教授向明仁传达了二战结束后日本皇室之所以存在与延续的基础，那就是以皇室成员身份向全国国民提供力所能及的公共服务。

第二个重要人物是美国著名儿童文学家伊丽莎白·维宁女士。1946年10月21日开始，她来到明仁所在的学习院中等科教授英语，为了让在场同学提前感受美式文化，维宁女士给班里每一个孩子都取了英文名，明仁的英文名是“吉米”(Jimmy)。明仁一开始对这个英文名略有抵触，但由于维宁夫人坚持让班级中每个孩子都能获得平等教育，让皇子尊重每一个普通人，这种教育方式最终获得明仁的接受，自由主义价值观为这位皇子打开了新世界的大门。

---

① 明石元绍为日俄战争时期著名间谍、陆军大佐明石元二郎的长孙。明石元二郎从1904年开始一直在瑞典、帝俄统治下的芬兰等地活动，与各路反俄人士接触并提供资金，战后撰写《落花流水》总结资金援助的功绩。有人认为明石元二郎的间谍工作成功引发1905年俄国革命。后来出任第7任日本驻台湾的总督。

② 这位专精于日本文化的学者在二战时期曾被认为是“敌性外国人”而遭到无故收押，战后由于麦克阿瑟的过问而迅速恢复自由。随后成为明仁等人的英语老师。

雷吉纳尔德・布莱斯（1898—1964）

战后不久的 1952 年，明仁 19 岁时，日本皇室为他同时举办了成年礼与立太子之礼。随后，他也如同父亲昭和天皇一样，于 1953 年开始赴外巡游，足迹遍布 14 个国家，前后足足耗费 7 个月。其间他以昭和天皇“名代”身份在 6 月 2 日参加了英国女王伊丽莎白二世的加冕典礼。当时国际上对昭和天皇的战争责任问题还有很多争议，由明仁代替父亲出访各国，增进感情，反而更容易得到接受。事实上，欧美各国对这位年轻的皇太子也非常期待，于是纷纷给予他君主等级的礼仪接待。但由于这次出访时间过长，明仁在学习院大学的学业受到耽搁，只好如同祖父大正天皇一样退学。当然，这并没有过多影响到他的学业与研究，明仁后来成为一名在业界知名度甚高的生物学家。

可能是因为青少年时期受到很多平民化教育，与父祖辈不同，他放弃

明仁皇太子观赏梵高画作

与旧贵族成婚，转而选择与一名平民出身的女子结婚，演绎了一段传统与现代、贵族与平民之间的对决。

美智子皇后原名正田美智子，是日本大企业日清制粉集团第二代掌门人正田英三郎之女。从出身来说，正田美智子算是名门之后，奈何日本皇太子妃一向从皇族内部或伯爵以上的华族（贵族）女子中挑选（如明仁祖母贞明皇后为公爵九条家、母亲香淳皇后为皇族久迩宫家），而正田家作为从底层打拼上来的企业家，自然难入皇室法眼。但 1957 年 8 月 19 日，明仁在网球场上与这位平民美女相识后就一发不可收，执意要与她见面，确定感情以后，在 1958 年夏天将她带回皇居。对于这一点，出身高贵的

1953 年，明仁皇太子（左一）参观电影拍摄现场，中间为美国女演员安·布莱斯（Ann Blyth），右为美国导演茂文·勒鲁瓦（Mervyn LeRoy）

母亲香淳皇后特地在静冈县御殿场集结了秩父宫妃[①]、高松宫妃等几名妯娌一起商讨对策，随后向宫内厅发难，想方设法更换皇太子妃人选。

若是在二战以前或是二战进行过程中，这一招或许奏效，但战后，决定皇族男子婚姻的“皇室会议”里只有两席是留给皇族的，其余席位则是首相、参众两院正副议长、宫内厅长官、最高法院院长等政治家，平民出身的他们当然更愿意日本皇室走平民化路线。更重要的是，昭和天皇见到正田美智子以后也非常满意，未加阻止，于是经过开明政治家的建议，明仁如愿娶到美智子为妻。1959 年 4 月 10 日，明仁亲王与美智子妃正式举行结婚仪式，婚礼队伍吸引了沿途 53 万日本国民聚集，日本普通国民都为这对“跨阶层的婚姻”给予祝福[②]。

与民间的祝福气氛相反，“跨阶层的婚姻”让其他未能入选的皇族、华族候选人非常难堪，因此，美智子妃遭到大量指责与白眼，入宫之后一段时间，美智子妃的体重骤然下降，本来体态匀称的她也逐渐消瘦。据说 1969 年前后，美智子妃曾向昭和天皇的侍从入江相政问道：“(香淳皇后)除了不满意我是平民出身以外，还有什么其他不满意的地方吗？”这句问话极为委婉，却也体现出一丝无奈。几十年后的 2013 年，终于媳妇熬成婆的美智子皇后明确提出自己死后不愿与天皇一同安葬在皇陵，也得到日本各界的同情。

---

① 秩父宫势津子妃与其母松平信子曾经推荐原北白川宫家的肇子作为皇太子妃，因而对明仁的婚事反应最为强烈，恰好势津子妃的父亲松平恒雄曾在 1945 年之前担任宫内大臣，在宫内系统颇有人脉与影响力，所以也对婚事产生了重要影响。深究起来，势津子妃也不是华族出身，松平恒雄的父亲虽是子爵松平容保(幕末的那位京都守护职)，但他本人并没有继承爵位，所以势津子妃最初并没有达到嫁给秩父宫雍仁亲王的标准，只能通过给松平恒雄弟弟、子爵松平保男当养女的方式获得华族身份。成婚以后，势津子妃与松平信子还多次要求为松平恒雄授予子爵爵位，最终获得成功。

② 值得一提的是，很多日本人为了能看到皇太子结婚的盛况，特地购买了电视机，明仁夫妇的结婚典礼也成为电视机这种曾经的奢侈品变成一般家用电器的开始。

这位平民王妃虽然日子过得不那么好，但她的存在切实推动了日本宫廷的进一步改革，主要是由王妃本人抚养皇子，让皇子享受到与一般家庭孩子相同的家庭氛围。比如 1960 年 2 月长子德仁（当今天皇）出生以后，她需要陪同明仁参加在美国举办的日美修好 100 周年纪念仪式，为了延续自己对德仁的抚养思路，她特地将抚养德仁的思路写成小纸条交给宫内厅职员，这些小纸条后来被集合在一起，以《小德宪法》之名出版，颇受好评。

在美智子妃的支持下，明仁更为积极参与各项国际活动。从 1960 年到即位的 1989 年，29 年间明仁夫妇 22 次出访外国，先后造访 42 个国家，是历代日本皇太子中出国次数最多的。这些外事活动让明仁很早就接触到国际社会，让他在各国人士心目中初步建立起自身的形象，获得一定的宣传效用，同时也促使明仁积极主动思考自己的地位，通过实际行动展示皇室新形象。

二　走出“静态天皇”的明仁

最早的尝试发生于 1975 年 7 月访问冲绳县期间。二战结束后，冲绳县一直由驻日美军托管，直到 1972 年日本才恢复了完整的行政权与司法权。为了表示对“冲绳回归”的欢迎，皇太子明仁亲王偕太子妃参加冲绳国际海洋博览会，这也是 1921 年裕仁皇太子在冲绳短暂逗留以来日本皇室成员第一次来到冲绳。

就在这里，明仁皇太子生平第一次遇险。1975 年 7 月 17 日，明仁夫妇向“姬百合学徒队”[①] 纪念塔献花，两名激进派人士突然从附近的壕沟

---

① 1945 年冲绳战役中，日本军队组织冲绳学生成立大量战斗与后勤部队，其中冲绳师范学校女子部与冲绳县第一高等女校的 240 名师生组成“姬百合学徒队”，帮助日本军队对抗美军，最终 240 人中有 226 人死亡。

中蹿出，向明仁夫妇投掷了燃烧瓶。激进派人士普遍认为冲绳受到了近代日本帝国的侵略，成了日美战争的牺牲品，希望“以冲绳人完成冲绳解放”，对明仁皇太子抱有深深的敌意。

所幸燃烧瓶只是砸在献花台上，明仁夫妇没有受伤。不过明仁本人却始终心有戚戚，当晚他公开发表了对这起事件的看法：“通过这起事件，我深刻理解到（1945 年）冲绳战役中（冲绳）县民的伤痕，希望对和平的期盼能够带领我们通往未来。”明仁不但没有批评那些发动袭击的冲绳人，反而以和平态度面对冲绳县全体县民，这在日本皇族历史上极为罕见，他用自己的行动展示了战后皇室的新形象。

明仁一直心怀冲绳，又于 1976 年、1987 年两次访问冲绳。1987 年 10 月 24 日，明仁来到冲绳南部战争遗迹的和平纪念堂，代表疾病缠身的昭和天皇对冲绳民众发言：“冲绳在上次大战中成为战场，各岛遭受巨大伤害乃至改变了模样，包括普通居民在内的众多可贵的人牺牲了，战后冲绳更是无奈地经历了长年艰辛，我深感悲痛。”这番话说完，当时在场的冲绳县知事西铭顺治非常感动，当即表示：“冲绳的战后时代终于结束了。”

即位天皇之后，明仁于 1993 年再访冲绳，仍然去了近 20 年前曾经遭遇袭击的“姬百合学徒队”纪念塔，他以一种不计前嫌的态度面对冲绳县民。在 2003 年生日记者会上，明仁更进一步指出，“对我这个流着岛津家血液的人而言，回顾冲绳历史必定心生悲痛[①]，但这对于理解冲绳、理解

① 这段话指示的历史事件即“琉球侵攻”（己酉之乱）。庆长十四年（1609）萨摩藩派遣 3000 名军人与 100 余艘战船侵入琉球国，俘获琉球国王尚宁回到萨摩藩，并在第二年将其送至江户幕府面见退休将军德川家康与幕府将军德川秀忠，从此，萨摩藩正式占领了原属于琉球王国的奄美群岛。日后琉球王国历年要派遣使节前往日本江户幕府。但为了保证琉球王国与清王朝之间的通商贸易，江户幕府仍允许琉球王国每年向明清中国朝贡，琉球王国也从未向明清中国汇报日本侵攻的相关事宜。由于明仁的外祖母、久迩宫邦彦王妃为萨摩藩末代藩主岛津忠义之女，所以他自称“流着岛津家血液的人”。

冲绳人民的心情是必不可少的努力”。

其实迄今为止，冲绳依旧存在着试图脱离日本的独立运动（如“琉球独立党”），但明仁通过数十年与冲绳的冲突与交流，也逐步意识到自己应该在“日本国民团结”这个问题上起到“象征”意义。明仁多次访问冲绳，某种意义上是希望通过天皇的“象征”身份弥合日本本土与冲绳之间的历史矛盾，促进当地的稳定。

或许是从冲绳的经验中学到了什么，作为战后逐步成长起来的皇储，明仁积极思考并努力展现出与父亲昭和天皇不同的“象征”天皇形象。

1989 年 1 月 7 日，昭和天皇去世，明仁皇太子在第二天即位为天皇。即位第二天（1 月 9 日），明仁就洗脱了父亲身上的那股捉摸不定，明确向全体日本国民表达了自己的立场与态度：“我发誓将与各位一起维护遵守日本国宪法，按照要求完成自己的任务。”2 月 10 日，他又一次明确提出“国会乃国家最高权力机关，希望其能切实完成本职任务”。

通过近一年的公开谈话与出席仪式，明仁进一步明确了自身“象征天皇”的地位，不谋求参与到国政之中。比起自己的父亲昭和天皇，他要多了一份笃定，他很想展示出新的“象征天皇”面相。1998 年 12 月 18 日，明仁针对这一点做出说明：“日本国宪法规定天皇是日本国的象征与日本国民团结的象征……天皇的活动方式虽然不能随着时代而有过激变化，但也有着随时代而变化的一面。”

那具体是怎样展现出“随时代而变化”的呢？

1991 年 6 月，长崎县云仙岳发生火山爆发，造成 43 人死亡，明仁在一个月后与晋升为皇后的美智子共同前往现场，跪坐着与灾民促膝长谈，这也是有记载以来第一个跪坐在国民身边的天皇。在明仁看来，“随时代而变化”的第一要义就是要放弃皇室千年以来高高在上、不食人间烟火的形象，而是要向西方君主制国家学习，展现出天皇与国民更加亲近的关系。跪坐在国民身边这种行为表面上似乎降低了身份，实际上却提升了天皇作为“象征”的形象，也对受灾群众起到很好的抚慰作用。

2011 年 3 月 11 日“东日本大地震”，明仁更是在第一时间建议开放东京那须御用邸的职员浴室给一般国民，这一点也获得了宫内厅的接受。3 月 16 日，明仁录制了一段问候语：“受灾群众切不可舍弃希望，要尽可能保重身体，迎接明天开始的每一天。”这段录像随后迅速传遍全日本，给很多民众带去安慰；灾情稍许稳定之后，天皇便从东京出发，从 3 月底到 5 月中旬，连续 7 周一直在拜访各地避难所，向灾民致以问候。其他皇族也纷纷仿效，一同前往灾区各地慰问受灾群众，其间明仁夫妇依旧愿意跪坐在灾民身旁，以一种尽可能平等的方式对待普通人，给全日本乃至全世界舆论留下了深刻印象。

“天皇与皇族应努力与国民共苦共乐，以为国民幸福之心完成公务。”明仁经常在接受媒体采访时提到这句话。对于他来说，慰问群众并不是作秀，而是在“象征天皇”的限制下履行促进日本国民对抗天灾、保持继续生活动力的“公务”。

三 “陛下一人可敌百位外交官”

有别于昭和天皇终其一生只外访过 3 次，明仁即位后，延续了他在皇太子时代多次出国的作风，在短短 4 年时间内访问了 10 个国家，其中有 7 个是日本在二战中的交战国，当然也包括中国。

以中日邦交正常化 20 周年为契机，明仁夫妇于 1992 年 10 月 23 日至 28 日访问中国。两人在北京故宫、八达岭长城、西安大雁塔等名胜景点和处于建设中的上海浦东新区的照片让很多中国人第一次对“日本天皇”

这个概念有了直观与感性的认知。尤其是明仁特地前往西安，在碑林寻找“平成”年号的出处——《尚书·大禹谟》中的“地平天成”四个字，不禁让人回想起千年以前日本派往中国的遣隋使、遣唐使，以及中日两国千年以来的友好交往。

明仁的父亲昭和天皇在1978年会见邓小平时，轻描淡写地用了“不幸之事”“添了很多麻烦”提及侵华战争，而明仁在中国举办的欢迎宴会上明确表明自己对于战争的态度：“在两国关系悠久的历史上，曾经有过一段我国给中国人民带来深重苦难的不幸时期，我对此深感痛心。战争结束后，我国国民基于不再重演这种战争的深刻反省，下定决心，走和平国家的道路，开始了国家的复兴。”这番表态获得时任中国国务院总理李鹏的赞许①。

其实，明仁访问中国之举从提议之初就遭到日本民间保守强硬派的激烈反对，甚至有人揶揄天皇访华是古代“朝贡外交”的延续。从1992年3月开始，日本民间组织起“盼望天皇陛下访中延期的国民集会”，以“防范天皇被政治利用”为名对当时日本的宫泽喜一内阁表达不满。由于这些人大部分都是日本执政党自民党的票仓，宫泽喜一内阁被迫进行大量说明与解释工作，才让明仁最终成行。

从明仁个人来讲，他对中国也有着特殊的情感。当年10月15日，明仁在宫内厅安排下接受媒体采访，其中就提到自己以《论语》“忠恕”二字为自己的格言，而他对“忠恕”二字的理解也十分深入：“对自己诚实，对他人也要记挂于心。”由于1947年日本宪法的限制，天皇不能在公开场合表达自己的政治态度，自然也不能对“天皇能否访华”做出评判，但他

---

① “（1992年）十月二十五日，星期日，晴。日本明仁天皇和皇后访华。他在昨天晚宴上的讲话还不错，说回顾中日间那一段日本给中国带来深重苦难的不幸历史，深感痛心，日本国民基于深刻反省，决心一定要走和平国家的道路。”《和平 发展 合作——李鹏外事日记》（下册），新华出版社，2008年，第600页。

强调"一直沐浴在中国文化之恩惠下"，"我对从远古时代就产生了如此文化的中国怀着深深的敬意"，明仁在战后宪法框架内尽全力表达了希望访问中国的意愿，最终成为历史上第一个访问中国大陆的日本天皇。

除了访问中国，明仁对塑造日本国家形象最重要的贡献是2000年访问荷兰。如前所述，1971年昭和天皇访荷期间发生过不友好的示威，酿成严重的外交风波。2000年，明仁来到荷兰，他不但没有回避问题，反而专程前往阿姆斯特丹的战争死难者纪念碑献花，并邀请荷兰老兵促膝长谈，在一定程度上缓解了荷兰对日本的敌视情绪。当时陪同明仁前往荷兰的侍从次官佐藤正宏回忆道："陛下的存在可敌百位外交官。"

在位30年间，明仁累计出访31个国家与地区，几乎是年均一国。频繁出访颠覆了父亲昭和天皇留给世人的阴郁形象，日本皇室在全世界的形象逐步好转。到2019年10月22日现任天皇德仁举办"即位式正殿之仪"、向国内外宣布即位消息时，全世界几乎所有拥有君主的国家都派遣主要成员前来参加。

正因有着广泛寻访世界各国的经历，明仁针对历史问题也有着更为明确的表态。2005年恰逢二战结束60周年，明仁在12月19日生日记者会上指出："日本从昭和初年到昭和二十年（1945）战争结束为止基本没有过和平时期，努力正确理解这段过去的历史与之后时代对于日本人自身，乃至于对日本人如何与世界各国人民交往有着重要意义。"之后2006年6月6日，明仁在谈及历史教育问题时又进行了更为细致的评述："1930年到1936年的6年间，针对国家要员的袭击接踵而至，有4名首相或曾担任首相的人去世，还有1名首相虽遇袭击却幸免于难①，这是非常异常之

---

① 明仁提到的5个人里面，4名因袭击当场死亡的首相或前首相为滨口雄幸（1930年遇袭重伤，于1931年去世）、犬养毅（1932年）、斋藤实（1936年）、高桥是清（1936年），幸免于难的是冈田启介（1936年遇袭时躲了起来，妹夫兼秘书松尾传藏因长相相似而遭到错杀）。

事，这种情况下议员与国民很难自由发言。”

昭和天皇完全不可能说出这种话，因为他本人亲历了这些历史事件，同时对1945年以前的侵略战争负有不可推卸的责任，所以，晚年的昭和天皇才要三缄其口，对记者的问题充耳不闻，以防有人重新对他展开清算。相比之下，有着战争记忆，却成长于新时代的明仁更有能力站在客观角度来审视当年的历史，也更有资格引导日本国民正视历史，展望未来。

比起日本政府对战争责任问题的飘忽不定，明仁的态度一直非常坚定。2015年元旦致辞中，明仁强调：“今年是二战结束70周年，很多人都在那场战争中去世……借此机会，充分学习从‘满洲事变’（即‘九一八’事变）开始的战争历史，思考今后日本应有的样子，如今我认为非常重要。”之所以发出这种告诫，正是近年来日本保守势力回潮的现实情况所致。随后，明仁先后访问帕劳、菲律宾、越南等日本军队侵略践踏过的国家，意图引导日本新一代青年人反思战争、珍惜和平。

四　明仁为什么选择退位？

虽然1947年《日本国宪法》将天皇定义为日本的“象征”，没有任何实质权力，但这并不意味着天皇这个职位就有多么轻松。严格来说，战后天皇是否工作、怎样工作，其主动权根本不掌握在自己手中，而是由政府说了算。失去了工作的自主权，天皇事实上也就没有了休息的自主权，整日整月都要面对极为繁重的工作。

日本宪法第7条规定，天皇在内阁授权的前提下，可以进行10项“国事行为”：（1）公布修宪，法律、政令及条约；（2）召集国会；（3）解散众议院;(4)公示国会议会总选举之实行;(5)对国务大臣和法律所定其他官吏的任免与给予全权委任,对大使和公使的派遣状进行认证;(6)对大赦、特赦、减刑、免除执刑及复权进行认证;(7)授予荣誉;(8)对批准书及法律所定其他外交文书进行认证;(9)接见外国大使及公使;(10)执行各项仪式。

这10项中的每一项都为天皇带来了诸多工作。仅以公布各项法令政令为例,内阁会将每一份决议送给天皇,而天皇必须全部仔细阅读之后在上面签名或盖章。这个数字在2017年达到了960份。但让人憋屈的是,天皇不能对任何一份提案提出任何意见,因为按照宪法规定,他无权干预任何政治事务。必须看完,又不能提出任何意见,天皇好似一个人形签字机与人形盖章机。

如果只是批复文件也就算了,日本政府还经常在东京皇居或京都御所搞一些仪式活动,包括拜谒天皇、茶会、午餐会、晚餐会等等,天皇不但要出席,还要经常担任主持人。活动中,会有社会各界成员前来与天皇见面并交谈,其中包括国会议员、内阁成员、各省干部和法官、医护人员、各项荣誉勋章和文化勋章获得者。如果天皇有社交恐惧症,那这种一年超过200次的仪式就会成为噩梦一般的体验。

当然,还有各国派驻日本的大使。按照惯例,每个建交国家派来新的大使就任,或是旧的大使即将离任,日本政府都会为他安排乘坐明治时代以来的传统马车从东京站一路前往皇居,觐见天皇。除去外国大使,本国派驻外国或国际组织的大使也要在上任、离任时两次获得天皇的接见。2017年,天皇共接待了62个建交国家的大使,同时接见了日本派驻73个国家、4个国际组织的大使。这个数字听起来庞大,但日本邦交国数字已经达到了195个,随便几个国家更换一下大使,或是日本更换一下外派大使,天皇的工作量都会陡然增加。

上述还只是宪法规定的“国事行为”，天皇还有大量的“行幸启”，即前往各地参加各项活动。仅在东京一地，每年例行的活动就有一般参贺（1月2日），全国战殁者追悼式（8月15日），日本学士院、日本艺术院、日本国际奖、国际生物学奖的颁奖典礼。东京之外，天皇还经常到访地方的各类比赛，视察全国各地的工业、文化与福利设施。其中光是福利设施，天皇自继任以来30年已经去过了500多家，相当于每个月至少去一家。结合天皇本就繁重的日常工作，如此重视社会福利设施的建设工作实在是难能可贵。

上述便是天皇的大致工作，但不包括几乎每年一次的出国访问，不包括每年例行的18次宫中祭祀（如元旦祭、生日祭等），不包括明仁深爱的鱼类学研究，不包括接待来访日本的世界各国领导人，不包括临时安排的杂七杂八事项。总而言之，当天皇并不是一份简简单单的工作，对于天皇的体力要求非常高。

人都会老，经过近30年时光，明仁已经年逾八旬，难以继续完成各项繁重的接待与视察工作。2016年8月，天皇发布了一篇视频演讲，以委婉方式提出了“生前退位”的意愿，并谈到了自己对于“象征天皇”的理解以及退位的原因：

“数年前我两度接受外科手术，年龄增长让我备感体力低下，我因而开始思考，如果今后我难以履行以前那种重要职责，我本人该如何自处；同时也在思考，对于国家，对于国民，对于步我后尘的皇族，怎样做才是最好的。”

“天皇不仅是象征天皇，更是国民统合一致的象征，为了完成这种使命，天皇一方面要让国民理解象征天皇的立场，另一方面也深感天皇本身需要培育一种自觉意识，时常注意自身所为，深入理解国民，常与国民同在。念及于此，我感到自己能够前往日本各地，特别是遥远地区与岛屿，也是象征天皇的重要之旅。"

"现行宪法之下，天皇无权参与国政。在此谨通过重新回顾我国长久的天皇历史，向大家传达我的想法：今后无论任何时候，皇室都会继续与国民同在，携手共筑国家未来；我会致力于让象征天皇之作用永远不会半途而废，永远安定地持续下去。"

很明显，天皇之所以退位，不完全是出于政治考量，更有可能是80岁高龄的身体已经难以完成天皇的职责了。

五 小结

截至完稿时分，明仁与美智子夫妇仍然健在，退位后，他们开始了静谧的退休生活。但也需要注意，就在退位仪式举行当天（2019年4月30日），明仁在发言之中暗藏了一颗钉子："今天，我结束了作为天皇的职责，谨向安倍首相代表国民做出的讲话表示谢意。"

这句话乍看起来没什么问题，但从日语角度分析，这个"结束"词使用了他动词（終える），而不是自动词（終わる）。

在日语里，很多动词都有"自动词"与"他动词"的区别。具体到"结束"这个词语，"自动词"的"结束"（終わる）是在描述天皇职责"自然而然"走向终结，并没有突出"是谁来结束"这个命题；而"他动词"的"结束"（終える）是在说"（有人）主动结束了作为天皇的职责"这个概念。明仁天皇这次采用"他动词"的"结束"，事实上是在暗示：本次退位是基于我的意愿而施行，我作为天皇的职责是由我来终结的。

由于"他动词"的用法强调一个人对于一件事情的主观意愿，受过严格教育的日本人在公开场合一般很少使用，以免泄露自己的实际态度，而会尽量使用“自动词”来客观描述事件。更何况，天皇是否退位属于“国政”范畴，日本宪法第4条规定天皇“无权干预国政”，那么天皇表达自己“希望退位”的主观意愿就有违宪之嫌。换言之，明仁在活了80多岁以后，在职业生涯的“最后一讲”中，隐晦表达了自己对退位的主观意愿，这在战后日本历史上极为罕见。

之所以如此表态，也与日本皇室的制度现状有着很大关系。明治维新以后，为免皇室干政，日本政府废除了天皇退位制度；二战之后，宪法又废除了天皇参政议政的权力。在现代日本政治体系下，天皇固然不会再像二战时期一样操纵政局，却也在很大程度上失去了人身与工作的自主权，只能按照政府与国会的要求执行“公务”。某种意义上，用单纯的“象征”二字来描述天皇，却不给担任天皇的人以任何政治权力，这便是新时代的“制度天皇”与“人类天皇”的矛盾。一旦天皇走向老龄，身体压力与精神压力都会变得越来越大，这无疑是对一个人身体与精神健康的损害。事实上，昭和天皇最小的弟弟、明仁的叔叔三笠宫崇仁亲王就曾经批评过天皇不能退位的制度：“如果不能决定自己是否退位，天皇就会彻底成为内阁用铁索拴住的奴隶。”

然而，当明仁在2016年隐晦地提出“退位”意愿之后，安倍晋三内阁并没有提出修改《皇室典范》的建议，反而是推动确立一个“退位特例法”，把天皇退位作为现行《皇室典范》的一次“特例”来执行。之所以这么做，主要原因是国会修改法律的程序非常烦琐，与其耗费那么多时间，不如用一个简单的特别立法来解决退位之事。安倍内阁此举让退位无法变成“常例”，后来的天皇依然要面临着成为“铁索拴住的奴隶”的风险。

或许正因为如此，明仁才会在最后一次演讲中以相对隐晦的方式提出：我的退位是我自己决定的。

那么,日本天皇退位制度会不会变成“常例”?天皇制度将会如何发展?日后又将如何存续?比如日本到底能不能如同其他国家皇室一样,出现一位女性天皇?日本能不能让皇室拥有更为宽松的生活环境?这都将是后来人,也就是日本现任的第 126 代天皇德仁所需要面对的问题。

尾声　近现代天皇制度的总结与展望

天皇，从近代以前不受重视，到光格天皇一代复兴“天皇”称呼，到孝明天皇一代主动参与政治并引爆倒幕运动，到明治天皇一代成为国家元首却受到诸多限制，到大正天皇一代不适应天皇生活，到昭和天皇一代意在攫取权力而遭到反噬，再到明仁天皇一代正式完成“象征”天皇的转型。每一位天皇的性格与地位变化都有其鲜明的时代特色，但无论什么时代、何种政体，天皇定位都存在一个共性：随时代变化而变化，随国民需求变化而变化。

可以清晰地看到，天皇从一个已经消失的称号恢复为国家元首，再发展为现代的象征天皇，其根本原因并不是某位天皇本身有着什么超乎常人的业绩，而是因为日本的大门在对外打开的过程中，日本的政治在走向改革的历程中，政治家、军人、知识分子乃至一般国民需要一个能够让人意识到自己是“日本人”的工具，无论是延续800年的武家幕府，还是延续千年的藤原摄关家，都不如从神话时代一直绵延至今的天皇更具有说服力与凝聚力。如果自古以来就没有天皇，或是天皇血统在某一代中断而未能延续，近现代日本也会找到某一种抓手，帮助自己完成从古代国家向近现代国家过渡的历程。

可以想见，如果没有天皇，或是天皇制度在明治维新初期与幕府、公卿一起被当作沉疴痼疾废掉，近现代日本很可能会走上一条不太一样的路：日本有可能会借助江户时代盛行的“小中华”思想把自己打造成“真正”的“中华帝国”；有可能会借助与朝鲜半岛、琉球王国之间千丝万缕的关系打造一个“日韩国”“日琉国”；北海道有可能会建立独立的“虾夷共和国”（事实上在明治初年已经成立）；日本人甚至有可能前往欧美“寻根”，或是废除日本文字，塑造一个完全西化的国家。换句话说，天皇与天皇制度或许并不是日本人在物质生活上的必需，但他们却如同一个指示牌或备忘录一样，时刻提醒着日本国民：我们仍然延续着一些传统，仍然有一些地方与其他国家不一样。

这一点对现代日本人或许有着更为明显的影响。二战结束后，国际左翼运动的兴起致力于解构各个民族，试图用“爱与和平”缔造一个崭新的地球村，消弭民族之间的隔阂。但由于国际化所带来的问题，进入 21 世纪第二个十年，反对二战以来国际左翼运动成果的人在青年一代中越来越多，回归某种旧有价值观，寻找属于本国、本民族历史传统的思潮重新兴起。

政治学意义上，追求某种传统价值观与政治形态的行为，一般被称为“保守”（conservative），但与其对立的概念却会随时代、国情的变化而变化，比如改革（reform）、革命（revolution）、自由主义（liberalism）、进步主义（progressivism）等等。然而有趣的是，随着二战以后国际左翼运动的理念渗透到全球每一个角落，国际化、制度改革与创新、种族与性别平权这些本来带有进步意义的理念却逐步僵化，成为某种既定而有着清晰传统的政治宣传，有着非常明确的利益群体支撑；相反，更为古典的“保守”思想却更为不同，更有着时代意义甚至是创新性。2017 年 7 月到

8 月，《读卖新闻》与早稻田大学的共同调查发现，长期被看作保守政党的自民党形象在日本 40 岁以下年龄层中早就不再是“保守”政党，而是其反面“自由主义”政党；相反左翼政党社民党、日本共产党却已经变成年轻人心目中的“保守”政党。

当然，对于没有经过政治学训练的普通人来说，“保守”与“自由主义”并不是某种严谨的政治概念，更类似一种“变”与“不变”的形象区分，但这也恰恰说明如今的日本与 150 年前的“王政复古”时代非常相似，越来越多的青年人认为：敢于在这个时代回归传统，才是求新求变；而天天喊着打倒这个打倒那个、追求某种理念上的“理想国”，却早就是陈词滥调了。

那么，什么是传统？其他方面或许不太好说，最起码天皇是近现代日本人最为公认的久远传统。这，也将成为日本天皇制度继续发展的大背景。

一 德仁会成为什么样的天皇？

德仁“继承大统”，在日本创造了数项纪录：日本第一位二战后出生的天皇；日本第一位在国外留学并取得学位的天皇（1983—1985 年，英国牛津大学硕士学位）；第一位担任联合国委员会总裁职务的日本皇族（2007—2015 年，联合国水与卫生咨询委员会名誉总裁）；公元 770 年以来即位年龄最大的天皇（59 岁）；1817 年以来第一位通过让位就任的天皇；明治以来第一位不以自然科学而以文史学科为研究方向的天皇；也是光格天皇以来第一位没有男性子嗣的天皇。

如此多的纪录，并没有让德仁成为一个多么出众的人物。他不嗜烟酒、没有绯闻，热衷阅读与研究，爱好跑步与登山，生活方式上不免有些“佛系”。虽然偶尔会举起心爱的中提琴，与昔日同学一起演奏，但听过他演奏的人都明白，他的中提琴水平即便在业余选手之中也只能算是平庸的。对比绯闻不断的英国王储或泰国国王、对比一掷千金的沙特王子，德仁的日常生活显得单调而朴素。

但必须说，德仁朴素的外表下其实隐藏着很为强硬的一面。2004 年 5 月 10 日，在出访丹麦等欧洲三国之前，德仁皇太子曾在记者会上突然发难：“雅子近十年来一直尽最大努力让自己适应皇室环境，在我看来，她因此而备显疲态。有人试图否定她的职业经历，甚至否定她的人格。”

众所周知，雅子在成为皇太子妃之前，曾是外务省首批入职的女性高级外交官，多年在英美等国的生活经历，使其英语能力达到了母语水平。2000 年前后，日本皇室有 30 多年未能增添新的男性成员，天皇职位面临后继无人的危急局面。德仁与雅子自 1993 年结婚后一直没有子嗣，1998 年经历了一次小产，而 2001 年 12 月女儿爱子的出生进一步加剧了本就保守的舆论发酵。在育儿与公务两方面的压力下，雅子的身体与精神状态逐渐恶化。2003 年，她委婉表示，“(与皇太子) 访问外国需要很大努力来适应”之后，2004 年 7 月以“适应障碍”为由宣布闭门疗养。

其实即便在二战之前，日本皇室成员针对“家务事”的发言也向来谨慎，二战之后由于天皇失去政治权力，面对皇族成员的提问更是尽可能“顾左右而言他”。德仁这番史无前例的“人格否定发言”在日本近现代天皇史上极为罕见。但也从侧面证实，德仁的实际性格可能非常倔强。

这一点也体现在他对于天皇“公务”的看法上。早在皇太子时代，德仁就提出一种观点，认为未来的天皇不应局限于烦琐细碎的日常工作，更要执行“顺应新时代的公务”。2010 年的生日记者会上，德仁首次就此阐述说：“50 年以来，日本社会发生了很大变化，这一变化未来也将持续，社会对于公务的要求也会有所变化，回应社会的要求于我而言非常重要。”2019 年的生日记者会上，他再度表示：“我会在学习过往、承继古来传统的基础上，进一步探寻符合时代要求的皇室形态。”

“符合时代要求”，这一说法并不是一个多么新鲜的理念，那是从明仁天皇时代延续下来的变革理念。这一理念也并不是日本皇室所独有，2017 年 5 月 3 日，首相安倍晋三向全国发布修改宪法的倡议，自民党打出的标签是修改出一份“符合新时代的宪法”，这番话与德仁所说的“顺应新时代的公务”如出一辙。或许这一遣词造句只是巧合，或许安倍晋三有意模仿德仁，但把这些举动放在经历过“王政复古”的日本，似乎别有一番意味。

战后宪法第 1 条把天皇定义为“日本国与日本国民团结的象征”，却并没有规定“象征”二字具体指什么，那么理论上天皇只要不针对“国政”发言或有所行动即可。但问题来了，什么又叫作“国政”呢？

具体来说，2018 年 6 月 29 日，临近即位的德仁皇太子主动要求前往四国东部的德岛县，视察了一座 2015 年修筑的 14 米高的避难塔。据地震学家估计，日本近些年很可能会发生一起大规模垂直地震，德岛县恰好是可能爆发处，地方政府也一直在修筑相关避难设施。留学英国时，德仁曾就泰晤士河的水运史进行学习研究，并长期关注与水有关的灾害史。这一次，他专程视察德岛县“正平南海地震”（1361）及海啸纪念碑，通过行动提醒国民预防可能到来的灾难，督促地方政府尽早做好防范工作。这种行为固然有着正面意义，但从另一个角度讲，防灾救灾是“国政”的一部分，皇太子亲自前往防灾现场，这种事情到底算不算违反宪法第 4 条“不得干预国政”呢？

这个问题已经超出笔者的知识与能力范畴，从历史上看，天皇的形象从明治维新之后曾经有一个越来越主动的历程，到二战时期达到巅峰，随后因为战败戛然而止，到昭和天皇晚年已经走入一种“静态”。但从明仁开始，天皇的形象却又重新变得积极主动，这将给国民传达何种信息呢？我们可以不用“能动君主”这种富有政治学色彩的词语来形容平成以来的天皇，但给明仁、德仁两任天皇冠以“动态”天皇之称，似乎并不过分。

进入新的令和时代，德仁作为天皇到底会发挥什么作用还未可知，日本宪法是否会修改也仍然是一个未知数。但需要注意，无论宪法是否修改，无论宪法的哪一条被修改，日本的政治生态与舆论环境都将与昭和天皇在任时期发生根本性变化，天皇的形象与德仁的举动也会顺应这种变化而变化，唯一不变的只有变化本身。

二　女性能否获得独立“宫号”甚至继任天皇？

严格来说，这是一个伪命题，因为日本至今为止的131任天皇（126代天皇 + 5位北朝天皇）中有8位10任女天皇（其中2位曾分别当过2次天皇）。

从日本传统来看，女性称帝并不是一件新鲜事，真正的问题在于，日本历史上从未出现过“女系天皇”。历史上虽然有8位女性天皇存在，但这些女性天皇要么一辈子不婚不育，要么需要与男性皇族成员结婚生子，用现在的话说，就是天皇家祖传的Y染色体必须遗传下去。所以，日本皇室传统中真正禁止的不是“女性天皇”，而是女性皇族与非皇族男性结婚生下的孩子继承天皇。所谓“万世一系”的真正内涵其实是“万世男系”。

目前日本皇室男性成员只有5位，除去刚刚退位的明仁（1933年生）、明仁的亲弟弟常陆宫正仁亲王（1936年生）以外，就是现任天皇德仁

日本第一位女性天皇推古天皇

（1960年生），德仁的亲弟弟秋筱宫文仁亲王（1965年生），以及文仁的儿子悠仁亲王（2006年生）。由于德仁只有一个女儿（2001年生，爱子内亲王），所以现在的“皇嗣”（皇储）只能是文仁，只要法律不变，悠仁作为下一代男系皇族肯定会成为未来天皇。2011年，悠仁亲王进行皇族5岁男性的传统仪式“着袴之仪”，他身上的衣服就是象征天皇继承人的“山科流衣冠”，这意味着无论外界说什么，日本宫内厅已经认定悠仁为未来天皇的人选。只要不修改《皇室典范》，关于“女性天皇”的讨论就没有任何实际意义。

更重要的是，掌握法律修改主动权的日本自民党乃至安倍晋三本人都对认同皇族女性继承权不甚热心。2012年，当时处于在野状态的安倍晋三发表文章，反对设立女性宫家。他提出如果皇统出现继承人不足现象，应该让旧皇族后代恢复皇族身份。2019年5月1日，为德仁举行象征皇位接替的“剑玺等承继之仪”时，日本政府就不允许女性皇族参列，据说是不想“给人以容纳女性天皇、女系天皇的印象”；而10月22日德仁完成“即位礼正殿之仪”后，30多名自民党议员组成的保守团体“日本的尊严与国家利益保护会”举行会议，要求重修相关法律，保留“旧宫家”后代重回皇族身份的可能性。

对于皇室继承问题，德仁碍于宪法限制而无从表态，但在2019年的生日记者会上，临近即位的德仁虽然没有提及“女性天皇”，却谈到了女性皇族的地位问题：“女性皇族一旦结婚就必须脱离皇籍，这是与未来皇室形态密切相关的问题。”时至今日，日本《皇室典范》只允许男性皇族继承皇位与“宫号”，女性皇族一旦嫁人就要脱离皇族身份，成为普通人。这种制度导致近年来皇室人数锐减，给皇室继承问题带来巨大麻烦。2005年，鉴于日本皇室近40年来没有男性成员出生，小泉纯一郎内阁曾起草关于承认“女性天皇”与“女性宫家”的报告书。但报告书还没来得及进入国会审议，2006年悠仁亲王的出生就打断了这一进程，日本也错失了近年来最好的一次认同女性皇族继承权的机会。

我们据德仁的上述发言猜测，他下一步的努力方向很可能是创设“女性宫家”，即允许女性皇族拥有独立宫号与财产权，即便结婚也能继续保留皇籍，作为皇族成员来维护和提升日本皇室的形象。眼见雅子挣扎于传统思维与国际化大潮之间，德仁如果能在令和时代促成这项改革，无疑是对妻子波澜半生的慰藉。

但问题在于，一旦允许“女性宫家”存在，就要认可民间男性通过婚姻成为皇族，这便牵扯到一位年轻的皇族女性——秋筱宫真子内亲王的婚

1937 年裕仁与全体皇族的照片。“阴盛阳衰”的状态已较为明显

事。2017年9月，日本宫内厅宣布真子公主与恋人小室圭已经“婚约内定”，但很快小室圭的母亲传出丑闻[①]，引发舆论担忧；2018年2月，宫内厅宣布两人“婚约延迟”，把婚期推迟到2020年以后，舆论纷纷猜测这桩“异地恋”能否修成正果。若是“女性宫家”成为现实，小室圭或许会以“圭殿下”的身份出现在公众面前，想必是个不小的冲击。

---

① 2017年12月，日本《周刊女性》杂志曝光了小室圭母亲的“借金”（欠款）事宜。调查发现，小室圭父亲于2002年去世（一说因为欠款难偿而自尽），母亲佳代在2010年与另一位男性达成婚约，对方为小室母子筹措了大量生活费，还供小室圭读完大学。但随后，双方于2012年解除婚约，男方要求小室母子偿还自己曾经付出的409万日元，并提请诉讼。小室母子认为，这些钱不应算作“借金”，而是“捐赠”，但仍旧引发坊间非议。日本社会极其重视信用记录，一旦与他人出现金钱纠纷，或是有大额资金欠债不还，工作就业、租房租车甚至购买手机都会受到影响。小室圭的母亲卷入“金钱纷争”，父亲也可能是因为欠债太多而自杀，让他更容易被外界视为“问题人物”。

附录　公历与日本历法对应问题

日本最早借用中国历法，明朝灭亡后开始独立制定历法。明治维新后，日本政府发布《废太阴历颁行太阳历》法令，以明治五年十二月三日为明治六年（1873）1 月 1 日，虽然形式上仍然沿用年号，但月日记法改与西方历法相同，故本书在 1873 年 1 月 1 日以后的年记法由日本年号改为公元纪年，月日记法由汉字更改为阿拉伯数字。为行文便捷，月日记法问题在正文中不再赘述。

有别于古代中国“明年改元”，日本自古至今均为“即日改元”，因而经常会出现一年两号现象，以下为本书相关各年号改元日：

明和：宝历十四年六月二日（1764 年 6 月 30 日）

安永：明和九年十一月十六日（1772 年 12 月 10 日）

天明：安永十年四月二日（1781 年 4 月 25 日）

宽政：天明九年一月二十五日（1789 年 2 月 19 日）

享和：宽政十三年二月五日（1801 年 3 月 19 日）

文化：享和四年二月十一日（1804 年 3 月 22 日）

文政：文化十五年四月二十二日（1818 年 5 月 26 日）
天保：文政十三年十二月十日（1831 年 1 月 23 日）
弘化：天保十五年十二月二日（1845 年 1 月 9 日）
嘉永：弘化五年二月二十八日（1848 年 4 月 1 日）
安政：嘉永七年十一月二十七日（1855 年 1 月 15 日）
万延：安政七年三月十八日（1860 年 4 月 8 日）
文久：万延二年二月十九日（1861 年 3 月 29 日）
元治：文久四年三月十八日（1864 年 3 月 27 日）
庆应：元治二年四月七日（1865 年 5 月 1 日）
明治：庆应四年九月八日（1868 年 10 月 23 日）
大正：明治四十五年（1912 年）7 月 30 日
昭和：大正十五年（1926 年）12 月 25 日
平成：昭和六十四年（1989 年）1 月 8 日
令和：平成三十一年（2019 年）5 月 1 日

主要参考书目

宫内省先帝御事迹取调挂编：《孝明天皇纪》，东京：宫内省藏本，1906年。

会泽安：《新论》，东京：明治书院，1939年。

稻田正次：《明治宪法成立史》（上下卷），东京：有斐阁，1960—1962年。

木户日记研究会：《木户幸一日记》，东京：东京大学出版会，1966年。

宫内厅编：《明治天皇纪》（全十一卷），东京：吉川弘文馆，1968—1975年。

远山茂树编：《近代天皇制的成立》，东京：岩波书店，1987年。

坂本一登：《伊藤博文与明治国家的形成》，东京：讲谈社，1991年。

笠原英彦：《天皇亲政》，东京：中央公论新社，1995年。

赫伯特·比克斯：《真相：裕仁天皇与侵华战争》，王丽萍、孙盛萍译，北京：新华出版社，2004年。

蒋劲松：《德国代议制》（全三卷），北京：中国社会科学出版社，

2009 年。

飞鸟井雅道：《明治大帝》，王仲涛译，北京：人民出版社，2011 年。

古川隆久：《昭和天皇》，东京：中央公论新社，2011 年。

井上勋：《王政复古》，东京：中央公论新社，2013 年。

藤田觉：《幕末的天皇》，东京：讲谈社，2013 年。

家近良树：《江户幕府崩溃》，东京：讲谈社，2014 年。

清水正之：《日本思想全史》，东京：筑摩书房，2014 年。

原武史：《大正天皇》，东京：朝日新闻出版，2015 年。

山田朗：《昭和天皇的战争》，东京：岩波书店，2017 年。

藤田觉：《光格天皇》，东京：Minerva 书房，2018 年。

坊城俊良：《宫中五十年》，东京：讲谈社，2018 年。

唐纳德·基恩：《明治天皇》，曾小楚、伍秋玉译，上海：上海三联书店，2018 年。

明石元绍等：《天皇交代：平成皇室八个秘密故事》，东京：讲谈社，2018 年。

伊藤博文：《帝国宪法皇室典范义解》，广岛：吴 pass 出版，2018 年。

伊藤之雄：《元老：近代日本真正的指导者》，沈艺、梁艳、李点点译，北京：社会科学文献出版社，2019 年。

后记

2019 年 5 月 1 日，新天皇德仁即位仪式当天，笔者来到东京皇居半藏门，与诸多日本国民一起守在路边，等着路过的天皇与各位皇族从车里向外打招呼。虽然皇居附近的二重桥、樱田门更为知名，但由于半藏门距离皇居内部的宫殿设施较近，天皇与皇族出入一般都经半藏门，这里聚集了 500 多人前来观看。有趣的是，当德仁从豪华的丰田世纪轿车向外挥手致意时，周围人要么静静挥手，要么只是喊着“陛下”，像纪录片里面那样高呼“天皇陛下万岁”的只有两个。

“为什么不喊‘天皇陛下万岁’？”随口问了一下周边的日本人。

“因为那会让人想起战争。”回答如是。

不由得想起一些二战时期的日本新闻纪录片。1940 年 10 月，日本举行了所谓“纪元两千六百年”仪式，首相近卫文麿率领百官高呼“天皇陛下万岁”，宣告着日本军国主义势力进入顶峰。1943 年 10 月 21 日，日本深陷太平洋战争的泥沼之中无法自拔，首相东条英机主持“学徒出阵壮行式”，他主动高呼“天皇陛下万岁”鼓舞士气，让一批批大学生在战场上变成炮灰。的确，几乎每一部二战纪录片及相关影片里，这六个字都是日本军队冲锋前的标配，也是过去日本重大节日的必备口号。

然而时代终究还是变了，无论是昭和前 20 年的战火硝烟，还是昭和后 40 年的快速增长，都很难体现在当今日本人的一般生活中。每赴东京羽田机场，都会在地下一层的一家热狗店就餐，眼见服务态度从和蔼可亲到敷衍了事，笔者也会如同网友一样笑谈“昭和男儿不再，惟余平成废宅”。但有时候也会思考：只有“昭和男儿”才是“真正”的日本吗？“平成废宅”就不是日本？到底什么才是“真正”的日本呢？

世间万物皆非恒常不变，但至少在日本，天皇与天皇家系还有着许多一以贯之的东西，这也成为这本天皇简史作品的创作始源。2020 年本是东京奥运会之年，然而由于新冠肺炎疫情严峻，这场象征和平与友谊的盛会被迫延期。不过到了开幕之时，想必德仁天皇还是会如同 1964 年的祖父昭和天皇一样，站在奥运会主会场宣布开幕，届时相信大家更能感受到日本千年传统与当代特色的结合是何种风味。

不觉已是天明，不觉已过而立之年。这本《菊纹大和绘》可谓是殚精竭虑之作，为其耗费了无数个不眠之夜，更倾注了耕耘日本史十年的几乎全部知识。采用《菊纹大和绘》作为书名，也是经过了反复遴选。“十六瓣八重表菊纹”是天皇家族的象征，“大和绘”则是相当于中国“国画”的日本式传统绘画名称，自是要通过天皇的性格与经历展现日本在每个时代的发展状态，以及相关政治家、军人乃至于平民的众生相。希望读者朋友能从本书以及延伸阅读中获得阅读日本的快乐。

值本书付梓之际，感谢汤重南教授十年来对我的殷切指导与鼓励；感谢东方出版社陈卓先生给予机会，让我能详细梳理日本近现代天皇发展历程；感谢东京大学博士贺申杰先生为本书提供史料与部分照片，愿继续与友双城漫步；感谢一霖、高林、吕利等朋友对本书提出的良好意见与建议；感谢键睿智库对本书的支持。

最后，感谢挚爱在学业忙碌之中对我的支持与关照，唯愿前路继续携手同行，天长地久，恒心永固。

2020年3月25日清晨于北京